ものと人間の文化史

154

落花生《らっかせい》

前田和美

法政大学出版局

はじめに

ラッカセイは、ＦＡＯなど世界の作物生産統計では、ダイズとともに「マメ類」ではなく、「油料種子」作物に分類されているが、わが国でも、「種実＝ナッツ類」に含めている例（『五訂増補食品成分表』）がみられる。本書では、まず第一章で、食べる「ピーナッツ」は知っていても、畑でその黄色の美しい花を見る機会がなく、マメの仲間であることも、地下で実ることも知らない人が多いといわれるラッカセイについて、植物、そして、作物としての基本的な特性を紹介した。

第二章では、ＤＮＡ遺伝学の進歩で情報が増えているが、答えがまだ出ていないラッカセイの起源とその生まれ故郷、八〇種あまりに増えたラッカセイ属の野生種の地理的分布と系統分類、欧州人とラッカセイとの最初の出会いなどについて述べた。そして、第三章では、アンデス農耕文化の一つとしてわが国でも有名になった「黄金のピーナッツの首飾り」の出土など、ラッカセイと人間との古い関わりを南米ペルーの考古学の知見から紹介した。

第四章以下では、世界の主要な生産国におけるラッカセイの歴史と文化について述べたが、一五世紀の大航海時代の幕開けとともに始まる植民地獲得競争や奴隷貿易に加わったフランスとイギリスが、自国油脂産業への原料、あるいは、商品作物としてラッカセイを導入、その栽培を現地の農民に強制して、今日の世界の大産地になった西アフリカ（第四章）とインド（第五章）の過去と現状について述べた。また、

第六章では、「奴隷の食べ物」とか、「ブタのえさ」だと言っていた米国で、「ピーナッツ食文化」が生まれたルーツ、そして、ラバが牽く犂でラッカセイ畑を耕した時代の南部のジョージア州で、少年時代を過ごした「ピーナッツ農民」だったJ・カーター元大統領のことなどに触れた。

第六章では、近年、中国は世界一の生産国になったが、ラッカセイの中国原産説の根拠にされている、「コロンブス前・後」の古代中国の本草書や農書、地方誌などで「落花生」と呼ばれている作物について、その記述を年代的、作物学的に検証して、それがラッカセイではないことを明らかにした。また、わが国への加工原料の輸出で関係が深い中国山東省のラッカセイ栽培の歴史について述べた。なお、ココヤシやアブラヤシなどの油料作物がある東南アジアと、中・南米の諸国のラッカセイ作については、拙稿（前田一九九三a・b参照）にゆずり、割愛した。

最後に、第八章で、栽培が始まってからまだ百数十年しか経っていないが、近年、栽培が激減している日本のラッカセイについて、その伝来初期の江戸農書などの記述、そして、明治政府の奨励と先覚者の篤農による栽培の始まりについて述べた。関東に産地が限られ、油料として利用されずに、もっぱら嗜好品作物でしかなかったラッカセイの歴史については文献・資料が乏しいが、忘れ去られようとしている、大正、昭和にわたる、戦前・戦後の変動期におけるラッカセイの加工・流通業界事情を、『全国煎豆落花生新聞』（昭和六二年六月、一〇一一号で廃刊）の記事などによって、わが国のラッカセイの歴史のひとこまとして取り上げた。

前田和美

目次

第一章　「変わり者」のマメ——ラッカセイ

1　ラッカセイはマメの仲間である

ピーナッツと呼ばれてナッツのように思われているラッカセイ（落花生）はマメの仲間である。

マメ科の植物は、バラ科にもっとも近縁で、世界で約七〇〇属、約二万種が知られ、顕花植物の中では、キク科とラン科に次ぐ優勢なグループである。今から約一億三〇〇〇万年前ごろの中生代白亜紀に、現在よりも大きく広がっていた熱帯地域を中心に発生した。木本種が多いジャケツイバラ亜科とネムノキ亜科、そして、草本種が多く、最も進化したとされるマメ亜科の三グループに分けられるが、低温に対する適応力の大きかったマメ亜科の種が、温帯地域により多く分布するようになった。農耕が始まった約一万年前ごろから野生のマメが栽培化され、穀類や、イモ類とともに人類の栄養を支える重要な食料になった(1)。世界各地の多様な環境条件下で栽培されているが、家畜の飼料や牧草として重要な種も多い。主な子実用の栽培種を（表I−1）に示したが、子実の形態は極めて変異に富んでいる。乾燥した子実は輸送や貯蔵性に優れ、また、若い莢や、「萌豆《もやし》」など芽出しをして野菜にもなる重要な食素材である。野生種や木本種も含めると、炭水化物、脂肪、タンパク質、ビタミン類などの給源として、食用に供されているマメ科植

表 I－1　子実を食用にする主なマメ亜科の栽培種の近縁関係（Smart 1990）[12]

和　名	英　語　名	学　名
1. クサネム連（Tribe *Aechynomeneae*）		
ラッカセイ#	**groundnut,** peanut	*Arachis hypogaea* L.
2. ヒヨコマメ連（Tribe *Cicereae*）		
ヒヨコマメ	**chickpea**	*Cicer arietinum* L.
3. ソラマメ連　(Tribe *Viceae*)		
レンズマメ・ヒラマメ	**lentil**	*Lens culinaris* Medik.
エンドウ	**pea**	*Pisum sativum* L.
ソラマメ	**faba bean,** broad bean, horsebean	*Vicia faba* L.
ガラスマメ(*)	grass pea, chickling vetch	*Lathyrus sativu*s L.
4. ヒトツバエニシダ連（Tribe *Genisteae*）		
1) ルーピン亜連（Sub-tribe *Lupininae*）		
シロバナハウチワマメ	white lupin	*Lupinus albus* L.
キバナノハウチワマメ	yellow lupin	*Lupinus luteus* L.
タルウイ・アンデスルーピン	Andean lupin	*Lupinus mutabilis* Sweet.
5. インゲンマメ連（Tribe *Phaseoleae*）		
1) デイコ亜連（Sub-tribe *Erythrininae*）		
ハッショウマメ	velvet bean,	*Mucuna pururiens* (L.) DC. var. *utilis* (Wall. ex. Wight) Bak. ex. Burck
2) Sub-tribe *Diocleinae* (**)		
タチナタマメ	jack bean	*Canavalia ensiformis* (L.) DC.
ナタマメ	sward bean	*Canavalia gladiata* (Jacq.) DC.
メキシコクズイモ[1,2]	Mexican yambean	*Pachyrryzus erosus* (L.) Urb.
クズイモ[1,2]	yam bean	*Pachyrryzus tuberosus* (Lam.) Spreng.
3) ダイズ亜連（Sub-tribe *Glycininae*）		
ダイズ	**soybean,** soya bean	*Glycine max* (L.) Merrill.
4) コチョウマメ亜連（Sub-tribe *Clitoriinae*）		
		Centrosema pubescens Benth.
5) インゲンマメ亜連（Sub-tribe *Phaseolinae*）		
シカクマメ[1]	**winged bean,** Goa bean	*Psophocarpus tetragonolobus* (L.) DC.
フジマメ[3]	lablab bean	*Lablab purpureus* (L.) Sweet.
ゼオカルパビーン#	geocarpa bean, Kersting's groundnut	*Macrotyloma geocarpum* (Harms.) Maréchal et Baudet
ホースグラム	horse gram	*Macrotyloma uniflorum* (Lam.) Verdc.,
モスビーン	moth bean	*Vigna aconitifolius* (Jacq.) Maréchal
アズキ	adzuki bean	*Vigna angularis* (Willd.) Ohwi et Ohashi

ケツルアズキ	black gram, urd bean	*Vigna mungo* L.
リョクトウ	mung bean, green gram	*Vigna radiata* (L.) Hepper
バンバラマメ（フタゴマメ）#	bambarra groundnut	*Vigna subterranea* (L.) Verdc.,
タケアズキ	rice bean	*Vigna umbellata* (Thumb.) Ohwi et Ohashi
ササゲ・ハタササゲ	**cowpea**	*Vigna unguiculata* var. *unguiculata*
ナガササゲ・ジユウロクササゲ	**asparagus bean,** yard - long bean	*Vigna unguiculata* var. *sesquipedalis* Fruhw.
テパリービーン	tepary bean	*Phaseolus acutifolius* A. Gray
ベニバナインゲン・ハナマメ	runner bean, scarlet runner bean	*Phaseolus coccineus* L.
ライマメ・リママメ・アオイマメ	Lima bean, Burma bean	*Phaseolus lunatus* L.
インゲンマメ3)	**common bean,** haricot bean, kidney bean, snap bean,	*Phaseolus vulgaris* L.
6）キマメ亜連（Sub-tribe *Cajaninae*）		
キマメ	**pigeonpea**	*Cajanus cajan* (L.) Millsp.
6. コマツナギ連（Tribe Indigoferae）		
グアル	guar, cluster bean	*Cyamopsis tetragonoloba* (L.) Taub.

（注） 1） 地下部も食用。2） 完熟種子は有毒。3） フジマメを「隠元豆」、また、インゲンマメ（菜豆）を「ササゲ」、「フロウ」などと呼ぶ地方がある。# 地下結実。* 英語名「グラスピー」の誤訳と思われる。** 和名不詳 ［ゴチックは統一使用が提案されている英語名］

物は、八〇種を超えるとも言われているが、採集・狩猟民たちが食用にしている野生のマメ科植物は、病虫害や耐乾性、耐寒性など、生物的、非生物的なストレス抵抗性を栽培種へ導入する遺伝資源として重要である。

脂肪含量が高く、「油料種子（オイル・シーズ）」と呼ばれて、工業原料、そして、商品作物として、マメ類の中でも高い経済的地位を占める、ラッカセイやダイズのほか、多糖類（ガラクトマンナン）が主成分の高粘性ガム質を含んで、食品、繊維、医薬品などに広い用途を持つグアル（クラスタービーン）もある。近年、マメ類は、抗酸化活性物質（フラボノイド）や鉄分などの含量が高いことから、機能性食品として再認識されるようになっている。ラッカセイの植物、作物としての主な特性は次のようである。

(1) 花の形態

蝶が翅を広げたような花の形から、マメ亜科は「蝶形花亜科」とも呼ばれるが、ラッカセイの花も鮮やかな黄色の蝶形花で、葉腋から伸びる長さが数センチメートルの萼筒の先端に着生する。花冠は、直径が一～二センチメートルで、外側から順に、旗弁、翼弁、そして、雄ずいと雌ずいを内蔵している竜骨弁から成る(図Ⅰ-1、2)。マメ亜科の種では、雄ずいの基本数は一〇本だが、ラッカセイでは、そのうちの一～二本が退化する性質がある。ラッカセイは、もっともユニークな性質である地下結実性のほか、いくつかの特性からみて、マメ亜科のグループでは「変わり者」だといえる[2]。

(2) 開花から地下結実まで

ラッカセイは夏の作物だが、開花が始まる早朝、日の出の時刻ごろにはすでに受粉が終わっている。数日経つと、葉腋の花が萎れた跡から、先端に受精胚をもった子房柄と呼ばれる茎状の器官が伸びてくるが、やがて向地性を顕わして地中に貫入する。数センチメートルの深さに達すると伸長が止まって水平方向に屈曲し、受精した胚の成長が始まる。母株から栄養をもらいながら、自らも土壌の栄養や水分を吸収して莢実に発育し、成熟するまでには数十日近くかかる(図Ⅰ-3)。花器の構造からは完全な閉花受粉であるが、ハナバチ類が訪花して二～六%の自然交雑が起こるという報告がある。

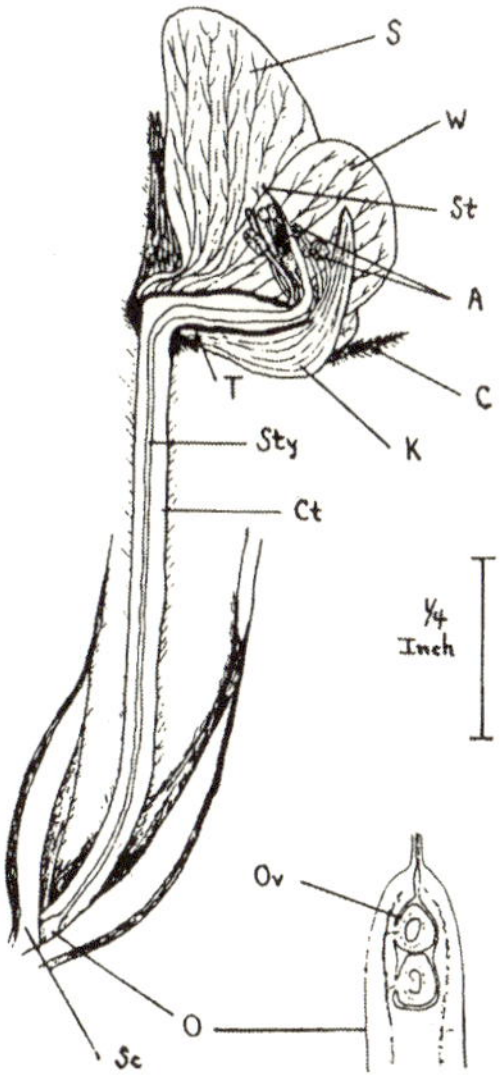

図 I－1　ラッカセイの花冠と萼筒

図 I－2　ラッカセイの花器の構造（スミス 1950）⑬
S：旗弁　W：翼弁　K：竜骨弁　St：柱頭　A：葯
C：萼片　T：雄ずい筒　Sty：花柱　Ct：萼筒
O：子房　Ov：胚　Sc：苞葉

図 I－3　ラッカセイの結実。莢実を露出した状態。地中では根の分布圏と結実圏が分かれている。

かつてわが国の作物の教科書にも、ラッカセイの地上で開花している花を不稔の雄花、そして、地中へ入る子房柄を雌花とした誤った記述があったが、開花から結実までの仕組みが明らかになったのは、今から数十年前のことである。受精した胚が肥大して莢実に発育するためには暗黒と水分が必要であることを世界で最初に明らかにしたのは、わが国の渋谷常紀（一九三五）である。[3]さらに、地下に入る時に受精胚が土壌の抵抗、すなわち、機械的刺激を感知すると、胚周辺の細胞に生理的変化が起こり、オーキシンなどの成長ホルモンが生成されて受精胚組織の発育が始まり、莢実が形成される。[4]

（3）ラッカセイの「殻」

英語のマメ類の総称「レギューム」は、「莢」を意味するラテン語に由来する。わが国でもイネ科の「禾穀類」に対して、マメ類を「莢穀類」と呼ぶことがあるが、マメの莢（果皮、殻）は、花冠とともに葉が変化したものである。成熟してくると、莢が強い力で弾けて種子を飛ばす野生の性質を残している種があるが、地下結実のラッカセイでは失われている。莢は、子実を保護する器官であるが、若い子実は、成熟するまで、「へそ」を通じて母体から養分を供給されている。また、地上結実のマメは未熟な間は莢も光合成を行なうが、ラッカセイの莢は、地中にあるので光合成を行わない代わりに、表面に根毛と同じ機能をもった毛状細胞が発達して、養・水分を吸収する。また、莢の網目模様は、母体から子実に養・水分を送っていた維管束のあとである。

成熟したラッカセイの莢は繊維質の死んだ細胞から成るが、収穫から乾燥、貯蔵、そして、流通の過程で莢がどのような生理的機能を持っているかについては詳しくはわかっていない。それは、多くが剥き実

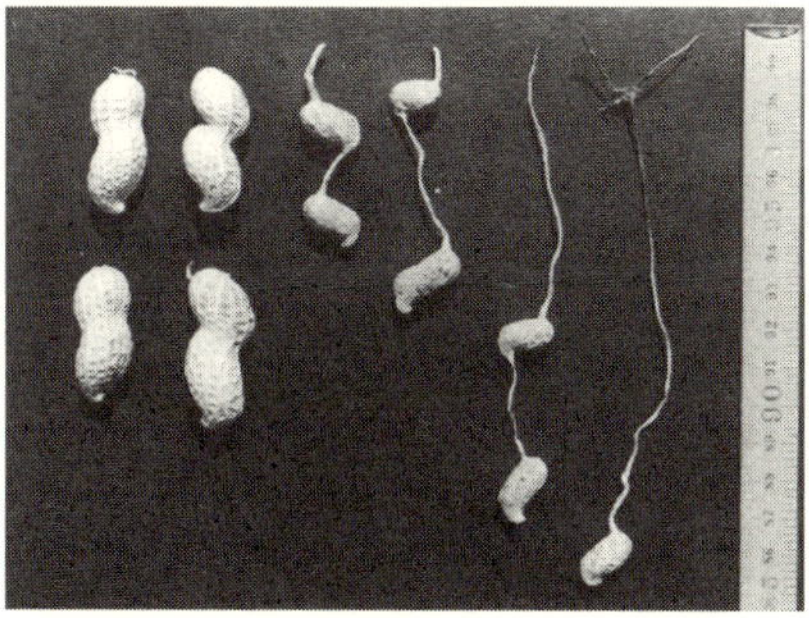

図Ⅰ-4（上） 二粒莢だが縊れの部分が長く伸びて成熟するとちぎれやすいモンチコラ種と栽培品種「タチマサリ」の莢実
図Ⅰ-5（右） 20年近く「自生」しているモンチコラ種（筆者自宅）

にして利用されるために、容積がかさむだけでなく、重量比では三〇%近くにもなる莢は、貯蔵から流通、加工の段階では邪魔者扱いされてきたことにもよる。

ラッカセイは、せいぜい一株で五〇莢、種子では一〇〇粒程で、種子の増殖率が低いので種子のコストが高く、小規模な栽培では、剝き実の種子を準備するのに手作業によることが多いが、たいへん労力と時間がかかる。そのために、筆者は、省力化の目的で莢のままでバラ播きする試験を行ったが、この時に多くの莢で一個体しか出芽しないという現象を発見した。これは、一個の莢内で、殻が薄く割れやすい莢の先端の種子（先豆）が、休眠から覚めるのが早く、休眠の長い基部側の種子（基豆）よりも先に出芽して、基豆が莢に閉じ込められたまま出芽が異常になったり、地表で枯死したりするために起こることがわかった。一莢のうちの一個体が「間引き」されることになるこの現象について、筆者は、自然条件下で親株の周りの狭い範囲内に休眠が破れた種子が次々と出芽して過密になり、個体間の競争が激化するのを自己調節するための機構であると考えた[5]。このような現象は、人間が行う栽培では、莢実を割って剝き実にした種子を適当な間隔で播いているので見ることはない。野生種では、後代植物のテリトリーを拡大するために、莢のくびれ部分が数センチメートルにも伸びて、一粒づつが生長する性質を獲得している種（図I－4、5）や、子房柄が、地表近くで水平に数十センチメートルも伸びて株間の間隔を広げる性質を持つ種も知られている。

植物の種子の休眠は、発芽に適した環境条件が与えられても、ある期間、胚の活動が始まらない状態をいうが、ラッカセイ種子の休眠は、わが国のような、栽培が年に一回の温帯地域では、翌年の播種期までには自然に終わっている。筆者は、極早生の休眠性が弱い品種を用いて、熱帯地域で行われているようなラッカセイの二期作を、高知で試みたことがある。八月中旬に収穫した種子を一週間後に播種したが、休眠からの目覚めが不ぞろいで、発芽の不揃いが起こった。熱帯地域で、搾油用の栽培が多い小粒性の品種は休眠が弱いので、収穫期や、収穫後の乾燥中に降雨に遭うと、一斉に莢のままで発芽して、大減収になることがしばしばある。種子の休眠性は、野生の植物が自然条件下で、種々のストレスを回避して種を維持するための適応であるが、栽培化の過程で淘汰されてきた。種子休眠の生理的メカニズムが内生成長物質（ホルモン）の働きによることがほぼ明らかになって、人工的に休眠を破ることはエチレンを生成する薬品の処理で可能だが、休眠を延長させることはまだ実用化されていない。遺伝資源としてのラッカセイの種子は、短・中期には一～四℃、永久保存にはマイナス二〇℃という低温で、いわば人工的に休眠させて貯蔵している。

また、ラッカセイの種子は、常温下では剝き実の状態では発芽率が一年で約半分以下になるが、莢付きのままでは発芽寿命が長いことが経験的に知られている。筆者は、世界各地域産のラッカセイの約二百数十系統の種子を、二～三年ごとに更新しながら、高知の常温下で、乾燥剤（生石灰）と密閉貯蔵という条件だけで莢付きのままで保存してきたが、原種として保存してきた品種のなかに、三〇年近く発芽力を維持していた数系統があった。これは、ラッカセイの発芽寿命としては、最も長い記録である。[6]

（4）根粒の形成

マメ科植物の大きな特徴の一つは、農業上、重要なマメ亜科の作物を含む多くの種で根粒菌の感染によって根に根粒が形成され、その中で共生する土壌細菌の一種である根粒菌の働きで固定される大気中のチッソを成長に利用できることである。根粒の形成は、マメとバクテリアとの共生系成立の形態的なあらわれであるが、土壌中では、マメによる根粒菌の誘引、接触、そして、相互認識に始まって、根粒菌が根毛などマメの根細胞内へ侵入（感染）して増殖する。そして、こぶ状の根粒が形成され、「マメ―根粒菌共生系」が成立して、チッソ固定が開始されるが、やがて、マメが成熟してくると、根粒菌が再び寄生化し、マメの枯死で根粒組織が崩壊し、根粒菌は土壌へ戻る。

農業上大きく貢献しているマメ類と根粒菌との共生チッソ固定の仕組みについては、今日では、分子レベル、遺伝子レベルでの解明が進んでいる。宿主のマメと根粒菌との間には、遺伝的な特定の親和性関係があり、マメ科植物の進化を、この根粒菌との共生関係（シンバイオシス）から考えることも興味深いが、最近の新しい分類では、根粒菌は四属に分けられている。ラッカセイの根粒菌は、ダイズやササゲ、アズキなどと同じ世界各地の土壌に分布する宿主のマメの種が多いブラデイリゾビウム属に属しているが、[7・8]他の多くのマメのように根毛からではなく、分根が発生する時に主根の皮層に形成される裂け目から分根の細胞に侵入、感染する。そのために、球形の根粒が根の分岐部に形成される。筆者は、これを「分根皮層型根粒」と名付けたが、ほかのマメでこのような例は知られていない。[9・10]

草丈、茎の数や伸長角度、そして、光合成器官である葉の大きさや数、立体的分布の様相などを総合して、作物の草型と呼ぶが、この草型は収量と関係の深い極めて重要な特性である。ラッカセイの品種はこの草型によって、ほふく性、立性、そして、その中間型の半立性に分けられる（表I－2）。

2　多収をあげるラッカセイの特性

イネやムギなどで子実の粒数や粒の大きさ、穂数などを増やすと、それを支持するために茎を太くて丈夫にしないと倒伏する。他方で、野生のクズや、混作の畑で見られるトウモロコシの茎に巻きついて生育するササゲのように、「つる性」のマメは、自身を支持するために茎をとくに丈夫にする必要がない。その結果、光合成産物の茎へ配分する分も少なくて済み、子実へ効率よく配分できる。筆者は、このことから、茎が莢実を物理的に支える必要がない地下結実のラッカセイで、太くて丈夫な茎が発達しているのは無駄ではないのか、ということに気づいて、これまで育種の面ではあまり関心が払われていなかった、収量と、茎に葉柄を含めた「茎系」の量との関係について、草型の異なる約三〇品種で調べた。

その結果、千葉県農業試験場で育成された、普通の栽培条件で、ヘクタール当たり三〇〇〇キログラム以上の高い子実収量を挙げる、ワセダイリュウ、タチマサリ、ナカテユタカなどの品種では、在来の大粒性品種に比べて、分枝数が少なく、個体全重に占める茎系重の割合が小さくなり、子実の大粒化とあわせて、子実重の割合が高くなっていることがわかった。この結果から、普通の栽培条件で多収を挙げるような、ラッカセイの「理想生育型における適正茎系量」の重要性を指摘した。前記の三品種では、葉の受光に有利な立性の草型、分枝数の減少による過剰な葉と花の減少、そして、早生化で開花期が早まり、結実

表Ⅰ－2　ラッカセイの系統分類と品種の実用分類タイプ：その主な特性*

ラッカセイ　(*Arachis hypogaea* L.)

1. 亜種ヒポゲア（Subsp. ***hypogaea***）
   1）変種ヒポゲア（var. ***hypogaea***）　品種：バージニア・タイプ
   2）変種ヒルスータ（var. *hirsuta*）　品種：ペルー・タイプ

- 主茎節に花序が形成されない、分枝では花序を形成する生殖節と枝だけの栄養節が2節ずつ交互配列することが多い
- 莢実：2（3）粒莢で、大きい
- 種子：大粒で、種皮が淡紅・赤褐色、休眠性が強い
- 草型：主茎が短い、ほふく～半ほふく性（半立ち性）、葉が小さく濃緑色、分枝数が多く過繁茂になりやすい
- 生育期間：長い―晩生型
- 耐病性：葉の病害に強い
- 利用：脂肪含量が低く食用として温帯地域で栽培が多い

---

2. 亜種ファスティギアータ（Subsp. *fastigiata*）
   1）変種ファスティギアータ（var. *fastigiata*）　品種：バレンシア・タイプ、ペルー・タイプの一部
   2）変種ブルガリス（var. *vulgaris*）　品種：スパニッシュ・タイプ

- 主茎節に花序が形成される、分枝では生殖節が連続、または不規則配列する
- 莢実：2～4（6）粒莢で、小～細長い
- 種子：小粒で、種皮が白、淡紅・赤、紫色、休眠性が弱い
- 草型：主茎が長く、立性、葉が大きく淡緑色、分枝数が少ない
- 生育期間：短い―早生型
- 耐病性：葉の病害に弱い
- 利用：脂肪含量が高く搾油原料として熱帯地域で栽培が多い

（注）最近では、上記2亜種間の自然交雑および育種による人為的交雑起源の品種が増えているが、これらの系統的な分類は、まだ確立されていない。

*ブンティング（1955）[15]、クラポビカスら（1994）[14]、前田（1973）[2]などにより作成。

日数が確保されるなどで多収化を実現している。これらの多収化に寄与した特性は、反復交配によって取り込まれた、小粒性品種が属する亜種ファスティギアータに属する品種の遺伝的特性に由来するもので、筆者は、これを「亜種ファスティギアータ効果」と名付けた[11]。この結果は、一九九一年一一月に国際半乾燥熱帯作物研究所（インド）で開催された「国際ラッカセイ・ワークショップ」でも発表したが、筆者が約四〇年にわたりラッカセイの多収化を追求してきた研究の結論である。

第二章　ラッカセイの生まれ故郷と野生の仲間たち

1　ラッカセイはどこで生まれたか？

(1)　ラッカセイのふるさと

南米大陸の地形は、東部のギアナ高地、ブラジル高原と西部のアンデス山脈、それらの間の中央低地――オリノコ平原、アマゾン平原、そして、ラ・プラタ河流域の南部平原に大別される。南米大陸全体の約二分の一を占めているブラジルは、アルプス型の高い山脈が無く、東部山系に標高が三〇〇〇メートルに近い山地が集中して、国土の大部分は海抜一〇〇〇メートルに満たない低い高原である。北西部のアマゾニア州の西端が、僅かにペルー国境で太平洋岸に南北に連なるアンデス山脈に接している。国土の北半分は、アマゾン河流域――アマゾニアと、ブラジル高地の二地域に大別される。そして、南半分は、ブラジル高地の南半分と、その西から南にかけて隣接するラ・プラタ水系の諸河川流域の平野とからなっている。大部分がミナス・ゼライス、サン・パウロ、ゴイアス、および、マト・グロソの四州にまたがるこの地域が、「ブラジル高地」、あるいは、「ブラジル高原」と呼ばれるが、ラッカセイ属植物の誕生と最も関係が深い。

　北東部のバイア州ジュアゼイロ（南緯約九度・西経約四一度）と、南西へ約二〇〇〇キロメートル離れたマト・グロソ州パンタナル地方の中央部にあるコルンバ（南緯約一八度・西経約五七度）とを結んだ線のほぼ真中にある、高度約一二〇〇メートルの最も高い平原は、第三紀中期（約二五〇〇万年前）に隆起して最初の侵食を受けた面であるとされている。ここには、ラッカセイ属の植物は自生していない。しかし、この侵食面の南西側で、約二〇〇〇万年前（第三紀末期）の第二回目の侵食でできた高度約六〇〇メートルの平原には、栽培種のラッカセイには見られないような古い形質をもった四種が自生する。グレゴリーら（一九七三、一九八〇）[1・2]は、その形から「ブラジル高地楕円」と呼んだこの地域がラッカセイ属が生まれた中心と考えているが、その北東側で、同じ第二回目の侵食でできた高度約六〇〇メートルの地域にも同様に古い形質を残している四種が自生しており、このパラグアイ、パラナ両河の最上流部と、アマゾン河の南部諸支流域までを、種の拡がりのもう一つの中心と考えている。また、南西側で、第四回目の侵食（更新世。二〇〇万年〜一万年前）で形成された高度約一二五メートルの大低湿地帯——パンタナルには、最も進化したグループの種が自生する。

　これらの事実から、「ブラジル高地楕円」を中心とした地域に自生していたラッカセイ属のもっとも原始的な種が、その後の侵食で低地に移動・定着して、同心円状に分布を広げながら変異を拡大・進化して新しい種が加わって、今日見られるようなラッカセイ属の種の地理的分布が出来上がったと考えられている。ラッカセイ属の野生種の分布は、南米大陸のブラジル、ボリビア、パラグアイ、ウルグアイ、アルゼンチンの五か国にまたがる地域で、アマゾン河以南、大西洋以西、ラ・プラタ河以北、アンデス山脈の東側までの範囲内に限られ（図Ⅱ-1）、新大陸のほかの地域や旧大陸では自生は知られていない。

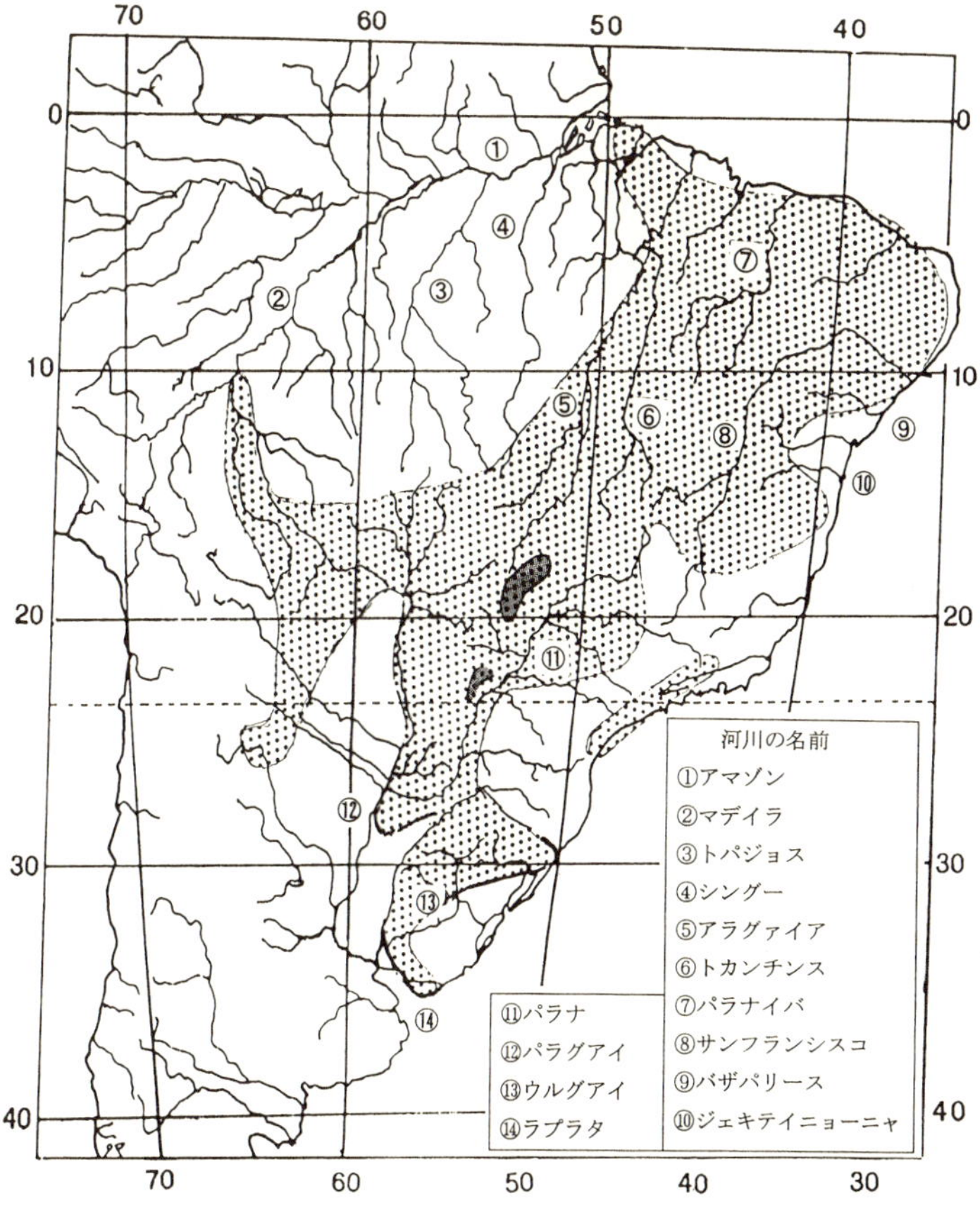

図Ⅱ-1　ラッカセイ（*Arachis*）属の地理的分布と河川の関係。クラポビカスら(1994)[3]により各節の種の分布図を重ねて作成。

▒：最も原始的な第1節の種が分布する地域

⁘：第2～9節の種が分布する地域（グレゴリーら、1980）[1]

（2） 野生種の地理的分布と河川

半世紀前ごろには一二種だったラッカセイ属の種の数は、クラポビカスら（一九九四）[3]による新しい系統分類体系で一挙に七一種が承認・記載されたが、さらに、シンプソンら（二〇〇五）[4]によって新種が一種追加され、現在では八二種に達している（表II－1）。ラッカセイ属植物の、もっとも原始的なグループ（第I節）から、もっとも進化したグループ（第IX節）の順に、その種の数を見ると次のようである。

①第I節　トリエレクトイデス（二種）
②第II節　エレクトイデス（一六種・二亜種）
③第III節　エクストラネルボサエ（一〇種）
④第IV節　トリセミナタエ（一種）
⑤第V節　ヘテランタエ（六種）
⑥第VI節　カウロリザエ（二種）
⑦第VII節　プロキュンベンテス（一〇種）
⑧第VIII節　リゾマトサエ（四種・二族・二変種）
⑨第IX節　アラキス（三一種・二亜種・六変種）

栽培種のラッカセイと染色体数が同じの三種が含まれるこの節が分布する地域は、栽培種ラッカセイが属する第IX節の分布の中心と重なっている。

この節は、栽培種ラッカセイなどが属するもっとも進化したグループである。分布地域は、ほぼ西経五七度線を中心にして、南緯約一五度以南のパラグアイ河中・上流域とパラナ河の中流域、および、ウル

表II－1　ラッカセイ（*Arachis*）属の分類：クラポビカスら（1994）③、およびシンプソンら（2005）④により作成。

ラッカセイ（*Arachis* L.）属　（82種。＊は新種）

第I節：*TRIERECTOIDES nov.*　（2種）

1. *A. guaranitica*,　2. *A. tuberosa*

第II節：*ERECTOIDES nov.*　（16種、2亜種）

3. *A. Martii*,　4. *A. brevipetiolata nov.*,　5. *A. Oteroi nov.*,
6. *A. Hatschbachii nov.*,　7. *A. cryptopotamica nov.*,　8. *A. major nov.*,
9. *A. Benthamii*,　10. *A. douradiata nov.*,　11. *A. gracilis nov.*,
12. *A. Hermanii nov.*,　13. *A. Archeri nov.*,　14. *A. stenophylla nov.*,
15 a. *A. paraguariensis* subsp. *paraguariensis*,　15 b. *A. paraguariensis* subsp. *capibarensis nov.*,　（＊）*A. porphyricalix*

第III節：*EXTRANERVOSAE nov.*　（10種）

16. *A. setinervosa nov.*,　17. *A. Macedoi nov.*,　18. *A. marginata*,
19. *A. prostrata*,　20. *A. lutensces*,　21. *A. retusa nov.*,　22. *Burchellii nov.*,　23. *A. Pietrarellii nov.*,　24. *villosulicarpa*,　（＊）*A. submarginata*

第IV節：*TRISEMINATAE nov.*　（1種）

25. *A. triseminata nov.*

第V節：*HETERANTHAE nov.*　（6種）

26. *A. Giacometii nov.*,　27. *A. sylvestris*,　28. *A. pusilla*,　29. *A. Dardani nov.*　（＊）*A. interrupta*,　（＊）*A. seridoënsis*

第VI節：*CAULORRHIZAE nov.*　（2種）

30. *A. repens*,　31. *A. Pintoi nov.*

第VII節：*PROCUMBENTES nov.*　（10種）

32. *A. lignose nov.*,　33. *A. Kretschmeri nov.*,　34. *A. Rigonii*,
35. *A. chiquitata nov.*,　36. *A. matiensis nov.*,　37. *A. appressipila nov.*,
38. *A. Vallsii nov.*,　39. *A. subcoriacea nov.*　（＊）*A. Hassleri*,
（＊）*A. Pflugeae*

第VIII節：*RHIZOMATOSAE nov.*　［（＊）*Eurhizomatosae*］（4種；2族，2変種）

Series *PRORHIZOMATOSAE nov.*,　40. *A. Burkartii*,
Series *RHIZOMATOSAE nov.*,　41. *A. pseudovillosa nov. comb.*,
42 a. *A. glabrata* var. *glabrata*,　42 b. *A. glabrata* var. *Hargenbeckii*
（＊）*A. nitida*

第IX節：*ARACHIS*（31種，2亜種，6変種）

43. *A. glandulifera*,　44. *A. cruziana nov.*,　45. *A. monticola*,
46. *A. magna,nov.*,　47. *A. ipaënsis nov.*,　48. *A. valida nov.*,
49. *A. Williamsii nov.*,　50. *A. Batizocoi*,　51. *A. duranensis nov.*,
52. *A. Hoehnei nov.*,　53. *A. stenosperma nov.*,　54. *A. praecox nov.*,
55. *A. palustris nov.*,　56. *A. benensis nov.*,　57. *A. trinitensis nov.*,

58. *A. decora nov.*, 59. *A. Herzogii nov.*, 60. *A. microsperma nov.*,
61. *A. villosa*, 62. *A. helodes*, 63. *A. correntina nov.comb.*,
64. *A. Simpsonii nov.*, 65. *A. Cardenasii nov.*,
66. *A. Kempff-Mercadoi nov.*, 67. *A. Diogoi*, 68. *A. khulmannii nov.*,
69 a. *A. hypogaea* subsp. *hypogaea* var. 1. *hypogaea*, var. 2. *hirsuta*,
69 b. *A. hypogaea* subsp. *fastigiata* var. 1. *fastigiata*, var. 2. *peruviana*, var. 3. *aequatoriana nov.*, var. 4. *vulgaris*.
（*）*A. linearifolia*, （*）*A. Schininii*,
（*）*A. Gregoryi*, （*）*A. Krapovickasii*

（*）シンプソンらによる新種

グアイ河中・下流域からラ・プラタ河までの地域、そして、この地域から東へトカンチンス河の中・上流域へ、また、西へは、アンデス山脈東側沿いにグランデ河流域（西経約六五度）からアルゼンチンのフィフィ州とサルタ州まで突出している。西の端は、アンデス山脈の東側になり、乾燥した高地だが、栽培種ラッカセイの成立に関係が深いとされている、バチゾコイ（海抜三〇〇〜九五〇メートル）とチュラネンシス（同二五〇〜一二五〇メートル）、そして、祖先種の可能性があるモンチコラ（同一三五〇〜一五六〇メートル）の三種が分布している（後述）。

図II－1に、以上のようなラッカセイ属の全種の地理的分布を重ねて示したが、第VII、VIII、IX節＝パラグアイ河、ウルグアイ河、パラナ河流域、第V節＝ジェキティニョーニャ河、バザバリース河流域、第IV、V、VI節＝サンフランシスコ河流域、第III、V節＝パラナイバ河流域、そして、第III、VII、IX節＝アマゾン河支流のマデイラ、トパジョス、シングー、アラグアイア、トカンチンス河の中・上流域というように、各節の分布には河川との特異的な関係が見られることに注目したのは、グレゴリーとクラポビカス[1]である。

種の分布の拡がりが河川で阻止された例は、ウルグアイ河に沿った細長い地域に限られて分布しているビロサ種や、コレンチナ種で見られる。筆者は、一九七八年の三月に、A・クラポビカス博士（当時、アルゼンチン国立ノルデステ大学農牧学部教授）の案内で、博士が自生地にちなんで学名をつけたコレンチナ種が、コリエンテス市内の道路際の雑草の中で黄色の蝶形の花を着けて生育しているのを見たが、自生の中心地は、アルゼンチン東北部のコリエンテス州と西隣のサンタフェ州との州境、そして、北に隣接するパラグアイとの国境となって流れるパラナ河に囲まれた三角形の地域である。ここで、パラナ河によって北と西への拡大を阻止されているが、その上流のパラグアイの首都、アスンシオンの近くで飛び地のように自生している。また、アラキス節のウイリアムシイ、カルデナシ、そして、マグナの三種は、パラグアイ河や、アマゾン河の支流のマデイラ河、その上流のグァポーレ河によって北と東へ分布を拡大できず、ボリビア内に閉じ込められている⑤（図Ⅱ－2）。

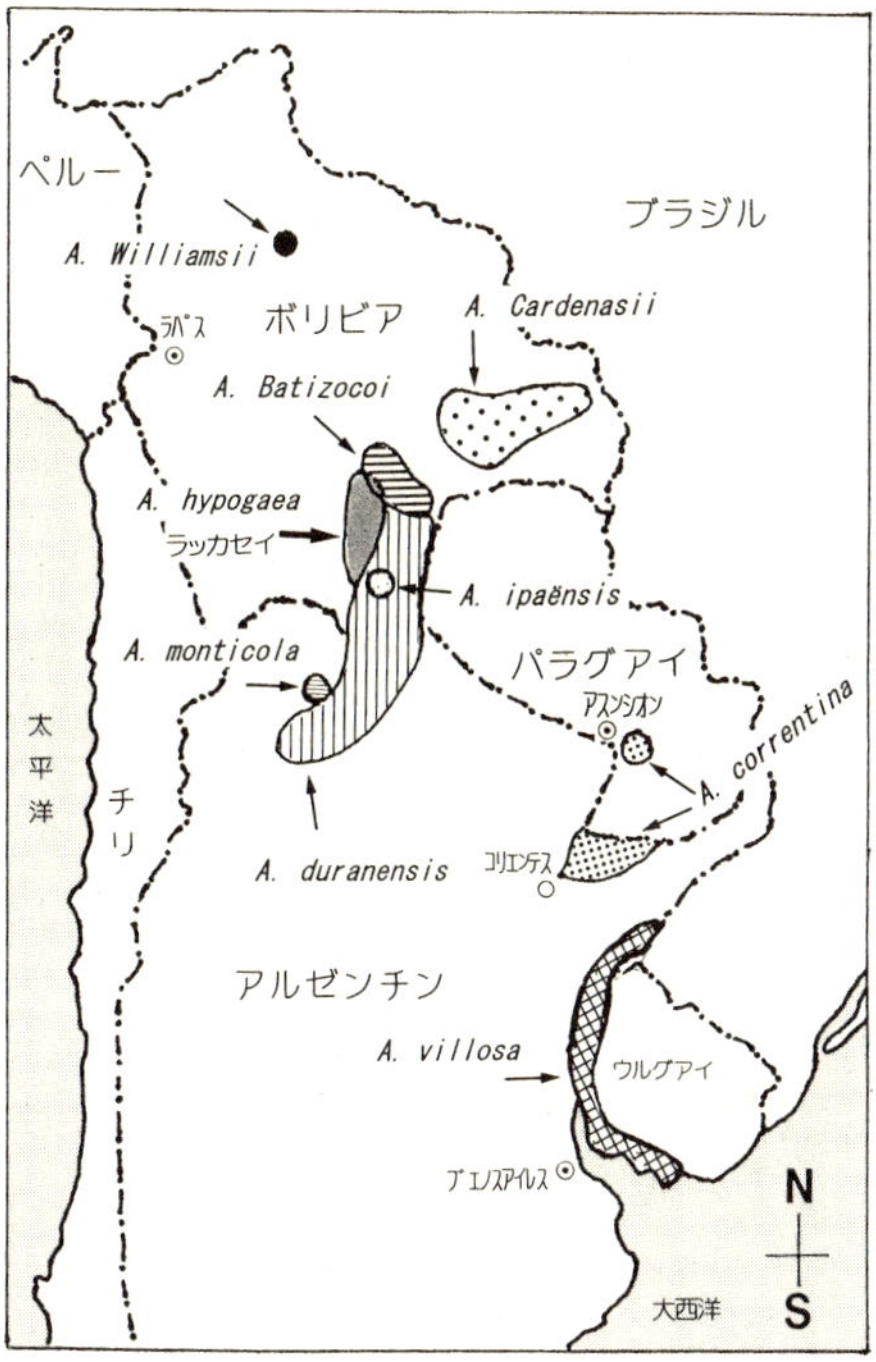

図Ⅱ－2　ラッカセイ栽培種とその成立に関係が深いとされる野生種の分布する地域（セイジョーら、2004により作成）⑤

ラッカセイを競争のない広い場所で一株だけ生育させて株の広がり、すなわち、種子が結実する範囲を調べたことがあるが、立性の品種では直径が約一メートル、ほふく性の品種でも最大一・五メートルだったが、野生種のモンチコラ種では、最大約三メートルであった。野生種には、枝が四メートルにも伸びる種があるが、自然条件下で種子が拡がる範囲を一年間で約一メートルと仮定すると、百万年かかってやっと一〇〇〇キロメートルしか分布が広がらないことになる。このように地下結実性は、種の地理的分布の拡大にとっては不利な性質である。グレゴリーら[1]は、拡散の「拘束」と言っているが、地下結実性は、種の集団の広がりの物理的な距離や、範囲を限定するだけでなく、遺伝子の拡がりの機会が減って、遺伝的に隔離された小集団が形成され、属としての変異の拡大や、新しい種の分化を遅れさせることにもなる。

　ラッカセイ属植物の祖先は、地上で結実していたと考えられているが、ラッカセイ属と近縁で地上結実性のスタイロサンテス属の植物は、葉や花器、莢実などの形態はラッカセイ属と良く似ている。莢実の先端は、硬くて尖った、くちばし状になっており、さらに全体が硬い刺毛に覆われているので、動物の体に付着して運ばれやすい。ラッカセイ属の莢実には、このような性質がなく、地上で莢が弾けて種子を飛ばすこともできない。動物によって食べられても、分解、消化が速やかで排泄物中に発芽力のある種子が残ることもない。したがって、ラッカセイの祖先の植物の移動や伝播に人間が関わるようになるまでは、種子が運ばれて種の分布域を拡大するのには、河川の氾濫による水と土砂の作用が大きかったと考えられる。

(3) ラッカセイの両親の野生種は?

　世界のラッカセイ研究者にとって、地下結実の仕組みはすでに明らかになったが、それと同じくらいに強い関心が持たれているのは、その生まれ故郷——原産地を特定して野生状態で生育している原植物を発見し、ラッカセイの出自を明らかにすることであろう。ダイズ、エンドウ、ソラマメ、リョクトウ、インゲンマメ、ササゲなど、新・旧両大陸で、数千年前に栽培化されたマメ類の多くが、すでに、その原種とされる野生種が見つかっているが、ラッカセイではまだ見つかっていない。近年、南米大陸での野生種の収集と、それらの系統的関係の研究が進んで、ラッカセイが二種の野生種から生まれたことが細胞遺伝学的に確かとされ、原産地と推定される地域も、ほぼ明らかになってきている。だが、ラッカセイの親になった野生種については、まだ決定的な答えは出ていない。

ラッカセイの染色体数が四〇（2n＝40）であることを決定したのは、わが国の川上次郎（一九三〇年）である。[6] 野生種では、モンチコラ種など三種は同じ四〇だが、異数性（2n＝18）の三種（第Ⅸ節）を除く、そのほかの野生種の染色体数はすべて二〇（2n＝20）である。生物種の正常な生存に必要な、最少限の遺伝子をもった染色体の一組をゲノムと呼ぶが、ハステッド（一九三六年）[7] が発見した、形態によってほかの染色体と識別できるA染色体を含んだ染色体の一組をAゲノム、それを含まない一組をBゲノムとすると、ラッカセイは、ゲノム構成が〈AABB〉で表わされる異質四倍体であることが明らかになった。このことからラッカセイは、染色体数が2n＝2X＝20で、Aゲノムだけをもった野生種（ゲノム構成AA）と、Bゲノムだけをもった野生種（ゲノム構成BB）との交雑によって生まれたことがわかった。モンチコラ種は、ラッカセイとゲノム構成も同じで、容易に交雑して稔性を持つF1植物を形成するので、祖先種が同じである可能性が高く、ラッカセイの祖先種、あるいは原種だとする意見が強いが、雑草型のラッカセイだとする考えもある。[8]

ラッカセイの親探しでは、A、B、両ゲノムをもたらした野生種の決定が重要な鍵になるが、これまでのところ、Aゲノム親の候補としてデュラネンシス種、そして、Bゲノム親の候補としてはバチゾコイ種を支持する見解が圧倒的に多い。だが、Bゲノム親としてのバチゾコイ種については反対も多い。

ところでもう一つ、この両種のどちらが父親で、どちらが母親かという問題が残っている。遺伝子の大部分は細胞の核にある染色体に含まれているが、母親を通じて遺伝する細胞質に含まれる葉緑体ＤＮＡの遺伝情報から、ギュラネンシス種が母親であるとする説が有力である(5・9)。

ラッカセイは、ほぼ完全な自家受粉の植物と考えてよく（第一章）、また、地下結実性のために自然条件下での種の分布範囲の拡大には時間がかかるので、遠く離れた地域に分布する異種間で雑種が生まれる機会はごく低い。しかし、ギュラネンシス種とバチゾコイ種が自生する地域は、ボリビア南部、アルゼンチン北部、そして、パラグアイ北東部の各国境が接する地域で、ラッカセイ、モンチコラ両種の自生地域と接している（図Ⅱ－２）(5)。したがって、この地域で、ギュラネンシス種とバチゾコイ種との間で互いに交雑して出来た雑種の染色体数が二倍になって四倍体になり、その中の高い稔性をもった植物が、ラッカセイの原種となって分布を拡大し、やがて、先住民によって栽培化され、今日のラッカセイが生まれた可能性が高い。両親の野生種と、祖先種、あるいは、「原種」植物が特定され、ラッカセイ栽培種の出自の謎が解明される日は近いと期待される。

（４）　遺伝資源の探索と収集

一八一九～三二年にかけて、Ｊ・Ｅ・ポールらによって、ブラジルのゴイアス州、マト・グロソ州、そして、ウルグアイなどを探索してラッカセイ属のグラブラタ、チュベロサ、プシラ、ビロサ、プロストラタの五野生種が収集されているが、これが野生種探索の最初のようである。リンネが初めてラッカセイに学名を与えて記載した一七五三年当時には一種だけだったラッカセイ属は、相次いで野生種が発見されて、最近では八二種が記載されていることは先に述べた。一九四五年に、アルゼンチンの国立農牧畜研究所の植物導入研究チームが、本格的な野生種の探索・導入事業を開始しているが、一九四七年に、米国農務省とオーストラリア連邦科学産業研究機構によって、おそらく、最初と思われる国際チームによるラッカセイ属野生種の生きた植物と種子の収集を目的とした、アルゼンチン、パラグアイ、ブラジルでの探索が行われている。また、アルゼンチンの国立農牧畜研究所のリゴニやクラポビカスたちは、一九五九年から、W・C・グレゴリー（ノース・カロライナ州立農科大学）など米国の研究者たちと国際的な共同研究を開始し、探索の対象範囲を国内からブラジルやボリビアに拡大して多くの野生種を発見している。

以来、国際植物遺伝資源研究所（IBPGR）、国連食糧農業機構（FAO）、国際半乾燥熱帯作物研究所（ICRISAT、インド）など、国際機関の援助による、ラッカセイ属遺伝資源の探索、収集チームが一七回にわたって南米各地に派遣されている。一九九二年九月までに、ラッカセイ属植物が自生する国々と米国との間の人的、資金的協力によって実施された探索では、栽培種一九〇〇系統以上、野生種六〇〇系統以上が収集されている。これらの遺伝資源は、その一部を調査対象ホスト国に残し、残りを参加した国の研究機関へ分譲し、また、一部をICRISATの遺伝資源部で、増殖と評価、そして、保存し、各国の研究機関への分譲を担当することなどが合意されている。ICRISATの遺伝子銀行で、長期及び中期保存されているラッカセイ属の系統数は、一九八九年現在で一万二一六〇系統であった。これらの諸特性はデジタル化され、データ・ベース『ラッカセイ生殖質パスポート・デスクリプターズ』として利用者に提供されている。[10]

ブラジルは、国立遺伝資源探索・生物工学中央研究所（CENARGEM）が中心になって国内の植物遺伝資源の探索を行ってきたが、最近、ブラジル政府は、国内での国際的な植物遺伝資源の収集を法律で禁止したといわれている。[11] 近年、知的財産権保護の国際的世論が高まっており、同じような規制が他の国でも行なわれるようになっているが、自国に遺伝資源をもたない先進国の研究者や企業は、発展途上国に存在する有用植物の遺伝資源の収集、保存、そして、その産業的利用で得られる利益の配分については一層の配慮が求められる。

また、近年、ブラジルでは再発見される野生種の数が減っているといわれており、その理由は、種の分布がごく狭い地域に限られていることにもよるが、ボリビアからパラグアイにかけてのチャコ地方のように、三〇〇キロメートル以上も離れると、アクセスできる手段がなくなって採集地点が幹線道路沿いに集中していることが報告されている。また、ラッカセイ栽培種のもう一つの起源地である可能性が示唆されている、アマゾン河からパラナ河の流域をほぼ分割している大陸の低地部と、ボリビアのブラジル国境に近いサン・ホセ・デ・チキイトスの周辺地域、そして、パラグアイ北西部のボリビア国境を横断する地域などでは、進行している道路や天然ガス・パイプの施設工事による開発の野生種への影響が懸念されている。一九八九年に開催された、アマゾン地域に領土を持つ南米八か国によるアマゾン・サミットでは、アマゾン熱帯雨林の保護を目的とした「アマゾニア宣言」を採択した。また、同八か国のアマゾン協力条約加盟国は、アマゾン遺伝子銀行の設立や、先住民保護のための国際協力などを採択している（一九九五年一二月）。気候変動のほかに、世界の各地で急速に高まっている、開発という人間の行為による生物の種の多様性の喪失、遺伝子侵食や、種の絶滅の危惧は、ラッカセイ属植物にも及んでいる。

2　欧州人の「ラッカセイ」との出会い

一五世紀から四世紀にもわたる大西洋奴隷貿易の歴史の中では、新大陸生まれのマメ、そして、油を採る作物としてのラッカセイは、まだ本格的には登場してこない（第四〜五章）。だが、一九世紀の終わりごろから、西アフリカ、とくに、セネガンビアの国々で、にわかに生産が盛んになり、欧州への輸出が増大する。新大陸の「発見」後、スペイン人、ポルトガル人、フランス人、そして英国人たちの西インドやブラジルへの関心が高まり、先住民のインディオたちは奴隷狩りの対象にもなった。その時に、欧州人は、ラッカセイに出会っていたと思われる。

だが、コロンブスの書簡や、第一次（一四九二〜九三年）から第四次航海（一五〇二〜〇四年）の記録では、食料が不足して、現地でコムギ、オオムギ、ブドウ、サトウキビを栽培したとか、ワタや野生の果物、薬草などといっしょに、トウモロコシの栽培を見たとかの話は出てくるが、イスパニョラ島（現ハイチ島）など、西インド諸島で補給した食べ物にも、ラッカセイのことは全く出てこない⑫。しかし、一六世紀に入り、大西洋奴隷貿易が盛んになってからは、ブラジルの沿岸地方にも接岸して上陸する機会が増えているので、新大陸産の珍しい植物、食物の一つとしてラッカセイが欧州へ持ち帰られた可能性は高いと推察される。実際に、イスパニョラ島でラッカセイを見たとか、ブラジルのインディオたちが地下に結実する実を生食していることや、カカオのホット・ドリンクとしての利用とおなじように、蜂蜜とラッカセイのペーストを混ぜた高カロリーの飲み物を飲んでいることなど、船員や探検家たちがもたらす情報が多くなる。さらに、一七世紀以後になると、当時の著名な博物学者たちによる記録が図とともに示されるようになるが、ラッカセイの莢実が根に形成されるなど、記述はまだ正確ではなかった。現在までのところ、大航海時代（一五〜一七世紀）に、アフリカなど旧大陸各地にラッカセイが導入されたという、はっきりした記録はないが、「コロンブス以後」の欧州における、ラッカセイに関する主な植物学的な記録は、次のようである。

◎アンドレ・テーヴェ（一六世紀）

ブラジルの発見（一五〇〇年）からまだ間もない一五五五年に、N・ビリェゲニョンが、国内で迫害を受けたフランス人新教徒たち一〇〇人を率いてリオ・デ・ジャネイロのグアナバラ湾に上陸して、植民地「南極フランス」を建設しようとしたが、ブラジル軍に敗退している。その中にいたテーヴェが、帰国後、サツマイモ、タバコ、そして、ラッカセイの栽培を見たと書いている。[13]

◎ニコラス・モナルデス（スペイン人。セヴィリアの医師）（一五七四）

「指の半分ほどの大きさで小さい子実をもち、二つの部分に分かれている、地下で成長する果実を……生のまま、または乾燥したものを食べるが、煎《い》ると最も味がよい……」

欧州で最初のラッカセイの報告者とされている。モナルデス自身は新大陸を訪れていないが、船員や探検家から情報を集めた。このラッカセイはペルーから送られてきたとしている。

◎ジャン・ド・レリィ（ブラジルに五年間滞在したフランス人宣教師）（一五七八）

「マノビ〈*manobi*〉と呼んで食べていた。ヘーゼルナッツに似た実で地中にできる。」

しかし、彼はこの植物がどのように育つのかは知らなかった。

◎ガブリエル・ソアレス・デ・ソーサ（一五八七）

一五七〇年から七八年まで、ブラジルのバヒア州で暮らした。この国の地理、動物、昆虫など自然史、政治、そして、インディオの民族学的研究や農業技術などについての記述を多く残している。

「ブラジルでは、一月になると、混血の女性だけで準備した畑に、〈片手の幅〉[注]の間隔で播いて、五月に、それを播いた者だけが収穫する。茎が地面を這う。根の先にできる、マツの実に似た果実に三～四粒はいっている子実を生で食べると、ヒヨコマメの味がする。莢のまま煎って食べるのが一般的である。」

収穫したラッカセイを、煙で人工乾燥させることも紹介している。

(注) スペイン語圏の長さの単位。手のひらを開いて親指の端から小指さきまでの幅、約二一センチメートルを指す〈パルモ〉。アコスタ、第四巻、第二一章。(14)

◎ホセ・デ・アコスタ(スペインのイエズス会修道士)(一五九〇)

『新大陸自然文化史』(一五九〇)の著者。[増田『大航海時代叢書』Ⅲ、上、第十八章。一九六六](14)。

「……この地(ヨーロッパ)では木や果樹や野菜が多種多様で、地上に生る実の豊富さではまさっているが、根菜や地面の下の食料についていえば、かの地(新大陸)の方がずっと豊富と思われる。……ダイコン、かぶ、にんじん、きくちさ、たまねぎ、にんにく、その他の有用な根菜があるが、あちら(新大陸)(訳者注1)では、数えきれないくらいで、じゃがいものほかに、オカ、ヤナオカ、カモテ(サツマイモ)、バタータ、ヒカマ、コカ、コチューチュ(訳者注2)、カビ(訳者注3)、トトラ(訳者注4)、マニ、その他何十種類もある……」

アコスタはトウモロコシについても詳しく述べているが、ラッカセイを根菜作物に含めている。

(訳者注)

(1) ヤマイモ、(2) アンデス高地に自生、根を食用にする。(3) チリ、ペルー産のイモ。(4) アラワク語でラッカセイ(サウアーを引用)。

(筆者注) ヤナオカ(*Tropaeolum tuberosum*)。ヒカマ(アメリカクズイモ)。コカ(コカインを含む葉を噛む植物のコカだとすると、根菜に含めていることには疑問がある)。バタータ(スペイン語ではサツマイモ)。トトラ(茎を編んで葦船や家屋を作る。筆者は、ペルーのチチカカ湖で試食したが、株もとに密集する茎の若芽を生で食べる)

◎C・クルシウス(一六〇五)

彼の経歴は明らかでない。精密に描いたラッカセイの子実を初めて示しているが、記述はモナルデスや、レリィと同じである。

◎インカ・ガルシラソ・デ・ヴエーガ（一六〇九）[15]

インカ皇女とクスコのスペイン征服者の間に生まれた。『インカ皇統記』の著者。

『皇統記』「第八の書」では、家畜や野生の動物、穀物、野菜や果物などについて述べている。その第九章ではトウモロコシ、コメ、ペルーの重要なマメのタルーイ（ルーピン）など穀物種子について述べ、そして、第十章「地中に栽培された野菜について」のなかに、イモ類とともに次のラッカセイの記述がある。

「……インディオが〈インチック〉、そしてスペイン人が〈マニ〉と呼ぶものがある。その味はアーモンドに似ている。生で食べると頭痛を起こすが、煎って食べるとおいしく、栄養に富み、蜜と練り合わせると素晴らしいヌガーができる。病気に効く油が採れる。……〈インチック〉はどちらかと言えば、経済的余裕のある食通が口にする贅沢品で一般庶民の常食ではない。もっとも、こうした作物の取り入れをして富裕な有力者に献上するのは庶民のほうだが。……」（牛島訳による）。

◎ジョン・パーキンソン（ロンドンの薬種商で、王立ハンプトン宮廷植物園長）（一六四〇）

「〈アメリカ、または西インドのアースナッツ〉として、地下結実する「アラクス・アメリカヌス」について、「味はナッツのように甘いが油分がもっと多い」

ハモンズ（一九七三）[16]が示しているが、彼が描いたとされる「ラッカセイ」の植物体や、根の先端に結実する二粒入りの莢実の断面図などは、茎の先端が巻き毛で、葉は細長い四〜六小葉の複葉で、スイートピーの仲間の植物に似ている。地上で結実しているような莢実もあり、ラッカセイの植物の実物を見て描いたとは思えない。

◎ゲオルジ・マルクグラヴェ（一六四八）（一六三〇年、ブラジル東北部沿岸地方をスペインから奪ったオランダ人に同行した博物学、天文学、地理学者）

ブラジルでラッカセイ――〈マンデュビ〉――を採集して、茎、四小葉の葉、腋生の花、二粒莢などを正確に描いた図で詳しく記載している。ただ、莢実が根に形成されている。この図は改訂版でも修正されていないが、そのまま他の著者によってもよく転載されている。

◎ベルナベ・コボ（スペイン人神父）（一六一二、一六五三）

「……食用にしているこの植物の根がイスパニア語でマニ（ラッカセイ）と呼ばれている……」

アメリカ・インディオ諸種族のラッカセイの土俗名を収集して、言語学的に「コロンブス以前」の新大陸におけるラッカセイの拡散について考察している。

◎J・B・ドゥ・テルトレ（アンティール諸島を調べた最初のフランス人宣教師で、植物学者）（一六五四）

カリブのインディアンから入手したというラッカセイを、フランス語で〈ピスタチオ〉と呼んで報告している。その莢実の図は、マルクグラヴェの初版と改定版の図と驚くほど酷似している。

◎シャルル・プルミエル（フランスの修道士で博物学者）（一六九三）

南米と、仏領アンティール諸島で〈マノビ〉と呼ばれている植物に、ラッカセイのフランス語名、アラチデ（アラチドナ）を与えた。その莢実、花、子実の図を示しているが、植物体は示していない。

（筆者注）矢内原（一九七八）[17]によると、プルミエルは、この植物に、古代エジプトで栽培されていた地下結実性植物のアルコス（*arkos*）に因んで、この名を付けたという。両種が同じ植物か否か、疑問がある。

◎バプチスト・ラバト（アンティール諸島に滞在したフランス人宣教師）（一六九七）

「茎は這って、葉はクローバーに似ている。キンレンカのような色の花が咲くが、陽にさらされると、すぐ萎れて短命である。」

「クルミの代用や砂糖菓子、シチューなどに使う。赤味がかった種皮の子実を生食すると不消化だが、煎ったものは食欲をそそる。……」

莢実が地中にできることや、種子の休眠性のこと、さらに、「茎から出た根が地表面近くに伸びて地中で実る」とも述べている。ただ、莢実の図は、ドゥ・テルトレ、マルクグラヴェと全く同じものである。
◎H・スローン卿（貴族の称号を持つ英国人博物学者で、アン王女付きの医師）（一六九六）
その著『ジャマイカ植物誌』で、ラッカセイに関する当時の一四の文献を検討し、ラッカセイのアメリカ起源を主張した。彼は、リンネによる正式記載の半世紀前に、ラッカセイを、ラテン語で、「アラキドナ・インディアエ・ウツリウスクエトラフィラ」の学名を与えて記載した。マノビ、マンドヴィ、マンヂュビ、アンチィク、イビマニ、マニ、ピスタシェ、アースナッツ、ピンダレスなど、インディオの呼び名や、英、仏、スペイン語名も列挙している。このスローン卿は、先のクルシウスとともに、ラッカセイの伝播史にも登場する人物である。
◎バルトロメ・ラス・カサス（一八七五年に刊行された『ラス・カサスの航海記』の著者。一五〇二年二月、コロンブスの第四次航海に同行して、新大陸にわたって植民者になり、八年後には、新世界で初の司祭を務めた）
『航海記』のなかで、現地ではラッカセイ――〈マニ〉が栽培されていて、島の重要な副食の食べ物であること、地中の根にできる、殻の薄いマメが乾燥すると、カスティーリャ地方のスイートピーか、ヒヨコマメの莢によく似ていると述べている。おそらく彼が最初にラッカセイに出会った欧州人ではないかとされているが、彼の航海記が刊行されるまで、世に知られなかった。

3　ナムビクアーラ族とラッカセイ

アマゾン河はその多くの支流域にラッカセイ属の野生種を生んだが、その流域に暮らす先住民インディオたちによるラッカセイの栽培、利用については、よく知られていない。

アマゾン河流域の熱帯雨林は、その六一%がブラジルの国土に属しており、世界の陸地の五%、そして、南米大陸の同じく約四〇%をカバーする、まさに「未開の土地」を象徴する地域であった。だが、一九四〇年に、ブラジル大統領ジェトリオ・ヴァルガスがアマゾンを訪問して、「……アマゾンはわれわれの意思と労働の影響により、世界史における単なる一章であることをやめ、他の大河と同じく文明史における偉大なる一章となろう……」と述べて、アマゾン開発の重要性を訴え、一九七四年には、ガイゼル大統領がアマゾンの農・牧畜、木材、鉱物事業を促進する「ポラマゾニア計画」を発表した。以来、日本など外国からの投資も行われてきたが、近年、アマゾン開発の負の側面を指摘する報道が目立つようになっている。いわゆる「クリーン・エネルギー」とか、「環境に優しい燃料」などと呼ばれているバイオ燃料の需要の増大という、新たな外的要因が熱帯雨林の破壊を大きく加速し、先住民の伝統的な生活や、生態系を破壊して、生物の種の絶滅を警告する声も高まっている。サン・パウロ州などのダイズ畑や放牧地のサトウキビやトウモロコシへの転換が急速に進んで、その代替地をマト・グロソ州に求めた結果が、アマゾンの熱帯雨林を広大なダイズ畑に変貌させた。

このような時代的背景で始まったアマゾン雨林を通る道路開発は、採集・狩猟・漁撈、そして、小規模な作物栽培をしながら移動生活をしてきたナムビクアーラ族やパレシ族など、先住民インディオたちが居住する地域を貫通して、彼らは次第に土地を奪われ、さらに、入ってきたブラジル人との接触で、病気に感染してインディオ人口が大きく減少している。[18・19]

(1)「アラキス・ナムビクアラエ」

筆者が一九七一年に、ラッカセイの生産・利用の調査団に参加して、ブラジルを訪ねた時に収集した栽培品種のなかに、種皮が、鮮やかな緋色と白の斑入りと、淡褐色の大粒の二品種があり、それぞれ、「ナムビクアーレ・カヴァリョ・ティポ・ラジャド」、および、「ナムビクアーレ・カヴァリョ・ティポ・アマレロ」と呼ばれていた。ポルトガル語で、「カヴァロ」は「馬」だが、大粒の種類を指し、「ラジャド」は斑入り、「アマレロ」は黄色、「ティポ」はタイプを意味する。搾油用の小粒種の栽培が多いブラジルでは、この両品種は、晩生で栽培に数か月かかるので、スナック用に、パラナ州でわずかに栽培されているとのことであった。その後、この品種の来歴を調べてみると、ブラジルでのラッカセイ属の野生種の探検、収集が始まったころに発見され、「アラキス・ナムビクアラエ」として記載されたが、現在では、栽培種ラッカセイの亜種ヒポゲア・変種ヒポゲアに属する品種になっている。学名が示すように、ナムビクアーラ族が栽培していたラッカセイである。

フランスの民族学者、クロード・レヴィ＝ストロースの『悲しき熱帯』（以下、本稿での引用は、室淳介訳『悲しき南回帰線』、一九七一年による）[20]には、一九〇七年に、カンデイド・マリアノ・ダ・シルバ・ロンドン（一八六五―一九五八）が八年がかりで奥地を探検し、架設した「ロンドン電信線」のことが出てくるが、「アラキス・ナムビクアラエ」の最初の発見者は、このロンドンのアマゾン探検隊に参加した三人のブラジル人植物学者J・C・クールマン、F・C・オエーネ、そして、C・ディオゴである。四種の野生種といっしょに、一九一九年四月に、アマゾンのマデイラ河の一支流の上流域のロンドニア州ピメンタ・ブエノのナムビクアーラ族の村で栽培されていたのを採集した。

通称「ロンドン委員会」と呼ばれた「マト・グロソ・アマゾナス軍用電話線架設委員会」は、当時、陸軍中佐であったロンドンが責任者となり、一八九〇年以来、延べ二五年間にわたってブラジル奥地の軍事的、科学的調査を行って、マト・グロソ州南部のクイアバ、コルンバ、そして、ベラ・ビスタまで、総延長が二二七〇キロメートルに及ぶ電信線を架設した。三次にわたる（一九〇七年七月〜一九〇九年五月）探検で、五万平方キロメートルの地域の地図を作成し、マト・グロソ州とアマゾナス州では一二の河川を新たに発見した。科学者も同行して、動・植物の調査と標本の収集を行って、ラッカセイの野生種も発見されたが、ボロロ族、パレシ族、ナムビクアーラ族など二〇種族以上のインディオとたびたび接触している。電信線の架設は一九二二年に完成したが、同じころに無線電信が発明されて無用の存在になった。

ロンドンは、マト・グロソ州の出身で、未開地域のインディオを迫害と抑圧から保護することを目的として一九一〇年に設置された「インディオ保護局」の初代局長に任命された。彼の功績の大きさは、ロンドニア州という州名に遺っているが、終生、インディオのよき理解者としての姿勢を貫いて、平和的手段で問題を解決して手腕を発揮した。ノーベル平和賞候補にのぼったこともあるが、元帥の称号を贈られ、九三歳で没している。ロンドンが尽力した「インディオ保護局」は次第にその本来の目的を失ってゆき、一九五〇年にはその人類学研究部が廃止され、一九六七年の「国立インディオ基金」創設後は、人道主義よりも、経済的利益が政府の対インディオ政策の基本となり、その平定さえも是認されるようになった。(13、18、19)

(2) ナムビクアーラ族の作物栽培

レヴィ=ストロースの『悲しき南回帰線』には、カドゥヴェオ族、ボロロ族、そして、ラッカセイを栽培しているトゥピ・カワヒブ族とナムビクアーラ族など、アマゾン・インディオの採集・狩猟と小規模な作物の栽培・管理などにおける男女の分業、その生活環境についての詳しい記録がある。筆者は、オーストラリアの採集・狩猟民アボリジニの野生マメ科植物利用について調べていたこともあって、全体が、「旅行記という文学形式」(訳者あとがき)をとった、この若き民族学者のフィールド・ワークの体験と、先住民についての人間的洞察に興味を持った。だが、彼が、もし七〇数年後の今日のアマゾンの環境破壊を見たら、どのように思うだろうか。

ウイルッケン(二〇〇五)[21]が、二〇〇五年の六月に、レヴィ=ストロースのフィールド・ワークの道筋、五〇〇〇キロメートルを七〇年後に辿って、彼が最も多くの時間接したナムビクアーラ族の居留地を訪ねている。そして、当時の伝道師会の記録を読んで、疾病、餓死、放棄など、「緩慢な大虐殺」が、約二万人だった人口を、一九七五年には、五〇〇人にまで減少させたことを明らかにしている。また、一九〇〇年から一九五七年の間に、八〇以上のインディオの種族が、ブラジル人との接触で病気や汚染でその文化が破壊され、約百万人の人口が二〇万人以下になり、とくに、農業開発の進んだ地域では六種族が、また、牧畜が拡大した地域では一三種族が絶滅したという。彼は、「……世界銀行の融資で舗装が進められたアマゾンを貫く道路の建設が、インディオたちを肥沃な土地から追い出して、彼らの伝統的な生活は失われてしまっているが、彼らの本質的な精神は残っている。三〇人〜四〇人の少人数のグループの暮らしは、基本的には移動生活だが、リタイアした彼らの何人かは、政府から支給される年金で過ごしている。

……」とも述べている。マト・グロソ州のナムビクアーラ族は、推定一万人であった人口が、一〇〇〇人以下になったとする人類学者の報告もある（デーヴィス、一九七七）[18]。先住民の生業と文化を破壊し、彼らが自ら望んだものではない年金生活を享受させられていることは、オーストラリアのアボリジニ政策と共通している。

ナムビクアーラ族の生業などについて、『悲しき南回帰線』に、次のような文章がある（一部、筆者が略）。

「……ナムビクアーラ族の生活の無一物状態はほとんど信じがたいほどだった。男女とも一物も身にまとってはいない。……身長は低く、男が約一メートル六十、女が一メートル五十である。頭部は長く、顔立ちは繊細で整い、眼光は鋭く、毛はモンゴール系の人種よりは発達していて、毛髪は稀に真黒でかるくウエーブしている。……」

「ナムビクアーラ族の全財産は、移動中は女たちが背負っている負い籠に入れて容易に運べる程度だった。……一番底には葉に包んだマンジョカの絞り粕を入れ、その上に家財や仕事道具を置く。瓢箪で作った容器、竹で作った切れ味のよい包丁。……また、ロンドン探検隊からもらった金属の斧と鉞を持っていた。……石器の斧は今では貝や骨でものを加工するときの金床としてしか使っていない。……（その他に）さまざまな摩擦で火をつける棒、蝋またはヤニ（樹脂）の塊、植物の繊維を巻きつけた棒、動物の骨や歯や爪、毛皮のぼろ、鳥の羽根、針ネズミの針、木の実の殻や河の貝の殻、石、木綿、種子など……」

レヴィ＝ストロースは、ナムビクアーラ族の生業形態は二重経済で、一つは、男が働く猟と菜園づくり、もう一つは女子が分担する採集と収集であると述べているが、彼らの一年は、十月から三月までの雨季と、残りの乾季とではっきり分かれている。雨季には、小川の流れに突き出た小さな丘に、木の枝を組んでヤシの葉で葺いた小屋に住んで、谷底に焼畑を開き、マンジョカ（マニオク、キャッサバ。苦味種と甘味種がある）、多様なトウモロコシ、タバコ、そして時には「インゲンマメ」（室訳では、比喩の「フェイジョイス・レルゼンテス」を「光る大豆」としているが、フェイジョンはインゲンマメである）、棉、ラッカセイ、ヒヨウタンを栽培する。苦味種のマンジョカは土中に埋めて数週間〜数か月後に半分、腐敗（発酵か？）したものを掘り出して食べる。乾季になると、彼らは集落を棄てて集団で移動していくが、この七か月の間は、小動物、昆虫、クモ、ヘビ、トカゲなど、時には果物、種子、木の根、野生の蜜など、飢え死にしないために手当たり次第の獲物を求めて草原をさまよい歩く。女子が掘り棒を持ち、子供連れで何日間も旅をして草原の食料を採集する。生業形態がナムビクアーラ族と同じのトウピ・カワヒブ族の小菜園の作物は、ラッカセイ、マンジョカ、トウモロコシ、エンドウ、そして、種類の多様なトウガラシなどであると記録している。

また、プライス（一九九一）[19]は、ナムビクアーラ族について、「……皮膚の色は黒っぽい橙色——それは日焼けと赤い顔料を身体に塗る習慣のせいだ——。狩りと農耕で生活していた。主タンパク質源は野鳥。炭水化物は畑作物のマニオク、トウモロコシ、そして野菜。二、三日おきに男たちがサバンナや森林へ狩りに出る。畑は焼畑である。……牧場主が破壊したインディオの畑の跡からバナナ、ヤム、サツマイモ、タバコ、ラッカセイ、トウモロコシなどが新しい芽を出し始めていた……。そこから弓矢や人骨が出てきて、それがナムビクアーラ族だと推定された。……」と述べている。メガース（一九七一）[22]も、高温で多雨量の低アマゾニアで、高地の環境に適応したインディオの中で、カマユラ族とヒバロ族の焼畑作物の中に、高タンパク質食料のラッカセイが栽培されていたこと、そして、低地に適応したオアグマ族も、ラッカセイとインゲンマメを栽培していたことを見ている。ナムビクアーラ族など、アマゾンの先住民たちが、ラッカセイを栽培して、食べていたことは確かである。

プライス（一九九一）[19]は、次のような作物伝説を紹介している。

「……幼い息子と森の中に入っていった男が農業を発見した。……息子が姿を消してその後が畑になった。体が様々な栽培植物に変わった。両足の骨がマニオクの幹、両手がその葉、肋骨が黒豆、両耳がソラマメ、両目がカボチャの種子、背骨がアロールート（イモ類の一種）、睾丸がカラー（*cará*）、肝臓がタイアー（*taiá*）、歯がトウモロコシの実、髪の毛がトウモロコシのひげ、胆嚢がトウガラシ、髪の毛の間のシラミの卵がタバコの種子、血が赤い染料のウルクに、そして、子供の魂は笛が奏でる音楽になった。……」

これは、ココヤシとヤムイモに関する、インドネシアのウェマーレ族の「ハエヌエレ神話」[23]や、わが国の「記紀」の「オオゲツヒメ神話」の作物・穀物起源に見られる「死体化生型神話」のモチーフに共通するが、ラッカセイは出てこない。

第三章　ラッカセイの考古学

1　南米モンゴリアンの祖先とラッカセイ

現代の人類の祖先である「新人」の「出アフリカ」は八万五〇〇〇年前ごろから始まった。彼らは、四万年～三万五〇〇〇年前ごろから、火を利用し、寒さに適応した石器を使う採集・狩猟民として、ユーラシア大陸の北や東へと広がったが、当時は、カムチャツカ半島から東アジア、東南アジア、スマトラ、そして、ボルネオがつながってスンダ大陸を形成しており、オーストラリアとパプア・ニューギニアも陸続きで、サフル大陸を形成していた。

現在のベーリング海峡は、氷河期には海退で海水面は一四〇メートルも下がっていたと推定されており、幅が南北一〇〇〇キロメートルにも及ぶ広大な陸地で、ベーリンジアと呼ばれた。花粉分析の結果から、降水量が少なく、また氷雪にも覆われず、ステップ状のツンドラ植生で厳しい寒さから逃れてきた多くの北方系植物が生育していて、マンモスやジャコウシカなど少なくとも六種の草食哺乳動物がいた。彼らの、草種の「食べ分け」、排糞、踏みつけによる植物相の遷移の阻害などによって栄養に富む荒地のパイオニア植生が維持されていたが、陸化していた時期は、五万年～四万年前の間と、二万七〇〇〇年～一万一〇〇〇〇年前の間、あるいは、おそらく二万六〇〇〇年〜二万年前ごろまでと考えられている。しかし、一万四〇〇〇年前ごろに始まった急激な気候変動によって、わずか四〇〇〇年の間に、このユーラシア大陸と北米大陸をつないでいたベーリンジアが海没して、動・植物も姿を消した。太古のハンターたちは、まさにその前にベーリンジアの陸橋を通過していた。

当時、シベリアでは、湿度の関係からあまり氷床は発達しなかったので、アラスカまでの行き来は容易だったが[1]、海面の再上昇でベーリンジア陸橋が消えた後も、コルディエラ氷床と東側のハドソン湾上のローレンタイド氷床との間に出現した全長一二〇〇キロメートルにわたる無氷回廊は、少なくとも一万二〇〇〇年前ごろまで通じていたとされ、この無氷回廊―内陸ルートを南下したモンゴロイドたちが「最初のアメリカ人」となったと考えられている。しかし、そのルートについては、大陸沿いの海上と海岸をたどって南米チリの東海岸地域へ達したとする環太平洋・海岸ルート説や、大西洋―舟利用渡来説もある[2〜6]。

このアメリカ先住民の先祖となったモンゴロイドの集団が、北アメリカ大陸に来た時期は、最後の氷期から後期ウイスコンシン氷期の終りごろにあたる二万三〇〇〇年〜一万四〇〇〇年前ごろまでに複数回あったとされ、その最古の年代は、米国ニュー・メキシコ州で尖頭槍先石器を使用したハンターが存在した痕跡から、これまで一万一五〇〇年前ごろと考えられていたが、さらに遡る可能性も出てきた。また、アメリカ先住民のアジア起源については異論はないが、彼らのアメリカ大陸での拡散のルート、移住の回数、アジアでのルーツなどについても、これまでの考古学や比較言語学、人類学などの成果に加えて、最近の人類のミトコンドリアDNAの塩基配列の変異（ハプロタイプ）に基づいた分子人類学的知見から、多くの説が出されている[1・4・5・7〜13]。

すなわち、アメリカ大陸の北部、中央部、そして南部の先住民の大多数を占める民族集団アメリンドでは、中国北部からシベリア南東地域、モンゴルの集団にみられるアジア特有のハプロタイプのA、B、C、およびDのすべてのグループが存在するが、このほか、アメリカ北西部や北米の先住民集団がもつマイナーなハプロタイプなどの頻度の変異は、シベリアと共通するアメリカ先住民の祖先集団がベーリンジア陸橋を渡って移住した後に生じたもので、それらの分れた推定年代から、「最初のアメリカ人」たちが三回にわたってベーリンジアを渡ったとする説や、ハプログループBの集団は他の三集団とは別のルートで来た可能性があると考えられている。

彼らの先祖はユーラシア大陸から歩いてやってきた。だが、約一万数千年前に北米大陸に到達してからはわずか数千年、あるいは一〇〇〇年ほどで南米の南端にまで達している。それは、「出アフリカ」から数万年かかった彼らの先祖たちの旅の長さに比べると極めて速い[5]。しかし、南米大陸到達後の拡散を「加速」した要因については明らかではなく、モンゴロイド集団が無氷回廊を通過しているころとほぼ同じ時期に、ブラジルやアンデス地方に達していた集団があったというフェイガン(一九九〇)の説[1]はたいへん興味深い。

第二章で述べたように、栽培種ラッカセイの両親になった野生種は南米大陸以外では自生していない。野生するラッカセイの「原種」を見出して育てたのは、アンデス山脈の東側で、現在のボリビア南部からアルゼンチン北部あたりの地域に住んでいたモンゴロイド集団であった可能性が高い。したがって、今日、新旧両大陸の各地で栽培されているラッカセイは、新大陸、中米生まれのインゲンマメの仲間とともに、一万二〇〇〇年前ごろに南米に到達したモンゴロイド集団の子孫によって生み出されたマメの一つである。やがて、南米大陸でも、旧大陸の西南アジアなどとほぼ同じころに農耕の歴史が始まったが、ラッカセイの考古学的記録は、南米大陸の中でもペルーに集中している。

2　ペルーのラッカセイの考古学

（1）遺跡出土事例

二〇〇三年の三月にリマ市の南にあるパチャカマック遺跡とナスカを訪ねたおりに、海岸沿いに整然と区画された灌漑耕地以外にはほとんど緑がなく、山の斜面から海岸部一帯にかけて、白っぽい乾燥した砂漠が拡がっているのを上空から見た。紀元前一〇〇年ごろから紀元後六五〇年ごろに栄えたナスカ文化では、すでに農耕文化が進んでいて、沖積土壌地帯で、ラッカセイのほか、インゲンマメ、ソラマメ、キャッサバ（マニョク）、サツマイモ、ワタなどが灌漑栽培されていたとされている。(14) 地域が乾燥しているペルーの太平洋岸の遺跡にラッカセイの莢実の出土記録が集中しているが、子実は、種皮がごく薄く、また、特異な形をした細胞や組織もないので炭化した遺体の形態での判定は困難だが、莢実のままなら鑑別は可能である。だが、炭化したラッカセイの出土は、その地域でラッカセイが利用されていたことの証拠にはなるが、それだけでは栽培の証拠にはならない。第二章で述べたように、ラッカセイが、どこで、人間によって栽培化されたかについては、少しわかってきたが、栽培種の原種というべき野生型、あるいは、「半栽培」段階のラッカセイはまだ見つかっていない。

ここで、これまでにラッカセイの出土が報告されている、ペルーの考古学的遺跡を年代順にみてみると、次のようである（各遺跡の年代とペルーの文化編年との関係は「注」を参照）。

Ⅰ　ペルー中部海岸、ワルメイ谷ロス・ガヴィラネス遺跡（南緯一〇度、西経七八度。紀元前二〇〇〇年ごろ）。

ラッカセイ、トウモロコシ、キャッサバ、サツマイモ、カボチャ、インゲンマメ、トウガラシ、アボガド、グァバなどが出土。[15]

Ⅱ　ペルーのアンコン―チヨン地方のタンク・サイト遺跡（紀元前一九〇〇年〜同一七五〇年ごろ）。

アンコン（南緯一一度四四分、西経七七度一七分）は、首都リマの北四二キロメートルのチヨン谷北部の低地に広がる、乾燥した砂漠と冬季に草地になるロマス植生の地域にある。出土したラッカセイは、これまでに知られている最古のもので、約四〇〇〇年前に、他の二〇種［トウモロコシ、インゲンマメ、サツマイモ、キャッサバ、カボチャ（三種）、ヤムビーン（クズイモ）、トウガラシほか］の栽培植物とともに、他の地域から持ち込まれたものとされる。[16]

Ⅲ　ペルー中央部海岸の内陸へ一八キロメートル入った、カスマ谷のパンパ・デ・ラス・リャマス―モヘケ遺跡。（紀元前一八〇〇年ごろ）。

ラッカセイが出土。[17]

Ⅳ　ペルー北部海岸地方のチカマ谷ワカ・プリエッタ遺跡（南緯七度五〇分、西経七九度二三分）。^{14}C（放射性炭素）年代で三五〇〇年〜三二〇〇年BP（現在までの年数）年代（紀元前一五五〇年〜同一二五〇年）のラッカセイが出土（バード　一九四八、ハモンズ　一九九四）。同じ遺跡出土のラッカセイの^{14}C年代は紀元前八五〇年だとする報告もある。

Ⅴ　ペルー北部海岸、ランバイェケ谷クピニスケ遺跡（南緯七度四一分、西経七九度九分。紀元前一三〇〇年〜同七〇〇年ごろ）。

ラッカセイが、トウモロコシ、キャッサバ、サツマイモ、カボチャ、インゲンマメ、イモ類などといっしょに保存の良い状態で出土。ラッカセイとトウモロコシ以外は、低地の熱帯・亜熱帯性の作物である。(15)

VI アンコン遺跡(紀元前七五〇年〜同五〇〇年ごろ)。
出土した土器の中から完全なラッカセイの莢実が発見された。(18)

VII ペルー海岸中央部、スーペ遺跡(アンコンの北、南緯一〇度四八分、西経七七度四二分。紀元前七〇〇年〜同二〇〇年ごろ)。
小さく、網目の浅い莢のラッカセイが出土。栽培化されたものである可能性がある。(19)

VIII ペルー南海岸、パラカス遺跡(南緯一三度五〇分、西経七六度一一分。紀元前五〇〇年ごろ)。
墳墓から、ラッカセイ、トウモロコシ、キャッサバ、サツマイモ、インゲンマメ、ワタなど、北部海岸地方と共通する栽培植物が出土。(15)

IX ペルー中央部山岳地帯のベリンガ遺跡(紀元六〇〇年〜同九五〇年、および、同一〇五〇年〜同一二〇〇年ごろ)。
甕棺の遺体といっしょに副葬品として布袋に入ったラッカセイ、トウモロコシ、キャッサバ、インゲンマメ、カボチャ、サツマイモが出土。(20)

(注)「南米大陸の文化編年」
南米大陸の太平洋岸、今日のペルーからボリビアの一部を含む地域は、古代アンデス文化が開花した場所で、ペルーの北部海岸地域では、紀元前二五〇〇年ごろから、採集・狩猟経済から次第に定住農耕と牧畜へ

の比重が高まり、公共建造物—神殿なども建造されて、文化の胎動期になり、文化の編年では、「形成期」(紀元前一八〇〇年〜紀元前後)と呼ばれる。そして、紀元前後になると、「地方発展期」と呼ばれる時代に入り、北部海岸では「モチェ文化」、また、南部海岸では「ナスカ文化」が生まれた。そして、紀元一〇〇〇年前後から「地方王国期」を経て、南部の高地で生まれて中央アンデス一帯を支配する「インカ帝国期」、そして、植民地時代へと続く。[16・21〜25]

(2) 最古の「野生型ラッカセイ」か？

これまでのペルーの考古学遺跡におけるラッカセイの出土物の年代は、およそ四〇〇〇年前から三〇〇〇年前ごろに集中していたが、最近になって、それを大きく書き換えることになるかもしれないような発見があった。

すなわち、米国のディリエへイらのチームが一九八七年から行っていた、リマから約六四〇キロメートル北にある北部太平洋岸のサーニャ谷(南緯七一度五分、西経七九度三〇分)上流のニャンチョク谷遺跡の発掘で、ラッカセイやカボチャなど数種の栽培植物の原種らしい遺体が発見された(「サイエンス」二〇〇七年六月二九日号、「ニューヨーク・タイムス nytimes. com」[26]同日付、「朝日新聞」七月二日付)。この遺跡は、アンデス山脈の西側斜面にあるが、山本ら(二〇〇七)による地理的区分(後述)では、チャラと呼ばれる海岸低地から山地に移行する地帯(ユンガ)に属し、標高が約五〇〇メートルの中高地にある。

この報告で最も関心を呼んだのは、遺跡の複数の場所から、「野生のラッカセイ」(種は未同定)、カボチャ、キヌアに似た穀粒、キャッサバ、ワタ(海島棉)、そして種が不明の果実やイモ類など、今日の南米大陸での重要な栽培植物の大型および微細化石遺物が出土したことと、そして、さらに注目されたのは、次表に示したようにそれらの年代が、^{14}C法によるBP年代と、AMS（加速器質量分析）法較正年代で、それぞれ、約一万年前という値が得られたことであった。これらの植物は、形態学的な形質で現生の栽培種とは違っており、また、北部ペルーのアンデス山脈西側斜面の低地部に自生する種とも異なるものであった。

植物試料（状態）	発見場所	^{14}C法（年BP）	AMS較正年代
①後期パイハン期（一万年—九〇〇〇年BP）			
カボチャ種子（炭化・乾燥）	家屋の床上	9240±50	10403—10163
②ラス・ピルカス期（九〇〇〇年—七〇〇〇年BP）			
ラッカセイ果皮（炭化物）	同上	7840±40	8640—8453
カボチャ種子（同）	同上	7660±40	8535—8342
③ティエラ・ブランカ期（七〇〇〇年—四五〇〇年BP）			
ワタ果実	同上	5490±60	6278—5948

ディリェヘイの共同研究者のロッセンら（一九九六）[27]は、「……莢は繊維質で多毛の変種……」、そして、「……ニャンチョク谷の排水の良い砂質土壌はラッカセイには適している……」と述べているが、検出された「ラッカセイ」の莢は、写真でみると、長さ約一二ミリメートル、幅が約八ミリメートルの一粒莢のような楕円形をしていて、モンチコラ種（第一章）と形や大きさが似ている。

遺跡の家屋の床や炉などにあった、炭化した木材の年代も、今から約一万年から四五〇〇年前ごろの値を示したが、ディリェへイらの出土植物の種、あるいは属の同定が正しいとすると、ニャンチョク地方では、一万年近くも前にラッカセイ属の野生種、あるいは、ラッカセイの野生型が存在し、利用されていたかも知れない。小規模な灌漑用とみられる水路や、畝が作られた畑、恒久的な祭祀のための神殿構造物などが発掘されていて、文化や社会構造が、かなり高いレベルにまで発達していたことがうかがわれ、南米大陸における農耕の萌芽期が、西南アジアの「肥沃な三日月」地域とおなじ年代ごろまで遡る可能性もでてきた。

(3) ペルー北部海岸地方に伝わった「ラッカセイ」

ディリェへイら(二〇〇七)[28]が、「ラッカセイ」を発掘したとされるニャンチョク遺跡の下流にあるサーニャ河は、ペルーの北部地方では六番目に大きな河で、北のモチェ文化が発展したランバイエケ河と、南のヘクエテペクェ河とに挟まれている。この三河川の流域の低地から山地にかけての地域には、「形成期」から「地方発展期」などの遺跡が多く分布している。アンデス山系の最も低い土地の一つとされるサーニャ河地域は、海岸部、山脈、そして、熱帯林が最も接近していて、伐採が進む一九世紀ごろまでは森林に覆われていた。遺跡からは、土器など人工遺物は発見されておらず、有史時代の人間の居住や農耕の事実は知られていない[27]。出土した栽培植物が野生状態では発見されていないので、ディリェへイらが言うように、ニャンチョク谷地域が、野生種の栽培化の中心の一つだったと考えるよりも、移動生活をしていた初期の園芸農耕民たちが、狩猟と採集による食料を補完するために、他の地域から栽培植物を持ちこんで利用していたと考えられるが、ラッカセイについてはどうだろうか。

ペルー北部に隣接するエクアドルでは、ラッカセイ属の野生種は自生していないが、栽培種のラッカセイの亜種ファスティギアータの一変種エクアトリアナが発見されており、今日でも、一莢の子実が三〜四粒の古い系統が栽培されている。海岸伝いに、採集・狩猟民の移動のルートがあったことが知られているが、試みに、地図上で現在の迂回する道路で測ると、ペルー国境に近いロハからランバイェケ河までは約六百数十キロメートル、山伝いでは三〇〇キロメートルあまりである。

また、海岸地方の砂漠地域で、ペルー海流の影響で発生する霧がもたらす水分によって、四月〜五月から、一一月〜一二月までの冬の季節の間だけ、草地（ロマス）が出現するが、約一万年前ごろから、その時期が雨季になる高地の狩猟・採集民たちが移動してきて居住していたことがわかっている[14・25・29]。居住跡から小動物の骨や、種子が出土しており、動物性タンパク質の食生活を植物性食料で補完していた。また、氷河に由来する地下水や、河谷の支流の水が利用できるところでは、植物性食料の入手が容易だったので、次第に小集団の人間の定住と組織化が進んで、アンデスの東と西の間の人と物との動きが盛んになったと考えられている。

高度約四〇〇〇メートルの高地で、バレイショやキヌアの栽培と、リャマやアルパカの飼育で暮らしている、チチカカ湖畔のルパカ族の場合では、アンデス山脈の東側の低地や西側の海岸地域、さらには、アマゾン低地にまで人を送って農耕を行ない、それぞれの地域から、トウモロコシ、キャッサバ、ワタ、コカ、グアノ（鳥糞肥料）などを自給していた。必要に応じて、数百キロメートルも離れた地域まで、片道一〇〜一五日をかけて移動して、生産物の交換と交易を行なっていたことも知られている[15・22・26・30〜34]。サーニャ河の谷の低地にも、数千年以上も前から野生型のラッカセイが持ち込まれて、食用にしていた可能性がないとは言えない。

(4) モチェ文化に現れるラッカセイ

① モチェの農耕文化

ペルー北部のランバイェケ河上流域のモチェ谷での最初の定住は、前述のような生態的、そして、文化的、社会的要因を背景にして、紀元前二五〇〇年ごろから起っているが[17]、プレ・インカ時代のペルーでは、約三〇〇〇年前に海岸地方と高地地方で拡大したチャビン文化の後、紀元六五〇年ごろに中央アンデスを征服したワリ文化、そして、一五世紀の中央アンデスを中心にエクアドル、アルゼンチン北西部までを支配したインカ文化という三大時代があった。このチャビン文化とワリ文化の間に栄えた、ナスカ文化など、幾つかの地方文化の中でも特に群を抜いていたとされるのは、ラッカセイ文化史とも関係が深い、紀元一世紀から八世紀にかけて、ペルー北海岸に出現したモチェ(モチーカ)文化である。

当時のペルー海岸地方では、河谷の支流の水を灌漑に利用して、海産資源と生産力の高い栽培植物資源の両方を利用して経済的に安定した生業が営まれていたが、モチェの巨大な日干しレンガのピラミッドの神殿や都市の遺跡、灌漑耕地などの規模から、ランバイェケ谷の約二キロメートル東にあったパンパ・グランデには、約一万人のモチェ人が暮らしていたと推定されている。また、南部海岸のナスカ文化では、食料のラッカセイ、トウモロコシ、バレイショ、サツマイモ、キャッサバ、インゲンマメ、カボチャなどのほか、非食用の、ワタ、トトラ(乾燥した茎が葦舟や、住居の屋根、壁を葺く材料になる。茎の若い部分は生食)、カーニャ(中空のイネ科の茎や葦)などを栽培し、灌漑された作物の畑をつなぐ土手道には、並木のようにアボガドなど種々の果樹が植えられ、彼らの栽培植物は、食用から繊維、建材まで実に多種で、すべての季節を通じて収穫物があった。また、家畜として、アヒル、テンジクネズミ、リャマが飼育・利用され、イヌ、ヤマネコ、オウム、サルがペットとして飼われていた(14)。このようなペルーの海岸地方の豊かな人口扶養力の基礎の上に、モチェの社会的・文化的繁栄があった(32・35)。

② モチェの土器のラッカセイ

モチェ人の精神的文化の奥深さは、遺跡から出土する土器など工芸品の、芸術的な具象性と写実性、そして、独創性から理解できるといわれている。テーマの大部分が、戦闘、狩猟・採集、競走、生贄の血の盃を戦闘の指揮者へ献呈する儀式、海神と月神の航海、重要人物の埋葬など、宗教と祭祀の重要場面などだが、題材は多様で、植物や擬人化した動物、人物の肖像のほか、農作物も描かれている。土器の人物の顔は、どれもモデルの人柄を想像できるくらいに表情が生き生きとしていて見飽きない(32・35・36)。また、モチーフの動植物の写実性が優れ、その種の同定が可能なほどだともいわれているが、ラッカセイも、土器や工芸品などのモチーフとしてたびたび登場して、植物学的にも貴重な情報を提供している。

わが国の各地で開催された展覧会では、ペルー国立人類学考古学博物館、天野博物館、クスコ大学付属考古学博物館、ブリューニング博物館、ペルー黄金博物館などが保存するアンデスの文化財が展示されたが、それらの中にも、次のような、モチェの金銀製のラッカセイなど、各地の遺跡から出土したラッカセイに因む遺物があった(「 」内は各図録の解説。◎は筆者注)。

I 『大アンデス文化展』(一九八九〜九〇年)

(1)「ピーナッツを象る壺(鐙型壺)、モチェ文化、高さ一七センチメートル。」

◎全体が一個のくびれのない莢実で、網目や稜線がよく再現されている。

(2)「ピーナッツ人型壺（鐙型壺）、モチェ文化、高さ二一センチメートル。」
「ピーナッツは、アンデス山脈の東斜面に起源をもつ栽培植物である。土器が登場する以前から、海岸地帯でも栽培されていた。」
◎一個の莢実に、人体と顔を造形している。
(3)「ピーナッツ（鐙型壺）、モチェ文化、高さ二六センチメートル。」
◎壺の上面に二〇個余りの莢実がレリーフになっている。莢がやや長く、形に変異がみられる。

II 『古代アンデス　シパン王墓の奇跡　黄金王国モチェ発掘展』（一九九九～二〇〇〇年）
(1)「首飾り（部分）」金製。長さ七・八センチメートル、厚み二・五センチメートル、重さ二七グラム。シパン遺跡からの盗掘品。国立ブリューニング博物館所蔵。金製のピーナッツで、首飾りの一部を成していた。打ち出しで作った二つの部分を溶接して仕上げている。」
(2)「首飾り（部分）」銀製。長さ八・四センチメートル、厚み二・七センチメートル、重さ四二グラム。シパン遺跡からの盗掘品。国立ブリューニング博物館所蔵。「金製のものと同じ形のピーナッツ。もとはおそらく右側に金、左側に銀が配された一連の首飾りであり、アンデス世界特有な二元論的世界観を表していたと思われる。」
◎(1)、(2)とあわせて、この金銀製首飾りのことは後で述べる。
(3)「人物象形鐙型注口壺」。「擬人化したラッカセイ。自然物の中にある生命力か精霊を表現しているのだろう。モチェ四期の遺物」
◎Iの(2)と同じデザイン。

III 『世界遺産ナスカ展　地上絵の創造者たち』（二〇〇六～〇七年）

(1)「ピーナッツの入った容器を持つサル」ナスカ前期（第三相）。高さ一八・二センチメートル。「オマキサルであろう。ペルー海岸の河には本来生息していない。エクアドルのジャングルから交易を介してペットとして連れてこられたと思われる。」
◎徳利型の壺で、顔が人間の子供を模したようにも見えるサルが、両手で、剝き実のラッカセイが三粒入った小皿を支えている。

筆者は、リマをふくむペルーを、二〇〇三年の三月に観光で訪れた。ブラジル、アルゼンチンを経て、カラファテからパタゴニア高原をバスで走り、ペリト・モレノ氷河を観るコースを含む、ペルーを主にしたツアーだったが、ペルーでの期待は、マチュピチュ、クスコ、そして、チチカカ湖を訪ね、陸路の途中でアンデス生まれの作物に出会うこと、そして、栽培はなくても、村の市や露店で、在来のラッカセイの莢実の変異を見たいということであった。バスの休憩のたびに先ず畑に足を運んだが、オオムギ、コムギ、エンバク、キヌア、バレイショ、タルーイ（マメ科。ルーピンの一種で種子を食用）、ソラマメなど、日本では冬の作物がよく育っていた。ソラマメは、ムギ類とともに旧大陸からの外来の作物で、いつごろアンデス地方に入ったのかは明らかでないが、植民地時代になってからスペイン人征服者によって、北のコロンビア、エクアドルからの海岸伝いの道を通って、ムギ類と、インゲンマメやトウモロコシなどメソ・アメリカ起源の作物と、いっしょにもたらされたと考えられる。

マチュピチュからクスコへの途中の村のチンチェーロでは、大きな市が賑わっていた。カボチャ、ナスなど野菜と一緒に売られていたチューニョ（夜間の凍結と日干し乾燥を繰り返し、足で踏んで脱水させたバレイショ）を初めて見たが、インゲンマメやトウモロコシ、バレイショなどの変異の大きさを改めて実感した（図Ⅲ－1）。しかし、この旅行中を通じて、ペルーでは、市場に出回っていると思っていたラッカセ

図Ⅲ－1　中米生まれのトウモロコシの変異（ピサックの市場で、2003年3月）

イには、ついに出合うことがなかった。だが、数々のプレ・インカからインカ時代の土器が収蔵されている天野博物館で、かねて図録で見ていた、モチェ文化の人の顔やトウモロコシをデザインした壺と、ラッカセイの莢実を象った鐙型土器（酒器、紀元後七〇〇年ごろ）を見ることができた。

図録（天野・義井『ペルーの天野博物館』一九八三、天野博物館『彩土器プレ・インカ』二〇〇一）の写真から推定すると、莢実の大きさは、長さが約一五センチメートル、直径が八センチメートルほどで、くびれはなく、ずんぐりとしたその形からは二粒莢と思われる。だが、気づいたことは、展示品でも確認したが、ラッカセイに特有の莢実表面の縦の稜線が約二〇本と密で多いことである。栽培種のラッカセイでは、一二、三本がふつうで、品種による数の変異が小さく、品種や種レベルの分類形質にはなっていない。

これに対して、後で述べる、アルヴァラ（一九八八）[31]が発見したシパンの金銀製のラッカセイの稜線の数は約一〇本で、その数は実物に近いが、太くて間隔が広い。どちらともデフォルメされているとしても、同じモチェ文化の工芸品のデザインの違いが、身近にあったラッカセイの栽培品種の違いによるものなのか、あるいは、職人たちのデザイン感覚の違いによるものなのか、筆者にとってはたいへん興味のあるところである。

天野博物館では、ペルーのラッカセイの出土に興味を持つ作物学の研究者として、創設者故天野芳太郎氏夫人で、館長の天野美代子さんにお目にかかることが出来た。研究目的の訪問でなく、また時間がないことをお断りした上で、特に研究室で未整理のトウモロコシほかの作物の種子や植物の遺物を見せていただいたが、その中に、年代などデータが不明の数個のラッカセイの莢実があった。その形態は、現在の栽培品種のバレンシア・タイプの莢実と似ていたが、展示の土器にデザインされたラッカセイとも、また、モチェの「金のラッカセイ」とも明らかに異なっていた。

また、ナスカの地上絵観光の拠点であるイカには、「ナスカ・プレ・インカ考古学博物館」があった。その展示品の中に、農耕儀礼用の木製の鋤形の農具や、ピスコ遺跡（ペルー中央部。南緯一一度三〇分、西経七六度。紀元約一五〇〇年ごろ）出土のミイラがあったが、副葬品を模した皿に、リママメらしい丸くて白い大粒のマメと、大きさが約一×四センチメートルの三粒莢で、バレンシア・タイプのラッカセイの莢実が三個入れてあった。

③「モチェの巨人」とラッカセイ

^{14}C放射性炭素年代で紀元前三〇〇〇年ごろとされる、ペルー北海岸のワカ・プリエッタ遺跡で発掘された、人の遺体の腹部から採取した糞便遺物―糞石からは、海産の貝類、魚類、カニなどのほかに、ナタマ

メ、インゲンマメ、ウリなど植物性の食物の断片が検出されている[37]。また、同地方で、ドンナンらによって一九九七年から始められた、ヘケテペケ河口左岸にある、モチェ文化に属するドス・カベサス遺跡（紀元四二〇年〜六二〇年ごろ）の四基の墳墓の一つから、異常に背の高い一人の男性の遺体と若い男女の二遺体が発見されたが、それらから採取した糞石について、花粉分析が行なわれている[38]。これらの遺体の身長は、モチェ人の平均身長一二五〜一七〇センチメートルに対して一八三センチメートルと背が高く、「マルファン症候群」という一種の遺伝的巨人症に罹っていたとされており、「モチェの巨人」と呼ばれているが、ドンナンによる各遺体の糞石試料の分析で、全部で三三種の花粉型が同定され、一体あたり二〇〇個の全花粉カウント数に対する頻度が調べられた。その結果は次のようである。（ ）内は検出花粉数。

(1)ピノッチオ（男子。推定一八〜二二歳）
グアバ、野生キュウリ（三〇）。トウモロコシ（七）、白ニンジン、チリペッパー、オカ、ラッカセイ（一）、タルイ（一）、リママメ（三）、ソラマメ（二）、キャッサバ、ジャガイモ（三五）、グアバ（三五）、ボタカ（魚毒として漁で利用される）（三三）など二八種。

(2)チコ（少年。一〇歳。玄室の上部でピノッチオと並んでいた。ピノッチオへの供儀あるいは殉死と考えられている）
ソラマメ（五）、ラッカセイ（六）、リママメ（四）、タルイ（四）、キャッサバ（一）、オカ（一〇）、野生キュウリ（二〇）、グアバ（一八）、トウモロコシ（六八）など二二種。

(3)エンリケータ（女性。チコとともに供儀・殉死と考えられるが、遺体が置かれていた場所が、他の二人とは離れた屋根の上にあった）
野生キュウリ（二）、キノア、オカ（五）、ボタカ（七）、キャッサバ（七）、グアバ（一三）、トウモロコシ（六九）、ラッカセイ（三）、タルイ（二）、ソラマメ（一）、リママメ（四）、トトラ（六九）など二六種。

ガイアーら（二〇〇三）[38]は、検出された食用種の二三種からは、採集・狩猟と栽培作物に依存していたモチェ人の食生活をうかがうことができること、三遺体で花粉の検出頻度の種による差異があったことについては、食べ物が社会的地位や性で異なったのではないかと考えている。また、ドンナンらが、モチェの遺跡で発掘した、ほかの五人の「巨人」のうちの四体が同じような骨の異常を示していたことから、彼らは自然死ではなく、何らかの植物毒による早死ではなかったかとの仮説を考えている。しかし、この同定結果について、ラインハルドら（二〇〇七）[39]が、花粉分析の立場から疑問点が多いと指摘し、同定の誤りが訂正されないかぎり、モチェの考古学的知見に関しては憂うべき状況が続くだろうと、厳しく批判した。

すなわち、先ず、ソラマメは、西南アジア起源の栽培植物であり、メキシコ起源のアゲイヴ（リュウゼツランの一種。葉の繊維を利用する）とともに、ペルーへは有史時代になってから導入された作物である。また、イモ類のアッラカチャ、マカ、ユカ（キャッサバ）、オカ、ジャガイモ、そして、マメ類のラッカセイやタルーイ、そして、シルエラ（甘酸味がある果実を生食する）などと同定されている数種、あるいは、これらのすべての種は、それらが生育する地域のドス・カベサスからの距離、高度、生態的条件、あるいは受粉様式からみて誤りであるとした。さらに六種の植物毒についても、花からは得られず、その五種はドス・カベサスとは反対側のアンデス地方に生育する種であるとも指摘した。

ラッカセイについては、花粉が三遺体でそれぞれ、一個、六個、そして、三個が検出されているが、ガイアーら[38]は、とくに言及せず、アルヴァ[31]が報じたモチェの時代にラッカセイがあったことについても全く触れていないが、ラインハルドら(39)は次のようにコメントしている。

「ラッカセイについては、もし、この同定が正しければ、これは特筆すべきことである。ラッカセイは虫媒花で花粉は少量しか形成されない。花が地上にある間に受精が行なわれる。莢実は、生長する茎（「子房柄」。第一章）によって地中に押し込まれて発育する。したがって莢実に地上の花の花粉が付着していることは考えられない。食べる時には、必ず莢の表面の土が除かれ、莢を割って内部の種子が取り出されるので、種子や糞石中に花粉が含まれることはあり得ない。もし莢のままで食べられたとしても、花粉が腸管系に入ることは考えられない。われわれは、ボランティアの協力で、莢のままで二五個を食べた時も、マーケットで購入した五ポンドのラッカセイを食べた場合でも、三日目の糞便からは花粉が検出されなかったことを確認している。」

このコメントで、「ラッカセイは虫媒花で……」と述べているのは、正しくは「風媒花ではない」と言うべきである（第一章）が、ラインハルドらは、ガイアーらのラッカセイ花粉の同定についても、その地域原産の種ではない、種レベルの同定を可能にするような特異な花粉の型ではない、食べる時に花粉が付着することはない、そして、経済的に利用されていた種としては、花粉検出頻度が少ないなどの点から、疑問を呈している。花粉だけでなく、食べたラッカセイの種皮を含む子実にも、特徴のある微小構造体がないので、糞石からの検出は困難だろう。だが、前節で述べたように、モチェでラッカセイが利用されていたことはほぼ確かであり、「モチェの巨人」たちが食べていた可能性は否定できない。

④　「黄金のラッカセイ」

ペルー旅行では、生のラッカセイには出会えなかったが、筆者にとって予期せぬ大きな収穫だったのは、

図Ⅲ－2（右）　リマの黄金・兵器博物館展示の大型パネル
図Ⅲ－3（左）　土産用の金製のピアス（右下）と同じデザインの副葬品が見える。

全く予備知識がなかったリマの私立「ペルー黄金・兵器博物館」（以下、「黄金博物館」と略）で、「シパンの黄金のラッカセイ」に出会ったことである。

それは、館内の見学を終わって、出口近くの廊下の壁に架かっていた博物館の設立趣旨と内容を説明する大型パネルを見ると、戦士の肖像つきの金とトルコ石製の耳飾り、金のジャガーの面、金のリャマ小像、金の神像つきナイフ（トゥミィ）、銀のトウモロコシなどをレイアウトしたその下部に、ずらりと金色の大きなラッカセイの莢実が並んで描かれていたのである（図Ⅲ－2）。そして、その横のパネルには、「古シパン王」の遺骨の発掘作業や、長い柄のついた一対の金のラッカセイの莢実や三日月形の鼻飾り、金製の腰当てなど、副葬品の出土時の記録写真が並んでいた（図Ⅲ－3）。この「金のラッカセイ」は、一見して栽培種だと思わせるほど、よく莢実の特徴が再現されていたが、館内でその「実物」は展示されていなかった。前述したが、実は、その「実物」がすでに三年前にわが国に来ていたのだが、そのことを知ったのはずっと後のことだった。展示パネルの説明文には、次のように書かれていた。

「……先史時代の金銀細工師たちの仕事についての研究が進むにつれて、それらが固有のものと、外部からもたらされた驚嘆すべき技と芸術性を兼ね具えたものであることがわかってきた。黄金博物館はこのようなペルーの金細工品とその技術を保存し、展示する目的で設けられた。金属細工の職人たちの技は、国内の様々の地域の技が発展したものである。黄金博物館は、大量の固有の収集品を持つランバイェケ県のブリューニング博物館、シカン博物館とともに、これらを保存し、研究する場である。(以下略)」

この「黄金のラッカセイ」について手がかりを得たく、「黄金博物館」のキュレーターあてに手紙で照会した。しかし、ついに返事がなく、「シパン」、「モチェ」、「ペルー考古学」をキーワードにして、文献を検索しているうちに見つかったのが、アルヴァの「新世界でもっとも豪華な未盗掘墳墓の発見」(一九八八)と題した論文(31)であった。そして、『モチェ発掘展図録』(一九九九年)のアルヴァの解説(32)に、発掘時の王墓の内部の復元図や現場の写真があり、まさにその一枚が、「黄金博物館」のパネルに展示されていたものであることがわかった。

この未盗掘のシパン王——セニョール・デ・シパン——の墳墓の発掘は、もちろん豪華な金銀製のラッカセイのネックレスの発見だけにとどまらず、貴人の埋葬に関わる儀式や、象徴的二元性(双分性)などモチェ人の世界観や宗教観がうかがえる、ペルー考古学における一大成果であったとされている。モチェの金銀細工職人たちの技については、金属学者の関心も高い。考古学や民族学の専門家による考証はないが、筆者のような作物学の研究者にとっては、アンデス生まれで、ペルー育ちのラッカセイという食べ物、あるいは作物が、なぜ古代ペルーの農耕社会の貴人の重要な副葬品として身近にあったのか、また、それが、どのような象徴的意義を持っていたのか、あるいは、それはラッカセイの地下結実性と関係があるのか、など、素朴な疑問と大きな興味がもたれる。

アルヴァ(一九八八)は、北部ペルー海岸のチクラーヨから三〇〇キロメートルほど離れた、ラムバイエケ谷中央部の小村の近くで幕を開けた、「金と銀のラッカセイ発見」のドラマを次のように描いている。
「このドラマは、一九八七年二月のある日の早朝、『われわれは、今すぐに貴方が見なければならないあるものをもっている！』と、私に急を告げる警官の電話で幕を開けた。

私は、直ちに、仕事場兼住まいでもある、ランバイェケのブリューニング博物館を飛び出した。その時、かつて、わが国北部沿岸の乾燥した地域に多数点在する、古代のピラミッドや祭儀用基壇の宝物が奪われたことが私の頭をよぎった。ランバイェケ谷の多くの住民たちにとって、古代の墳墓群からの略奪は、長い間にわたって思いもよらぬほどの多額の現金収入をもたらしてきた。サトウキビの収穫までは収入のないシパンの村人たちにとっては、日ごろから、日干しレンガづくりのピラミッドや基壇には特別の関心があったのだ。……」

「……警察署で私を待ち受けていたのは、ごく貧しい一人の墓泥棒が捨てた衣類などではなかった。そこに捨てられていたもの！　それは、ある村の盗掘者の家から押収された三三個の古代の遺物で、その中には、銅に金メッキをした二個のジャガーに似たネコ科の動物の牙を閉じた顔があった。さらに、輝いている一対の金のラッカセイは、自然のものの三倍の大きさで、襞《ひだ》と稜線があり、まるで本物とそっくりだった。……」

「……不幸なことだが、墓荒らしの歴史はごく古いものだ。その最初が一五三二年のスペイン人征服者たちによるインカ帝国の金銀、宝石などの略奪だ。……数え切れないくらいの長い時間を経てきた古い日干しレンガの建築物は、今ではペルー人たちはそれをワッカス—墓—と呼んでいるが、何世代もの間、コレクターたちを興奮させ、彼らの飽くなき欲求心をかきたてる素晴らしい土器、宝石類、金細工、その他の工芸品など、数々の遺物をもたらしてきた。自分たちの欲望を満たすために、彼らはワッケーロ（盗掘者）たちを墓荒らしに駆り立てたのだ。……」

「……私には、あの昨年の二月の夜にワッケーロたちが影のように走り回って基壇の中の玄室に入り込んだ様子が容易に想像できる。ワッケーロたちは、大急ぎでネックレス、ブレスレット、その他の装飾品をペルーや外国のコレクターに転売するブローカーに売るためにばらばらに壊した。……かつて警察が押収した、ある小さな黄金製の立像には闇のオークションで十万ドルの最高値がついたという。……彼らの侵入から数日後、警察が突き止めたワッケーロの家の裏には、銅に金メッキをした工芸品や装飾品のかけらが多数捨てられていたが、連中は売っても値が安いと考えて砕いたのだろう。……」

「……シパン王の遺骨から一対のネックレスを持ち上げた時、私は、言いようのない身震いするような感じに襲われた。それらはそれぞれ全く同じ形の一〇個の金属製のラッカセイからできており、盗掘品でみたのと同じものだったが、それらの五個は金製で、シパン王の右側に、それと対応して左側に銀製のラッカセイがおかれていた。また、右の手の骨には金塊（インゴット）が、また、左の手には銅塊が握られていた。シパン王は、頭を南に、脚は北に向けられて、遺体が基壇の東西方向の軸と交叉するように横たわっていた。……」

⑤　金属細工技術からみた「黄金のラッカセイ」

紀元六世紀後半のものとされる、法隆寺の西にある藤の木古墳（奈良県斑鳩町）や、兵庫県三田市高川古墳から出土した金銅製の太刀、金靴、冠、装鞍金具などの意匠や細工の水準の高さが注目されている。それらでは、厚さが約六マイクロメートルで、錆の層よりもはるかに薄い金メッキ層が確認されているが、それらは、水銀に金を溶かしたアマルガムを銅版に塗ってから加熱し、水銀を蒸発させて鍍金する、水銀－金アマルガム法によるものである。[40～42] これらの飛鳥・奈良時代の金属工芸品の技術と比べて、それよりも数百年前の古代ペルーのモチェ文化の金属細工職人の技術はどうだったのだろうか。

モチェ（紀元〇～七〇〇年）、シパン（同七〇〇～一三七五年）、そして、チムー（同九〇〇～一四四〇年）の諸文化の後、スペイン人が到達した一五三三年からわずか百年で終焉を告げたインカは、チムーの芸術的、技術的なスキルを持った金属職人を首都のクスコへ連れてくることによって、中央アンデスで成熟した金属加工の伝統に基礎をもつ技術を得たとされているが、モチェでも土器製作や金属細工、織物などが高度に発達していた。

ホルツら（二〇〇〇）[43] による金属学的研究によると、古代ペルーの金細工の歴史は、一〇〇〇年以上前まで遡る。中央アンデスにおける初期の金属細工の伝統の中でも、モチェの職人は最も優れていたが、彼らはチャビン文化の伝統も受け継いで、銅と銀、あるいは金、および銀の一種の「トゥムバガ」（スペイン語で、金と銀の合金）を作った。彼らの存在と、その熟練した技術が一躍、注目されるようになったのは、アルヴァたちによる一九八七年から一九九〇年にかけて行なわれた科学的発掘調査で、未盗掘だった「シパン王」や「古シパン王」の墳墓から、約二〇〇個の土器の壺、実用的な銅器、「金」や「銀」の幟、頭飾り、眼、鼻、あご飾り、糸巻き型（円筒形）耳飾り、ネックレス、儀式用ナイフ、ベルなど、豪華な金属製の装飾品や祭儀用品などの副葬品が多数発見されたことによってであった。金属製遺物のほとんどは、厚さ一～〇・一ミリメートル以下の薄いシート状金属で作られており、それらに、さらに、カッティング（切り込み）、エムボッシング（浮彫り）、パンチング（穿孔）、チェーシング（打ち出し模様）などの加工が施されていた。シート状の金属は、機械的に、あるいは冶金、接合―ハンダづけ、さらに、溶接によって三次元的な構造が作られている。また、銅製品の表面に、ごく薄い金の膜を沈着させることによって、電気化学的に金箔をかぶせたように見えるという。銅と金の合金や、銅と銀の合金の製品の表面の金や銀のメッキは、銅の表層が酸化してできた酸化銅で腐食されて、ほとんどの銀は磨耗していた。だが、この銅―金―銀の三元合金製では、おそらくアメリカ大陸では最古の金細工品と思われるが、その高純度の金を含有する表層に近い部分は、約一七〇〇年もの長い間、日干しレンガのピラミッド内で埋もれていたにもかかわらず、その輝きが残っていた。これらの副葬品は、持ち主の高い地位からも、その当時のもっとも熟練した技法を示すものであり、当時の金属加工技術を研究する上でも価値が高いが、「シパン王」の墓から出土した金属製品の幾つかの化学的組成を見ると次のようである（組成％［重量］）[43]。

品目	銅	金	銀
「銀」塊	六六・九	一・三	二八・八
「金」塊	三九・〇	四八・四	一二・七
あご飾り	五四・五	三五・六	一一・一
頭飾り	六〇	三四	六
ラッカセイ・ビーズ	一五	―	八五
儀式用ナイフ	五〇	―	五〇
人頭型ビーズ	七九	一	二〇

ホルツらが供試した「銀」のラッカセイ・ビーズは、それぞれ一個ずつが二連になったネックレスの一部で、発掘後に洗浄・修復した後に復元されたものである。うち五個が「金」製、残りが「銀」製で、これは、東と西、昼と夜、太陽と月、陰と陽、生と死、純と不純など、すべての対になるものを、象徴的に

表すモチェ人の「二元論的世界観」（二元信仰）を表しているとされる。[32]そして、人頭型ビーズと同様に、ラッカセイのビーズは、それぞれ、へこんだ半分ずつを端の部分で冶金的に接合して作られているが、ビーズは、薄い銅‐銀合金のシートから作られていた。だが、その成分は、表に見られるように、人頭型ビーズとは違って、銀の含量がごく高く八五％もあったが、また、半分ずつの接合は、共融点温度の七七九℃よりも高い温度で行なわれたらしいこと、また、用いられている充塡材の組成がビーズの本体とごく近い合金であったことがわかった。

このように、モチェの金属加工職人は、純金、あるいは純銀のようにみえる製品を作る技能の達人であったが、モチェの「金」のラッカセイ・ビーズにみられるような金属接合技術、とくに、含有する素材を完全に溶かしてしまうことを避けるためには不可欠な、接合のための局部的加熱を的確に調節できる技術の高さからみても、おそらく彼らのもつ技能に対しては、大きな需要があったであろうと、ホルツらは述べている。

⑥「黄金のラッカセイ」の作物学

FAO（一九九九）の統計では、油料原料として輸出もしているアルゼンチン（六一万トン）やブラジル（一七万トン）に比べて、ペルーでは、ラッカセイの生産は七〇〇〇ヘクタール、一万トン（莢つき）に過ぎない。ペルー農業省の畑作統計には「ラッカセイ」としては出ていないが、「子実用マメ類の国家計画」の「マメ類」は、主要畑作物である、インゲンマメ、カウピー、ダイズ、ソラマメ、ヒヨコマメ、レンズマメ、ラッカセイなどである。また、国立ラ・モリーナ農科大学の遺伝資源の保存系統数では、オオムギ九〇〇〇系統、トウモロコシ五〇〇〇系統、キヌア五〇〇〇系統、インゲンマメ七二八系統などに比べて、ソラマメ四〇〇系統、エンドウ四〇四系統、リママメ二〇〇系統、ルピノ（ルーピン）三〇〇系統などとともに、ラッカセイは四〇〇系統にすぎず、その農業的地位は必ずしも高いとは言えない。なお、ラッカセイの新しい栽培品種としてあげられている三品種のなかに、後でまた触れる「ティンゴ・マリア」がある[44]が、ペルーはラッカセイの考古学では有名だが、栽培や利用の面では「僻地」だったのかもしれない。

ところで先に少し触れたが、モチェの工芸品遺物のモデルになったラッカセイが、系統分類でどのグループに属するものだったかは、古い栽培型ラッカセイのアンデスの東側からの伝播（第二章）との関係からも興味深い問題である。ハモンズ[18]は、「ペルーのアンコン遺跡から出土した、二七四〇年前〜二四九〇年前のものとされる土器に、ラッカセイ莢実が描かれている」と述べているだけで、これまでにモチェの黄金のラッカセイについての植物学、あるいは作物学の研究者による考証や文献はみられない。ラッカセイ属植物の分類に詳しいクラポビカス（一九六九[45]）は、現在では多系統を含んでいると考えられているが、デュバルド（一九〇六）が一括して「ペルー・タイプ」と呼んでいる古いラッカセイ栽培種の変種の一つであるとも考えていた。彼はまた、ペルーにおけるラッカセイ栽培種の起源については、差異が顕著な二つのタイプがあるとし、その一つで、日本や中国、米国などで栽培が多い大粒の品種は、ペルーでは変異が小さいので最近の導入系統と考えられるとして、もう一つの品種について興味深い指摘をしている。すなわち、その品種は、ペルー海岸部の先コロンブス時代の遺跡で出土したものと莢実が酷似していること、そして、この「大形で、縊れがあり、網目がくっきりと深く、先端が特徴のあるオウムのくちばし状」をした莢実が、モチェ文化の土器のデザインに取り入れられていると述べている。しかし、アルヴァ（一九八八）が発見した金、銀のラッカセイの莢実には、縊れがないことは先に述べた通りである。同様に天野コレクションの壺のラッカセイとも形状が異なる。

しかし、最近になって、クラポビカス（一九九八）[46]が、「ラッカセイ品種の起源と伝播」と題した講演で、現生の栽培種の新しい変種を同定し、これとアルヴァの「金銀のラッカセイ」について、系統分類の立場から次のように言及していることがわかった。

「ラッカセイ栽培種（アラキス・ヒポゲア）、亜種ファスティギアータ、変種ペルヴィアーナの同定について。――この変種はペルー産の栽培種である。その分布は、とくに、ボリビア北部、ブラジル西部（アクレ州）、およびエクアドル南部など、ペルーと隣接する国々の限られたところでのみ見られる。ペルー北部の紀元後三〇〇年ごろのモチェ文化に属するシパン王墓で、アルヴァ（一九八八）[31]によってラッカセイをデザインした金銀製の儀式用の首飾りが発見されたが、その細部までの表現はモチーカ文化に属する金細工品をよく代表するものである。このラッカセイは、莢表面の網目の隆起が顕著で、亜種ヒポゲア変種ヒルスータに似ているが、縦方向の稜線の隆起が他の網目部分に比べてとくに太く、現生の品種「ティンゴ・マリア」のラッカセイに近い。亜種ファスティギアータ、変種ペルヴィアーナと同定する。」（第二章表Ⅱ－1参照）

これは、筆者が黄金博物館のラッカセイについて、南米ツアーから帰ってから、「デュバルド（一九〇六）のペルー・タイプ？」という質問を添えて教示を求めたクラポビカス博士から届いた講演速記録にあった記載である。現生の栽培品種「ティンゴ・マリア」の莢実は三～四粒で、稜線が顕著とされていて、先に述べた土器のラッカセイはずんぐり型で稜線の数が多いが、シパンの金銀製の遺物のラッカセイとは特徴が一致する。これで、ペルーで今から約千数百年前ごろに、食用にされ、あるいは栽培されていたかもしれない「ラッカセイ」が、現生の栽培系統とつながり[31・32]、その分類的な所属が明かになった。

ところで、筆者なりにもう少し補足すると、アルヴァの記述や写真のネックレスは、左右に金と銀の各五個ずつのラッカセイがつながれたものが二連のネックレスにされ、玄室内の「シパン王」とその副葬品の復元想像図にも画かれている。しかし、ドンナンの提供による「エンリコ・ポリ・コレクション」所蔵のネックレスは、同じデザインで、内側九個、外側一一個の大小の金のラッカセイを宝石でつないだ二連の計二〇個からなり、ラッカセイの数は「シパン王」のネックレスと同じである（図Ⅲ－4）。アルヴァは、「このような宝物を身につけることができるにふさわしい人物は誰だったのだろうか？……」と述べているが、「シパン王」のものとは違って金と銀という象徴的二元性はみられない。持ち主が「王」よりも格が低い貴人だったことによる違いなのだろうか。また、このネックレスの内側と外側の連のラッカセイの莢実はともに奇数で、上から下へ大きくなり、真中では、やや小さく、内側と外側の連で左右の対称性が見られる。莢実の縦横比でみた形状の変異が小さく、モデルになったラッカセイは同じ系統か品種と思われるが、モチェの金属細工職人の優れたデザイン感覚がうかがわれる。

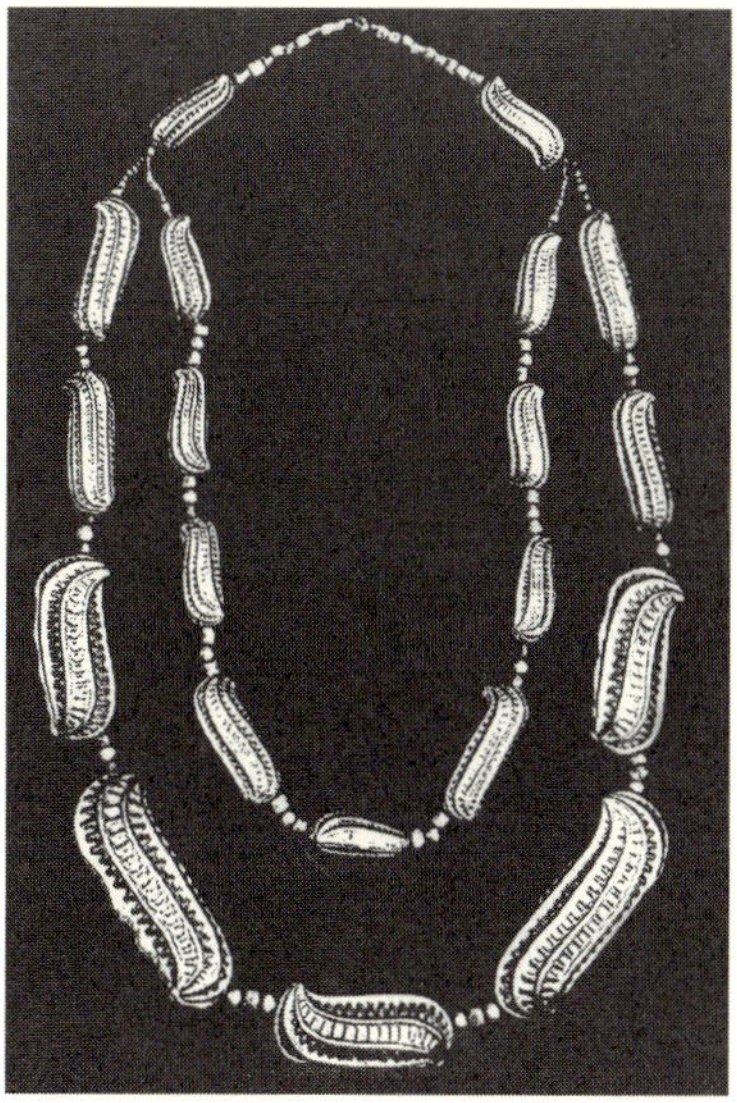

図Ⅲ－4　金製のラッカセイと宝石をつないだネックレス（アルバ、1988）(31)

別に、アルヴァが、金のラッカセイと現生種のラッカセイの莢実を手のひらに並べて大きさを比べている写真を示して、「ほんものよりも大きなラッカセイ――忠実に莢の稜線や凹凸を再現している金製のラッカセイは、自然のものの三倍の大きさである。……」と述べているが、『モホルツら（二〇〇〇）(43)の測定値、および、『モチェ展』展示の金と銀のネックレスの値から求めた莢実の長さと幅の比を比べてみると、二・七〜三・一となり、ほぼ同じとなった。しかし、アルヴァの示している現生品種の莢実は三・五でかなり細長く、小粒性で、一莢三〜四粒のバレンシア・タイプと呼ばれる品種と思われる。

また、出土時の記録写真[31・32]で筆者の興味を引いたのは、貝とトルコ石のビーズ玉を編んで出来た胸飾りに半ば埋もれて、ネックレスの連の形にはなっていない金のラッカセイが三〜四個見られるが、そのうちの一個(あるいは二個?)に長い柄がついていることである(図Ⅲ-3)。「モチェ発掘展」出品の銀のラッカセイは未修復状態であるが、その一端にも同じような短い棒状のものが見える。アルヴァはこれらについては全く触れていないが、この長い柄は、細工職人がラッカセイの子房柄(第一章)を模したのではないかとも想像される。「……胸のすぐ上に一〇個ずつ二列に並んで二〇個が連なっていた……」と記述されている、ネックレスに復元された金属製のラッカセイと、この柄状物が付いていたラッカセイとは別の出土品なのかということとともに確かめたい点である。

余談だが、クスコのホテルのロビーにこのモチェの黄金のピーナッツ数個をデザインしたネックレスが飾ってあった。値段を聞くと七五〇USドルだという。それで買うのは諦めたが、その代りに、クスコからマチュピチュへ向かう途中のユカイのホテルで見つけた、同じデザインの金のピアスを資料とペルー訪問の記念にと求めた(図Ⅲ-3右下)。

第四章　アフリカにおける落花生の歴史と文化

1　西アフリカとラッカセイ

アフリカ大陸にとってラッカセイは土着の作物ではないが、今日では、とくに西アフリカでは、ラッカセイを抜きにしては世界の油料種子経済を考えることができないくらいに重要な作物になった。それには、「コロンブス以後」の欧州各国によるアフリカの植民地化政策と奴隷貿易とが深くかかわっているが、ラッカセイ栽培がさらにインドや中国などアジアへと広がる出発点にもなり、米国のラッカセイ食文化のルーツにもなった。世界の主要なラッカセイ産地形成の歴史は、まさに、西アフリカの国々から始まったといえる。

採集民たちが利用した野生植物の数は一四〇〇種もあったとされる[1・2]アフリカ大陸では、採集・狩猟の時代がほかの大陸よりも長く続き、農耕の歴史の始まりは遅かった。また、栽培植物の発達にアフリカはあまり大きく寄与しなかったともいわれている[3]が、今から数千年前、中石器時代の終わりごろから新石器時代になって、アフリカ大陸でも優れた農耕文化の萌芽と発展があったことが考古学の事実から明らかになっている。その広大な土地と、複雑な自然条件下で暮らす多くの種族が、隣接する西南アジアやインド亜大陸など農耕の先進地域、さらには、新大陸の農耕文化を受容し、また相互に影響しあいながら多様な栽培作物を育ててきた（図Ⅳ‐1）。

A・ド・カンドル（一八八二）[4]は、その著『栽培植物の起源』では、二四七種の栽培植物のうちで、一九九種が旧大陸産、アメリカ大陸産が四五種、三種が不明としている。そして、アフリカ原産の約二〇種の多くは、熱帯アフリカ、アビシニア、アルジェリア、北部アフリカの原産としている。この後、N・I・バビロフ（一九二六）が、いわゆる遺伝子の地理的中心説によって、世界の栽培植物の起源の中心を八地域に区分して、アフリカ大陸では、エチオピア・センターのみを考えたが、このバビロフの説に対して、ハーラン（一九七一）[5]は、栽培植物は必ずしも「中心」で生まれる必要はなく、同様に農耕も、地理的な中心地として発達する必要はなかったと考えた。そして、ササゲ、バンバラマメ、ゼオカルパマメ、モロコシ、トウジンビエ、テフなどが栽培化された、サハラ砂漠の南、そして、赤道の北にあって、大陸を横断して七〇〇〇キロメートルにもおよぶ広大な地域をセンター＝「核地域」と呼ぶのは疑問だとして、ノン・センターと呼ぶべきだと主張している。

また、西アフリカでは、紀元前五〇〇〇年ごろにニジェール川流域に定住したアフリカ黒人によって栽培化された土着の作物があると指摘したのは、マードック（一九五九）[6]である。彼の「スーダン農耕文化複合」説は、わが国の中尾（一九六七）[7]など、世界の農耕起源の研究者に大きな示唆を与えた（表Ⅳ‐1）が、これに対しても、ハーランは、マードックはニジェール川上流の彎曲部地域に焦点を絞りすぎだとし、アフリカの栽培植物の生まれた地域としては、東アフリカのエチオピア高地、西アフリカのニジェール川流域～ギニア湾沿岸、および、熱帯雨林地帯～サバンナ移行地帯、そして、サヘル・スーダン・ベルトの四地域を考えた。なお、ナイル川流域の農耕文化は、すでに数千年以上も前に、西南アジアから、ムギや

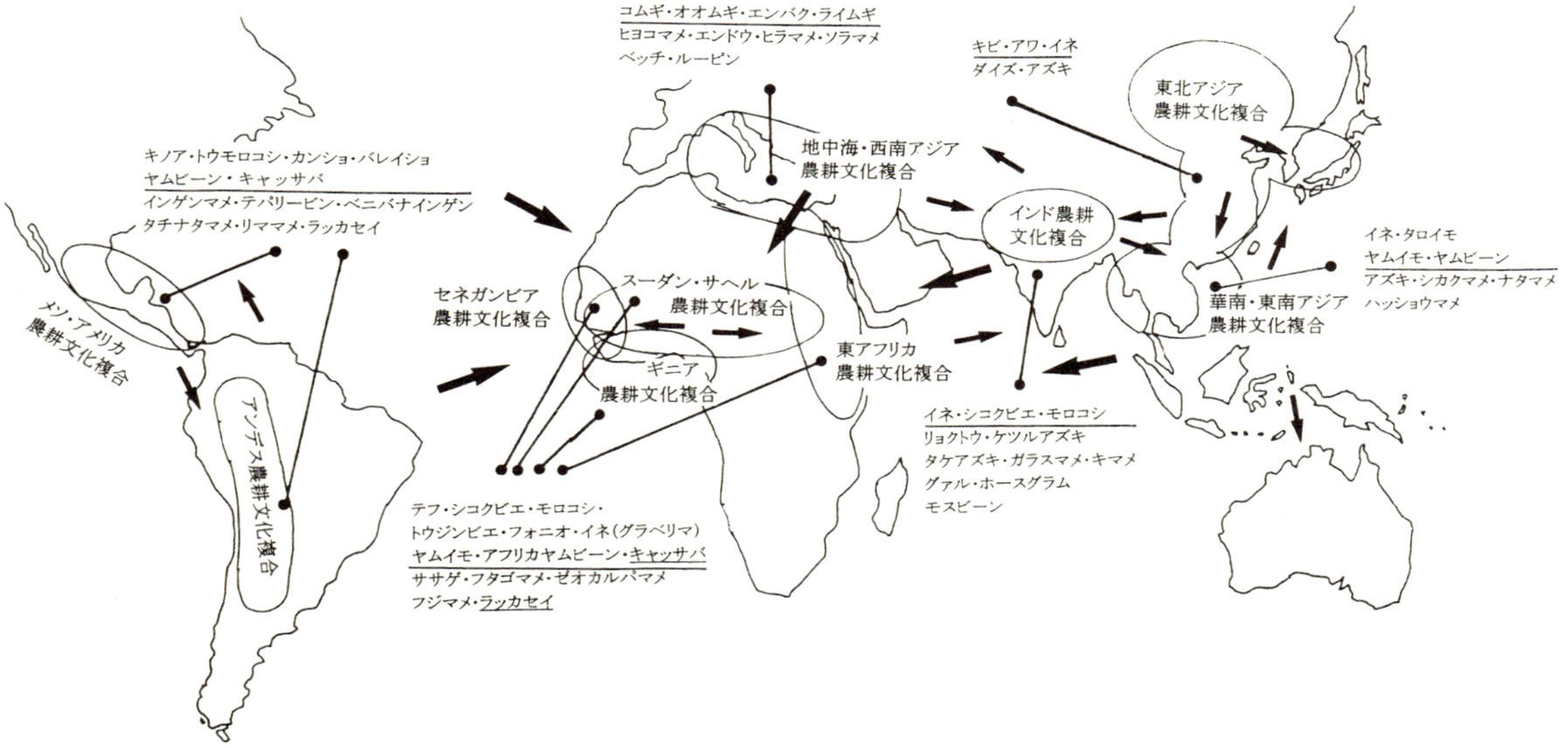

図IV-1　世界の農耕文化複合と主な食用作物の原産地および第2次伝播の中心地——マメ類と穀類およびイモ類の共存的発達(前田原図)
上段：穀類・イモ類　下段：マメ類　下線の作物はアフリカを第2次伝播の中心地として発達したもの

表IV－1　アフリカの栽培植物――その種類と原産地（Murdock 1959）⑥

種　類	原　産　地				
	西アフリカ	エチオピア	西南アジア	東南アジア	アメリカ
穀　類	フォニオ トウジンビエ モロコシ	シコクビエ テフ	オオムギ コムギ	イネ	トウモロコシ
マメ類	ササゲ		ソラマメ ヒヨコマメ レンズマメ エンドウ	リョクトウ ケツルアズキ キマメ ナタマメ	インゲンマメ リママメ
イモ及び根菜類	コレウス1) バンバラマメ＊ ゼオカルパマメ＊ ギニアヤム	エンセーテ バナナ	タマネギ ダイコン chufa2)	タロイモ ヤムイモ	キャッサバ サツマイモ ラッカセイ＊ マランガ
葉菜類	オクラ	クレス	キャベツ レタス	Jew's Mallow3)	
つる性・ほふく性作物	ヒョウタン スイカ		ブドウ メロン	キュウリ ナス	パイナップル カボチャ トマト
果実類	アキーアップル4) タマリンド		イチジク ナツメヤシ ザクロ	バナナ ココヤシ マンゴー	アボガド パパイア
香辛料・嗜好料・飲料作物	コラ ローゼル	コーヒー フェヌグリーク アビシニアチャ	コリアンダー ニンニク ケシ	ショウガ サトウキビ タイマ	カカオ コショウ タバコ
繊維作物	タイマ ワタ		アマ		
油料作物	シアバターノキ アブラヤシ ゴマ	ヒマ ヌーグ	オリーブ ナタネ ベニバナ		

1）イモジソ。塊茎をジャガイモの代用に食する。 2）ショクヨウガヤツリ　3）ナガミツナソ　4）果実は有毒。種子下部の種衣を食用。
＊イモ・根菜類への区分については本文参照。

マメ類の野生的なものや、栽培種が伝播して発展したもので、アフリカ独自のものではないことが知られている。

西アフリカは、生態地理的には、サハラ砂漠の南に広がるサヘルの乾燥サバンナ地域と、ギニア湾に面して帯状にのびる湿潤な熱帯雨林地域とに分けられるが、前者に属する、セネガル、ガンビア、マリ、ブルキナファソ、ニジェール、そして、ナイジェリアなどの国々がラッカセイの生産地域となった。大西洋を横断する「三角貿易」が始まると、西アフリカからは、黒人奴隷がラッカセイと一緒に、欧州や北アメリカへ「積み荷」として送り出された。アフリカの歴史や農業、経済について述べようとすると、この「奴隷貿易」のことを避けては通れない。アフリカで、この「悪業」に最初に手を染めたのもポルトガル人だったが、それはすでに一五世紀の中期に始まっている。奴隷の子孫として米国に根を下ろした「アフリカ系米国人」は、世界最大のラッカセイ食品産業の基礎をつくった。因みに、前記のマードックの著書『アフリカ——その人々と彼らの文化史』（一九五九）は、「アフリカ系米国人たち」に献呈されている。

欧州諸国の油脂原料需要の増大で、新大陸生まれのラッカセイが、アフリカ生まれのアブラヤシ（オイル・パーム）のライバル作物となって各国間の激しい貿易戦争の渦中に巻き込まれ、アフリカがラッカセイの第二次伝播の中心になるのは、「コロンブス以後」、ずっと後の一九世紀になってからのことである。一六世紀に、ポルトガル人の商人がブラジルから直接、西アフリカ—上ギニア沿岸地方にラッカセイを持ち込んだとの説もあるが明らかでない。しかし、後で述べるように、西アフリカのセネガンビアからサヘル東部のナイジェリアへかけての地域で、一九世紀の初期にはまだ、欧州人の関心をそれほどひかなかったラッカセイが、その末ごろには重要な商品作物となっている。以後のラッカセイ栽培の地理的、そして、時間的な拡がりの速さと、栽培品種の変異の多様さは、ラッカセイのアフリカ原産説が生まれるほどであった。

一九九九年のＦＡＯ統計で、世界の油料種子作物の国別および地域別生産のシェアをみると、ラッカセイのライバル作物のダイズは、米国一国だけで世界の総生産量の約五〇％を占め、中国、ブラジル、アルゼンチン、そして、近年、生産が急増したインドの五か国だけで、総生産量の約九〇％を寡占的に生産している。これとは対照的に、ラッカセイは、世界の総生産量の約九〇％が七一か国で生産され、そのうち二五％がアフリカの四七か国で生産されている。さらに、その残りも、中国（三七％）、インド（二二％）など、アジアの中・低開発国、二四か国で生産されている。この数字は、欧州諸国が植民地化した熱帯地域の国々で、ラッカセイを自国への輸出用に農民に強制して栽培させてきたことを物語っているが、そのことが、今日、ダイズに比べて、ラッカセイの栽培技術や品種改良などの研究が遅れ、平均単収（単位面積あたりの収量）が低いことの背景にある。

アフリカのラッカセイの歴史は、独立はしたが、伝統的な食料自給体制の崩壊で「経済的奴隷」の状態がなお続いている「サハラの南、そして、赤道の北」にある、西アフリカの国々の歴史でもある。

2　ラッカセイと間違えられるマメ

今日でも、ラッカセイとよく混同される、西アフリカ生まれのバンバラマメとゼオカルパマメのことについて触れておきたい（図Ⅳ-2、3）。

前記のマードックは、サウアー（一九五二）[8]の説を支持、援用したと思われるが、この地下結実性の三種を「イモ類および根菜類[注]」に含めている（表Ⅳ-1）。サウアーは、「ラッカセイはタンパク質給源の作物であり、どの地域でも従属的役割以上の作物では決してない。……」と述べていたのが、後には、「ラッカセイが英語で〈グラウンドナッツ〉と呼ばれるのには特別の意味がある」として見直しているが、その理由は、莢実の収穫は、全植物体を株ごと土から「掘り取る」という、作業の「機能的類似性」を重視して、根菜類の栽培と同じだというのである。しかし、この見解には疑問がある。彼が言うように、イモ類は、作物としては、その多年性や、種子によらずに栄養繁殖できることが最大の特徴であるが、ラッカセイは一年性で、子実を食用にする目的で栽培され、挿し木繁殖は可能だが、栽培技術としては考えられない。温度や土壌水分が制限要因にならないところでは、収穫の時にちぎれて残った種子は、休眠が破れるとすぐに出芽してくるので、多年性の作物のように考えたのだろうか。

図IV－2　バンバラマメの莢実（原図）

図IV－3　ゼオカルパマメの子実（原図）

　バンバラマメは、考古学的、歴史的な記録が乏しいとされているが、野生型、あるいは半野生型の植物が、ナイジェリア北部のラッカセイの栽培が多い地域の南側につづくナイジェリア中央部のジョス高原から、さらに西へカメルーン国境に近いヨラ、そしてカメルーン、また、中央アフリカからナイル川上流域のスーダン地方で栽培型と混在して分布しており、これらの地域で栽培化されたことはほぼ確かと考えられている。マードックは、「スーダン農耕文化複合」の主役だったマンデ系部族が生んだ作物の一つだとしたが、外来のラッカセイに駆逐されて、今日まで、ついにアフリカの主要な食用作物に発達できなかった。

ある報告では、ボラマ島（ギニアビサウの大西洋岸の島）では、バンバラマメのことをビジャゴ語で「マンカッラ」と呼んで常食にしていたが、ポルトガル系ギニア人や、ケープ・ヴェルデ諸島の住民は、ラッカセイを「マンカッラ」と呼んでいたという。新大陸から入ってきたラッカセイもよく知らなかった、欧州の初期の探検家や研究者たちは、バンバラマメをラッカセイとしばしば混同した。

〈バンバラ〉は、チャドや、ニジェール川上流のトンブクトゥ近くの地名に由来するとする説、また、マリの西部に居住するマンデ語系の最大の農耕民、バンバラ族に由来するなどの説があるが、各地に極めて多くの現地語名があり、英語でも、バンバラ・グラウンドナッツのほかに、バンバラビーン、コンゴ・グーバー、グラウンドビーン、アースピー、マダガスカル・グラウンドナッツ、ストーン・グラウンドナッツなど、〈グラウンドナッツ〉をつけた呼称が多く、ラッカセイとの混同と同時に、その栽培の広がりの大きさと利用の歴史の古さを示している。マダガスカルへの導入はおそらくアラブ人によるとされているが、一七世紀にはブラジルやアジアにも達している。仏語名の「ボアンズゥ」や、現在はササゲ属になっているが、旧属名の「ボアンドゼイア」は、マダガスカル語名の〈ボアンジョ〉に由来し、これは、「一粒で腹がいっぱいになる」の意だとされる(9)。

今日では、バンバラマメは、降雨が不安定で、砂質で地力のやせたラッカセイに適しないような土壌の畑で、小規模に野菜の補助や畑の境界の目印などに栽培が続いているとされているが、高温、乾燥に強い貴重な蛋白食料で、地上部は家畜の飼料にもなるバンバラマメが、救荒作としての役割を持っていることも考えられる。子実は乾燥するとごく硬いが、子実の収量は、ヘクタールあたり二〜三トンという高い報告もあるが、農家の栽培の平均では七〜八〇〇キロである。今後、遺伝資源の収集と保存、そして収量や成分の育種、栽培法などの研究が必要なマメである。[10・11] なお、和名については、フタゴマメ、バンバラ・グラウンドナッツ、バンバラマメなどがあるが、バンバラマメに統一することが望ましい。

また、西アフリカから赤道圏の中央アフリカで栽培化されたと考えられているマメ科の作物に、アフリカ・ヤムビーンがある。筆者は、ナイジェリアのイバダン近郊で栽培されているのを見たが、つる性で支柱が必要である。子実と肥大する地下茎を食用にするが、これも今後の研究が必要なアフリカ乾燥地域原産の作物の一つである。

（注）「根栽作物」や「根栽類」は、文化人類学分野での造語である。地下部を利用する作物を表す英語の〈ルート・クロップ〉や、〈ルート・ベジタブル〉、〈ルート・チューバー〉などに対応する農学分野での用語は、「根菜作物」、および、「根菜類」である。

3　奴隷貿易とラッカセイ

（1）大西洋奴隷貿易

奴隷貿易は、歴史的には、喜望峰到達（一四八八年）の四〇年前ごろに、ポルトガルの海外進出の、いわばついでのようにして始まっているが、[12〜15] アフリカの巨大な富の獲得を目的に、サハラ以南の内陸の最短コースを探すことを命じたエンリケ王子の死後も、「アフリカの富」、すなわち、黒人奴隷が、捕獲するよりも安易な現地アフリカ人商人との取引によって、一五世紀末までに一〇〇〇人近くが本国に送られた。

そして、新大陸の「発見」で、ポルトガル本国とセネガンビア間の奴隷貿易は、次第に大西洋を横断する輸出へと転換していくことになる。そして、アフリカ西海岸に次々と奴隷貿易の拠点を開発して、一四八六年にはリスボンに奴隷貿易を管理する「奴隷局」が創設されている。一六世紀の中期には、ポルトガルではあらゆる階層が奴隷を所有し、リスボンの全人口十万人に対して奴隷の数が約一万人、ポルトガル全体では三万五〇〇〇人に達していたとされ、奴隷貿易の収益はポルトガル王室の財政を大きく潤した。

しかし、それまで、インドへの東方航路の発見で多忙であったのが、ブラジルの発見（一五〇〇年）後、フランス船がブラジルに来たことがわかったこともあって、一五三〇年に急きょ艦隊と一〇〇〇人の植民者を送り、ポルトガルのブラジルへの関心が急速に高まることになる。そして、当初の、ブラジルの国名の由来にもなった染料や薬用の「ブラジルの木」の輸出や、貴金属の鉱山開発よりも、サトウキビ栽培農園と製糖産業開発が有利であることに気づいて、インディオの奴隷化を急速に進めた。敵対するインディオは「正当なる戦争」の名のもとに武力で制圧して砂糖プランテーションに奴隷として売られた。一五六〇年代になって本格化したサン・パウロを起点としたインディオ狩りが、アフリカの黒人奴隷の導入が始まる一五七〇年代まで続いた。しかし、自然の中で自由に暮らしてきたインディオは、労働の強制を嫌って働かないので、ブラジルでは、それに代わる労働力源としての黒人奴隷の必要性が高まった。その代金は、廃蜜糖でつくった火酒と葉タバコで、ブラジルへ彼らを運ぶポルトガル船の基地は、アフリカ西海岸のベニン湾に面した黄金海岸のミナであった。黒人奴隷がいなかったら今日のブラジルはなかっただろうといわれている(13)。このように、ポルトガルは、奴隷貿易を最初に始めた国であり、欧州各国を奴隷貿易に駆り立て、一四四〇年から二〇〇年にわたってそれを操ってきた国であり、他の国々よりも遅れて一八六九年になって最後に奴隷貿易をやめた国であった。

スペインも、コロンブスの第一次航海での「金」の発見で欲望をかきたてられて、王室が派遣した第二次の航海（一四九五年）では、エスパニョーラ島（現在のハイチ島）で、反乱した数千人ものインディオを殺戮し、その一部を捕虜にして奴隷として本国へ連れ帰っている。一六世紀中にカリブ海諸島全域でインディオ人口はほぼ壊滅したといわれているが、一八世紀になると、北アメリカでもスペイン人の奴隷狩りが本格化した。フランシスコ修道会によるインディオたちへの強制的な改宗が「博愛」と「文明化」の名のもとに行われ、奴隷貿易は「合法的」に進められた。抵抗して捕えられた数千人ものインディオが奴隷として使役され、欧州や西インド諸島へ売られた。

一六世紀になると、フランス、オランダ、英国、スウェーデン、デンマークなども奴隷貿易に加わっているが、さらに英国領北米植民地の参加で、約四世紀にも及ぶ大西洋奴隷貿易がさらに急速に進展することになる。「中間航路」と呼ばれたアフリカ西海岸と西インド諸島、北米のニューイングランド植民地を結ぶ定期航路、また、欧州、アフリカ、英国領北米植民地間の「三角貿易」では、安価で高く売れる商品の黒人奴隷は「黒い積荷」と呼ばれた[15]。

英国西南岸のプリマス港をメイ・フラワー号が抜錨して北アメリカへ向かったのは、新大陸の「発見」（一四九二年）から二世紀も後のことである。これは植民のための航海であったが、マニックス（一九六二）[12]、は、北米の英国植民地に関する限りでは、英国による奴隷貿易は、無名のオランダ軍艦が、英国人が最初の植民地を開いたジェームスタウン（ヴァージニア州）に二〇人の黒人を下ろした一六一九年までは始まらなかったと述べている。そして、「……この船は、米国史上で、一年前にやってきたメイ・フラワー号以上に重要である。この二〇人の黒人だけでなく、彼らとその後継者たちが北アメリカの富と文化に寄与したあらゆるもの——作物のコメ、サトウキビ、ワタ、プランテーション制度、奴隷制度廃止協会、南北戦争、黒人霊歌、ジャズ、音楽家、G・W・カーバー（ラッカセイの産業化につくした黒人奴隷の家系に生まれた植物学者。第六章「アメリカ」）のような科学者、政治家、作家ほか――をもたらしたのだ。」と述べている。奇しくも本稿を執筆している今（二〇〇八年一一月四日）、米国では、建国史上初のアフリカ系黒人の血を引く民主党の政治家、バラク・オバマ氏が、次期第四四代大統領に選ばれたというニュースが世界中を駆け巡っている。

一七世紀後半ごろの英国領北米植民地では、白人の年季契約奉公人の労働者を雇った時期があるが、貧民層や貧しい農民出身者、恩赦で植民地に送られる犯罪者たちからなる、彼らの輸出が英本国で商売として成り立っていたので、「高価」で多額の投資を要したアフリカ黒人奴隷貿易は遅れた。バージニア州では、一六七〇年には、人口四万人のうちで白人奉公人は六〇〇〇人を占めていたのに対して、黒人奴隷は二〇〇〇人であったとされるが、さらに一八世紀に入って、バージニア州、メリーランド州での葉タバコ栽培、サウス・カロライナ州とジョージア州でのコメやインディゴ（藍）栽培の増加で、年季明けの白人が去ってからの常雇い労働力の不足が増大した。そして、最も多くの奴隷労働力を求めたのが、英本国とニューイングランド州の綿布産業に原料を供給して、北米最大の輸出品目となるワタのプランテーションであった。北部では、冬の農閑期には労働力は不要になるが、夏が長く、土壌が肥沃な南部の大農園では、終生働く黒人奴隷を買う（彼らが結婚して生まれた子どもも農園主の「財産」となる）ほうが白人労働者よりも採算が採れると考えられた。ワタの生産州では、密貿易による奴隷輸入が一八〇〇年代になってピークに達しているが、一七九〇年の米国の人口調査では、総人口三九二万九〇〇〇人に対して黒人奴隷の人口は六九万八〇〇〇人で、その九〇％が南部に居住していた[16]。

当時はまだ、ラッカセイは登場してこないが、今日、米国最大のラッカセイ生産州であるジョージア州は、最初の英国移民が一七三三年二月に到着して創設された一三番目の植民地（流刑地だったといわれる）だったが、奴隷の輸入と所有を禁止した唯一の植民地であった。しかし、それを嫌った白人植民者が続々とカロライナ州へ移住したために、結局、禁止の法律は一七五〇年に無効になった。(15)

欧州では、フランスは一七八九年のフランス革命の後に議会で奴隷制度廃止を決議、一八一五年に廃止した。一七七六年に独立を宣言して、米合衆国が一七八三年に生まれたが、英国も、一八〇三年に帝国および全植民地での廃止を決定した。非合法奴隷貿易の多くが国旗の下で行われた。米英両国政府は、奴隷貿易を「両国の法律下にある海賊行為」とみなしたが、奴隷を「動産」として守ろうとする勢力は、英帝国に対して「奴隷貿易に関する協定」への参加を拒否し、奴隷制度を堅持するサウス・カロライナ、アラバマ、ジョージア、ルイジアナなど南部六州、そして後にバージニア、ノース・カロライナなど四州が合衆国連邦を離脱して、一八六一年二月に北米連合国を結成、四月に南北戦争が始まることになる。奴隷を解放することそれ自体が、とくに人道的意味において争点になっていたわけではなかったとされるが、一八六二年に奴隷廃止宣言を行なったリンカーン大統領は、その三年後、南北戦争が終わったその年に暗殺された。

次の言葉は、サウス・カロライナ州生まれの奴隷農園主で、州知事、下院議員、南部選出上院議員などを務めたＪ・Ｈ・ハンドによる議会での発言（一八五八年）である。(17)

「……どのような社会にも卑しい仕事や、生活に必要だが単調で骨の折れる作業に従事する集団、……知性も低く、熟練を必要としない人々の集団、……政治体制と社会の双方においてまさに最下層の人々です。……このような集団がいなければ進歩、洗練さ、文明を先導する優秀な集団も存在できません。……さいわいなことに南部ではこのような目的にふさわしい人種が見つかりました。明らかに劣等な人種でありながら、気質、熱意、気候への順応性といった条件に適合しています。われわれは彼らを奴隷と呼び、自らの目的のために使用しています。……南部の奴隷は、黒人という異なる劣等人種です。我々が与えた身分は彼らにとっては改善であり、……奴隷とされることによって神が彼らを創造した状態よりも改善を遂げたのです。」（一部、筆者略）

（2）「黒い積荷」

大西洋航路の奴隷船の多くは一〇〇トンほどで、二〇〇～二五〇人の奴隷を積んだ。奴隷貿易の文献によく引用されている、船倉内で奴隷がびっしりと並んで寝ている図は、リバプールで有名だったJ・ブルークス一族が建造して所有する奴隷船ブルークス号（二九七トン。三二〇トンともいわれる）のものである。ブルークス号の奴隷の認可積載人数は四五四人であったが、体格が異なる成人の男女、少年、少女の別に室を仕切って、さらに壁に棚を付け、座れるだけの高さもなく、二人ずつ、足かせ、手かせをつけたまま「スプーンのように重なり合って」寝る状態で、六〇九人が詰め込まれ、体の向きを変えたり、楽に横になることができなかった。奴隷たちは、アフリカの港を出てから八日間ほどして陸が見えなくなるまでは、甲板に出ることが許されなかったが、高温で多湿の上に、過密状態の船倉内は、換気不良、吐瀉物や排泄物による汚染で、きわめて悪い環境条件にあった。反乱、病死、精神的ストレスで海中への飛び込み自殺も絶えず、陸揚げされた時は、「全員、骨と皮ばかりの、まるで墓穴から出てきたような、一枚のなめし皮で身体を被った生きた骸骨」のようだったという。奴隷商人に身体検査をされて売れ残ったけが人や病人など、「屑奴隷」の値段は健常者の半値以下で、売れなかった奴隷は波止場に放棄された。

奴隷貿易の規模については、一二～二〇〇〇万人から一億人以上と諸説があるが、カーティン（一九六九）[18]

の人口調査では、一四五一年〜一八七〇年までの約四世紀の間にアフリカから送られた奴隷の数は、合計一一〇六万人といわれている。そして、奴隷たちの出発地は、コンゴ・アンゴラが三〇〇万人と最も多く、ついで、セネガンビア・シエラレオネとダホメーほかの奴隷海岸からの各二〇〇万人、黄金海岸の一五〇万人、モザンビーク・マダガスカルの一〇〇万人などとなっている。

大西洋を中心に繰り広げられた奴隷貿易がアフリカに与えた影響は計り知れない。働きざかりの若い年齢層の膨大な人口損失は、伝統的農業の発展を阻害し、非農業部門の活動と食料生産の増大の阻害へと波及した。部族間戦争の捕虜の一部を売ったり、貢納などで、奴隷貿易に手を貸したアフリカ人の中で、現地商人は儲けたが、アフリカの王たちが欧州人商人から得たのは、消費材か、銃など戦争の道具であった。欧州人に利用されただけで、アフリカ人自身による経済的自立はできず、伝統的産業が衰退した(14)。マニックスは、「奴隷貿易がアフリカにもたらしたものは、悲劇と停滞と混沌以外の何物でもなかった。英国とフランスは、多くの命を犠牲にして、かつてなかったほどの巨大な富を蓄積し、それは産業革命で大きな役割を果たした。彼らが生み出したプランテーションという農業の仕組みは、「四大奴隷作物」——砂糖、コメ、タバコ、そして、ワタの栽培のための広大な土地を拓いたが、同時に、黒人の劣等性に関する致命的、そして根強い神話をはびこらせた。奴隷制度は一八五〇年代に復活した。それは、南北戦争の勃発の起因にもなったが、戦争以外のなにものもこれを終息させることはできなかった。奴隷貿易の運命は、南軍の敗北で決定されたといえるのではなかろうか。」(土田訳)と述べている(12)。

4 奴隷船はラッカセイを運んだか?

ところで、奴隷船に食料としてラッカセイが積み込まれていたことによって、新大陸からアフリカや欧州などの各地にラッカセイが伝播したという説があるが、実は、それを裏付ける記録がほとんどない。では、奴隷船では、奴隷たちにどのような食事を与えていたのだろうか。輸送コストを下げるために、「やせ衰えていても市場へ出す前に肥らせさえすればよい」という考えで粗末な食事しか与えられなかったとする説と、反対に、「量も質も乗組員たちのそれと比べて劣るものではない。彼らが自分たちの村で食べていたものよりもずっと良いものを与えた……」とする説もある。奴隷船での食事の内容についていくつかの事例をみてみよう。

◎マニックス(一九六二)[12]

食事は午前一〇時と午後四時の二回。煮たコメ。モロコシ。トウモロコシ。煮たイモ(ビアフラの出身者)。キャッサバとバナナ(アンゴラの出身者)。煮たソラマメ(欧州では最も安い飼料用)に、ヤシ油や香辛料で味付けした汁を加えたもの。水。

◎トーマス(一九九七)[15]

「主食」は、ポルトガル船ではキャッサバ。英国・オランダ船では、トウモロコシ。王立アフリカ会社が船に準備したもの=英国製「ビスケット」、ソラマメ、ラード。アフリカ産のトウモロコシ。ジャガイモ。塩。パーム油。ビール。サイダー。コショウ。コメ。サーフォーク・チーズ。ビネガー。ジン。タバコ。フランス船では、フランスから積み込んだオート(エンバク)・シチュー。これにヴエルデ岬で仕入れたカメの乾燥肉を加えた。新鮮な野菜と水を接岸のたびに補給した。「副食」には、インゲンマメ。プランテーン。ヤムイモ。ジャガイモ。ココナツ。ライム。オレンジ。水。一八世紀後半ごろには、壊血病の予防のために奴隷たちにビネガーかライム・ジュースで毎朝、うがいをさせた。

以上のように、奴隷船の食事の記述には、インゲンマメやエンドウ、ソラマメなどは出てくるが、ラッカセイは出てこない。だが、ただ一つ、矢内原（一九七八）[19]の次のような記述がある。

「アラブ人は、サヘルースーダンの国々に、生育期間が短い草本性の作物をもたらしたが、一六世紀になると、ポルトガル人は、海路でギニア沿岸地域に適した生育期間の長い各種の作物を、ブラジルと熱帯湿潤アジアなどからもたらした。ラッカセイもその一つだったらしい。また、マンディンカ族たちは、直接ポルトガル人からラッカセイの種子を得たらしいが、セネガンビアの環境への適応が容易だったので、女性たちの担当で家の周辺の菜園に栽培し、副次的な食べ物として煎ったりして食べた。このように、ラッカセイは輸出用作物になる前から小規模な栽培が行われていた。」

そして、一七世紀になってからのフランスによる、欧州の布や銃をゴムや奴隷と交換する貿易では、ラッカセイはその対象ではなかったが、西インド諸島向けの奴隷輸出の際に、ラッカセイが乗組員と奴隷たちの食料にされたという。また、ラッカセイは、船倉内に詰め込まれた奴隷たちに、通路にばらまいて与えられたとも述べているが、残念ながら、矢内原のこの記述の出典は明らかでない。

では、奴隷船に食料として積み込まれたラッカセイによって、新大陸から各地にラッカセイが伝播したか否かについて、他の欧米の研究者たちの見解を見てみよう。

ワルドロン（一九一九）[20]は、スローン卿の『ジャマイカ植物誌』（後述）での所説として、新大陸とアフリカ間の初期の奴隷船ではラッカセイが食料として用いられており、それによってラッカセイの種子がアフリカに運ばれたであろうとし、その後のアフリカでの栽培の広がりの大きさからみて、かなり古くからアフリカにラッカセイが伝わっていたが、西アフリカの自然環境が理想的であったために急速に栽培がひろまり、一八世紀になってフランスのアフリカ植民地における大きな産業になったと述べている。

また、ポーム（一九六二）[21]は、西アフリカにラッカセイをもたらしたのは奴隷商人で、最初、輸送中の奴隷の食料に充てるために北アメリカから持ってきたものだと述べているが、その根拠は示していない。また、ジリエールら（一九六九）は、ラッカセイの旧大陸、特にアフリカへの伝播について、一六世紀の初期にポルトガル人たちによる新大陸からアフリカ西海岸地方への導入と、スペイン人たちによるほぼ同じ時代に、フィリッピンやメキシコ西海岸、中国や日本、東南アジア諸地域、インドやオーストラリアの東海岸、そして、おそらく、セイロン、マレーシア、アフリカ東海岸、マダガスカルという、二つの異なる経路があったと述べているが、奴隷貿易との関係には触れていない。

ギボンスら（一九七二）[22]は、変異が多様なアフリカのラッカセイの品種は、アンデス山脈の東側山麓部のボリビアからブラジル西部の内陸部にかけての地域でグヮラニー族が栽培していたラッカセイの系統が、アマゾン河上流域の多くの支流を経て本流に達し、行き来するポルトガル船によってもたらされたものであろうと述べている。ブルックス（一九七五）[23]は、アフリカへはポルトガルの企業が十六世紀に導入したとしか述べていない。では、ここで、米国のラッカセイの研究者たちの見解を見てみよう。

まず、ヒギンス（一九五一）[24]は、「コロンブス以前」にアフリカにラッカセイがあったとする説には全く根拠がないとした上で、一五〇二年以後には、ポルトガル船が、しばしばブラジルと西アフリカ沿岸との間を、新鮮な水や食糧の補給で同一のルートで行き来していたので、両地域の産物が諸国にもたらされたと考えることはごく自然であろうと述べている。そして、北アメリカには、アフリカから奴隷船で持ち込まれるまでラッカセイがなかったとする説がまるで事実であるかのように多くの人が信じているが、彼らは、西インド諸島や、メキシコ、そして、中央アメリカには、欧州人が北アメリカに来るずっと前から、ラッカセイが栽培されていたことを知らないだけなのだとしている。さらに、奴隷船に関する話は、スローン卿が『ジャマイカ植物誌』に、ハリソン氏が自分の庭で〈ギニアの種子〉から育てたという植物―ラッカセイ―のこと（第二章参照）を書いているなかで、「……その種子は船員たちが〈アースナッツ〉と呼んでおり、黒人の船でギニアからジャマイカへ運ばれる黒人たちに食べさせるために積みこんだものだ。……それは押しつぶすと油が滴り、アーモンドのように味が良い。これは、クルシウスが言う、ポルトガル人がサン・トメ（西アフリカ、アンゴラのギニア湾に面した島）からリスボンへ運ばれる奴隷たちに与えたナッツのことだ。……」と言っていることがもとになっていると述べている。

次にハモンズ（一九七三、一九九四）[25・26]は、奴隷船で原産地のブラジルからアフリカへ運ばれたラッカセイが、再びアフリカから熱帯アメリカ、アジア、マダガスカル、さらには北アメリカへも伝播し、それぞれの地域で栽培されて品種が生まれたとしても、北アメリカへの最初の伝播がいつごろで、また、それがどこであったかは全く推測の域を出ないと述べている。そして、「ラッカセイは奴隷船によって北アメリカに伝わったという説が長く信じられてきた。その説は、《奴隷商人がギニア沿岸部で捕まえた捕虜たちにリスボンへの航海で食料として、ある種のナッツのほかに「サツマイモの根」（原文のまま）を与えた……》という約一世紀前のクルシウスの記述の〈ナッツ〉を、スローン卿が〈アラキス＝ラッカセイ―の実〉と同定したことが根拠になっている。だが、このスローン卿の同定に疑問の余地がないか否か、判断できるほどの知見をクルシウスは与えていないという、ブルキル（一九〇一）の強い指摘がある。」と述べている。

以上のいくつかの文献で共通しているのは、奴隷船とラッカセイが関係があるという話のもとは、第三章で触れたスローン卿の『ジャマイカ植物誌』（一九六九年）の記述にあるらしいということである。

すでにたびたび引用している英国の歴史学者、H・トーマス（一九九七）[15]の大著『一四四〇年〜一八七〇年における大西洋奴隷貿易史』には、次のような新大陸の作物に関する記述がある。

「一六世紀ごろ、奴隷の送り出しの基地になっていたサン・トメ島、サンチアゴ、ヴェルデ岬諸島などにあった、ポルトガルのアフリカ会社の倉庫には、金、その他の商品とともに黒人奴隷が運び込まれていた。これらの植民地の育苗園は、東方からの〈シュラブ〉（灌木、低木）や果樹を受け入れるために拡張されていた。西方からは、初めに、ヤム、オレンジ、タマリンド、ココナツ、バナナが入り、次に、パイナップル、サツマイモ、ラッカセイ、パパイア、そして、ある時期からよく知られるようになったトウモロコシが入り、遅れて、ブラジルから、今日では主食になっているキャッサバがもたらされた。」

「セネガンビア地方では、一六世紀以来、ラッカセイ、キャッサバ、葉タバコなど、新大陸から入った作物がすでに栽培されていた。しかし、不安定な降水量のためにその栽培は少しずつしか広がらず、そのためにミレット類が主食の作物として残ったが、ワタの栽培と家畜のヒツジやヤギの飼養が増えた。」

トーマスは、スローン卿を『ジャマイカ植物誌』の著者として紹介しているが、「ラッカセイ」に関する記述についいては全く触れていない。また、一次史料を含む膨大な引用文献や、原注、索引の中に、上記のアフリカのラッカセイに関する二つの記述の出典は見つからなかった。

欧州からアフリカへ、そして、ブラジルとの間の四〇〇年にわたる、海流と風を利用した奴隷船の航海では、大西洋に面したブラジルのパラ（現在のベレム）、バイア（同サルバドル）、サン・パウロ、リオ・デ・ジャネイロ、ペルナンブコ、その他の港や都市に寄港したり、上陸したりしている。したがって、ブラジルのラッカセイが旧大陸に伝わっているであろうことは容易に想像できる。にもかかわらず、ラッカセイが奴隷船に奴隷たちの食料として積み込まれていたという話の裏付けとなる記録が乏しいことは不思議である。

イネの野生種が自生しない日本での稲作は、イネが栽培化された地域から「種子」だけが伝わって生まれたのではなく、食料として栽培する技術と目的を持って、種子を運んできた「人間」がいたことで始まった。ラッカセイが、ブラジルから食料として、アフリカや北アメリカへ奴隷船で持ち込まれていたとしても、そのころには、まだ、それを栽培する目的で、「種子」としては持ち込まれなかったと思われる。コロンブス以後、ポルトガル人をはじめとする欧州人たち、そして、奴隷貿易という彼らによる所業が、ラッカセイが作物として南米大陸以外の土地への初期の伝播にどのように関わったかについては、奴隷貿易で主役を演じたスペイン、ポルトガルにおける一次史料の発掘と検証がさらに必要である。

以上、「奴隷船はラッカセイを運んだか？」について考察してきたが、ハモンズ(26)の次の言葉でひとまず結論としたい。

「……ポルトガル人がブラジルからラッカセイを導入してアフリカの農業を豊かにし、その後、インド南西部のマラバル海岸にもたらし、さらには、その他の地域にまでもたらしたと、多くの権威ある人たちが信じている。しかしながら、ポルトガル人が計画的にラッカセイの種子をそれらの地域に導入したという証拠になる資料を、私は、まだ見ていない。……」

5 「ラッカセイは奴隷の食べ物」

西アフリカの主な国でのラッカセイの商品栽培化の歴史については後で述べるが、産業革命で工業用機械油の需要が高まっていた英国は、西アフリカで植民地として獲得したナイジェリアなど、年間一五〇〇～二五〇〇ミリの平均した降水量のある湿潤サバンナ以南の環境が適していた多年性作物のアブラヤシに特化したのに対して、フランスは、ラッカセイに特化した。これは、奴隷貿易を通じて関わりをもった、セネガンビアから内陸部にかけてのスーダン・サバンナ地域が、一年性畑作物の伝統的な輪作・間作農業が卓越する半乾燥地域であったことが背景にあった。ブルックス（一九七五）[23]は、植民地時代の米国では、ラッカセイは「グーバー」、あるいは、「ピンダール」の俗名で呼ばれ、南部で黒人奴隷たちが小規模に自家菜園で栽培していたが、解放された黒人や白人農家も栽培するようになり、大西洋航路で北部へ運ばれて、やがて、屋台や公園などで売られるようになったと述べている。「ピンダール」の語源は不明だが、クラポビカス（一九六九）[27]による、南米におけるラッカセイの土俗語名約四〇のなかには含まれていない。また、仏、西、葡語辞書にも該当する語はないが、前記のスローン卿の収集したラッカセイの現地名の一つの「ピンダリス」との関係が考えられる。

A・F・スミス（二〇〇二）[28]によれば、ラッカセイは、米国では、初めは「奴隷の食べ物」と呼ばれ、俗名の「グーバー」は、「プロレタリアのお祭り騒ぎ」と同義の言葉だとされる。同様に、南北戦争前の米国南部の貴族たちは、ラッカセイを奴隷や貧しい者が食べるものだと考えていたが、北部のエリートたちも、屑のような粗末で下品なもののシンボルのように思っていたという。南部、北部を問わず、国内の上流階級の人びとにとって、ラッカセイは奴隷と関係がある食べ物だという認識だった。このように、ラッカセイに対する蔑視の背景には、やはり、ラッカセイに対して、英国植民地時代に黒人奴隷といっしょに伝わり、彼らが菜園で栽培して食べていたものだという強いイメージがあったことがうかがわれる。

第六章「アメリカ」で述べるが、一九三〇年ごろ、ラッカセイが作物として導入された初期の米国で、ラッカセイとブタの生産地域が重なるという興味深い事実があった。これは「ホッギング・オフ」と呼ばれ、食べる目的の栽培ではなく、ラッカセイをばら播きした畑にブタを放し飼いにして、地中の高脂肪分の子実を食べさせて肥育したことによる。辞書には、「ホッグ」は、とくに去勢した（食用）雄ブタを意味するが、人間を蔑むことにも使われるとある。ラッカセイへの蔑視はこれにも通ずるものを感じさせる。だが、今日の米国は、世界で有数のラッカセイ生産国であり、最大の「ピーナッツ食文化の国」である。

6 英仏植民地のラッカセイ産地形成

（1） 西アフリカの気候と農業

西アフリカは、栽培面積では世界最大のラッカセイ産地となった。古くから旱魃が多発し、伝統的な天水農業と移動放牧が営まれてきたこの地域で、一九六〇年代以降、降水量の減少傾向が続いて主食作物の減収が恒常化し、飢餓の問題が深刻化しているが、国土面積の平均六七％は、年平均降水量四〇〇〜一四〇〇ミリの半乾燥熱帯気候に属しており、これは世界の他の国々の約二倍である。[29]

等降水量線は、最も北のモーリタニアの南部（北緯約一八度）からマリ、ニジェール南部、そしてチャド中央部（北緯約一四度）にかけて二五〇ミリ線が南東にやや傾斜して走っている。そして、南は、ほぼ

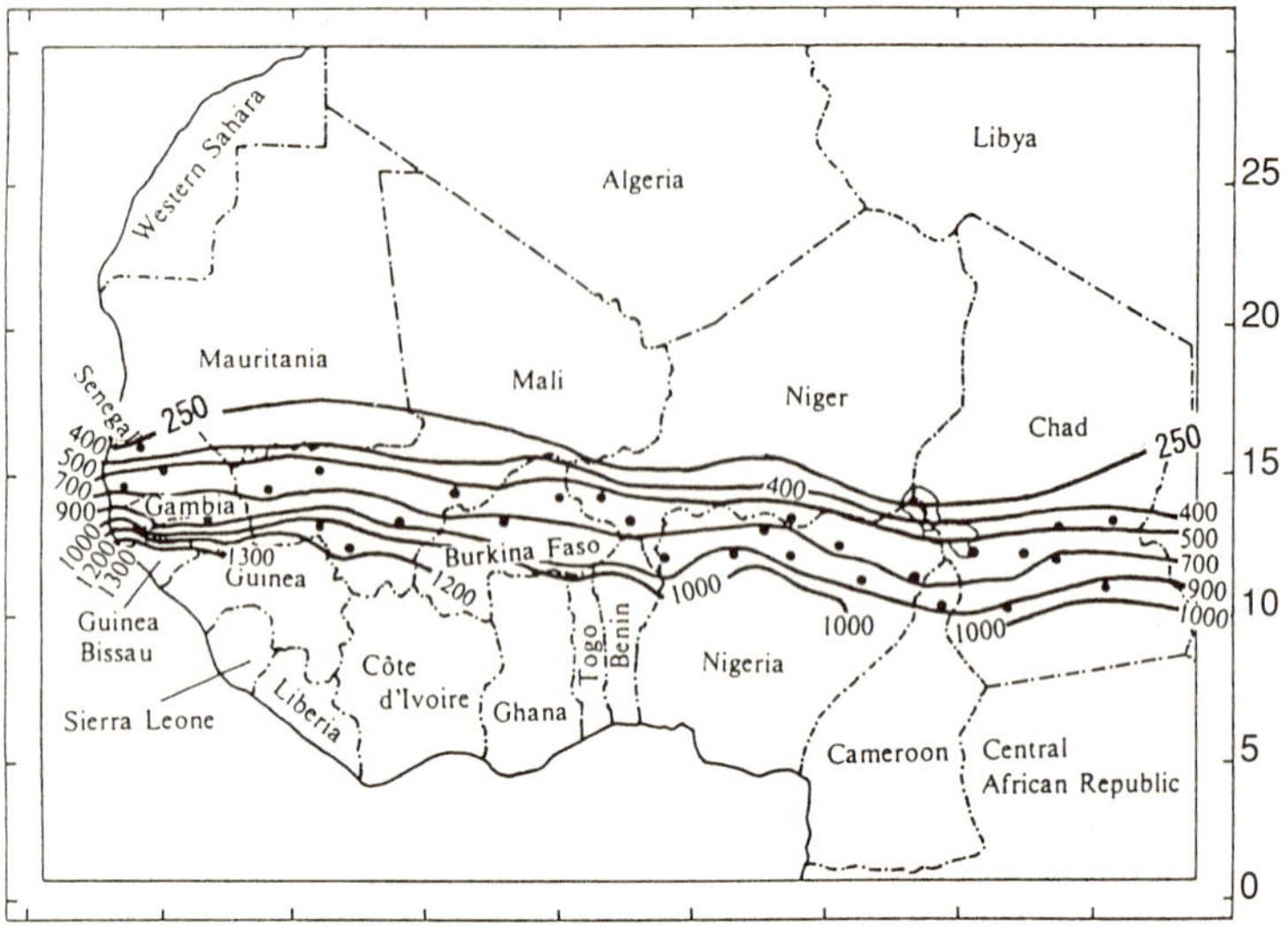

図Ⅳ－4　スーダン・サヘル地域の平均降水量（Shivakumar、1989、一部変更）

赤道に平行して、セネガルの南部（北緯約一三度）から、ナイジェリア中央部、そしてカメルーン北部、チャド南部（北緯約一〇度）にかけて一二五〇ミリ線が走っている（図Ⅳ－4）。このように緯度でわずか約五～六度の違いで、一〇〇〇ミリもの大きな年降水量の勾配があるが、この地域をはさんで北と南に位置する季節的な気団―熱帯収束帯(注)の動きのわずかなずれが、乾季と雨季が明瞭な西アフリカの各地域の降雨の不確実さの原因になっている。その結果、雨季の始まりと終わりの時期、日降水量とその時期的分布、雨季の長さなどが例年よりも大きくずれて、作物の十分な生育日数が確保できず、発芽不良や幼植物の枯死、生育量の不足などで大きく減収する。また、高気温が作物と土壌の水分ロスを増加させて旱魃の被害を助長する。平均最大風速が一一〇㎞／h（三〇・五m／s）（サマル。ナイジェリア。後出、図Ⅳ－5）という記録がある熱風のハルマッタンが、雨季の始めごろに吹くと、裸地から運ばれてくる微細な飛砂がトウジンビエなどの若い葉に積もって、その五〇℃に近い熱や、降雨があるとその重さで作物が枯死することもある[30]。

水不足で生育期間が短くなり、栽培できる作物の種類が制限されるが、これに低地力の砂質土壌、無施肥、遅れた栽培技術、未改良の品種、病虫害の発生など、多くの阻害要因が加わることで農業生産への影響が相乗的に大きくなり、その改善が遅れれば遅れるほど、村落経済の破壊が続くことになるが、このような自然的、社会的条件によって、世界で最もＧＮＰの低い西アフリカで、アフリカ原産の伝統的作物ではないラッカセイが高い地位を占めるようになった、その背景には、奴隷貿易と、欧州の旧植民地宗主国の油料原料作物の商業化政策があったことは先に触れた。また、熱帯のほかの発展途上国にも共通するが、ラッカセイが、マメ科の作物で低地力の砂質土壌に適していることや、耐乾性が優れるなどの特性のほかに、栽培が比較的容易であることもあった。

（注）　熱帯収束帯（ＩＴＣＺ）

赤道付近の北緯五度〜一〇度付近の地域で、南半球の南東貿易風と北半球の北東貿易風にはさまれて存在する熱帯西風が、東から吹く両貿易風と衝突して収束する地域。北方からくる大陸性の熱気団がハルマッタンで、収束帯の北側は、ハルマッタンが卓越して雨季が短く降水量の少ない気候、南側は、収束帯からの距離によって変動するが、雨季の期間が長く、概して降水量が多い気候となる。収束帯は、一月から八月には北上し、八月から一月には南下する。アフリカ大陸は地形的に概して平坦なので、収束帯の平行的な南北移動と、毎年の繰り返しによって、気候帯が東西に帯状に並ぶことになる[31]。

西アフリカ四地域の農業的な特徴は次のようである（図Ⅳ－４）[29・30]。

(1)　スーダン―サヘル（サヘル―スーダン）地域

ガンビア全体、南部セネガルの大部分、ナイジェリア北部、カメルーン北部、ベニン、ガーナの一部。

ラッカセイの栽培面積では、西アフリカ全体の約六〇%を占めて、世界的にも最大の生産地域。最北部から南部までの年平均降水量は、七五〇ミリ〜一〇〇〇〜一三〇〇ミリと地域差が大きい。雨季は約一五〇日。降水量と雨季の変動の程度は次の二地域より小さく、作物の種類も多い。主食作物は、ミレット、モロコシ、トウモロコシ、天水栽培のイネ。ラッカセイとワタが換金作物として栽培される。

(2) サハラ地域――モーリタニア、マリ、ニジェール、チャドの一部。

平均年降水量が二五〇ミリ以下で、農業よりも移動放牧（ウシ、ラクダ、ヒツジ、ヤギ）が主な生業。

(3) サヘル（サブ-サハラ、北部サヘル）地域

ニジェールの農業地域のほぼ全体、ナイジェリア北部、セネガルの約半分の地域、カメルーン北部、マリ、オート・ヴォルタ、チャドの一部。雨季は五月〜一〇月、六〇〜一二〇日、年平均降水量は二五〇〜七五〇ミリ。一二月〜二月がもっとも乾燥する。雨季が短く、降雨の時期的不確実性、低地力などで、耕作に適さない土壌が多い。完全な天水農業で、作物は、ミレット（トウジンビエ）、モロコシ、ササゲ、ラッカセイ。

(4) 南部の他の地域（ギニアの北部・南部、森林地帯）

穀物と根菜類が主食。永年性樹木作物の栽培が可能。スーダン地域、サヘル地域からの移動民を支えている。

（2）ガンビア

ガンビアは、セネガル内に大西洋岸から奥へ、幅が約三〇〜五〇キロメートルのガンビア川の両側に、長さが約六〇〇キロメートルの芋虫のような形で曲がりくねって入り込んでいる小国である（後出、図Ⅳ－6）。一六六一年、初めて植民者集団が入った当時の英国は、ガンビアを奴隷やそのほかの商品を扱う基地程度にしか考えていなかったが、一九世紀になってその商業的価値がなくなると、ガンビアを包囲するセネガルの宗主国フランスに対して、ほかの仏領植民地との交換を何度も交渉したが拒否され、セネガルの一部にはならなかった。ガンビア川上流からのラッカセイ、毛皮、ワックスなどを運ぶ商業活動上の問題は、大西洋沿岸ぞいに五〇〇キロメートルも南の英国領植民地シエラ・レオネの首都フリータウンにいる総督の承認を求めなければならなかった。アフリカで最小の国で、大英帝国の西アフリカにおける最初で最後の植民地だったガンビアは、一九六五年二月一八日にアフリカで三五番目の独立国となった。

ライス（一九六七）[32]によれば、ガンビアを、セネガル人が「我々の心臓めがけて飛んでくる矢」とか、「セネガルの横腹に突き立ったナイフだ」などと言い、ある米国人記者は、「セネガル・パンにはさんだホットドッグ」のような、だが、「文無しだが幸福な国だ」と評し、さらには、ある元英国総督をして「地理的にも、経済的にも不合理な存在だ」と言わしめたという。一九八二年にセネガルとの友好・協力関係をもつことに合意、「セネガンビア連邦」が発足したが、一九八九年までの短命に終わっている。米国生まれの若い記者だったライスは、この小国ガンビアの独立前後の現地取材に基づいて『愉快なガンビア建国記』を書いた。「換金作物としては、ただひとつラッカセイがあるだけだ。」と述べて、ラッカセイのことがたびたび出てくるが、「ガンビアの真の独立にはあと百年必要だ。……だが、自立への展望は絶望的だ。」と心配している。

大西洋奴隷貿易では、約三世紀の間にセネガンビアからは約三〇〇万人が奴隷として連れ去られ、それ以前に部族間の戦争やアラブ人商人によって奴隷とされた数は不明だが、その多くが欧州や、一八世紀に労働市場が拡大した西インド諸島や北米へ売られた。ポルトガル人は、奴隷売買の歴史では非難されることが多いが、ガンビアでは何人かに航海術の基礎を教え、ブラジルの植民地からオレンジ、ライム、パパイアを持ってきたし、今日のガンビアの経済を支えてくれているラッカセイを持ち込んだのは、彼らポルトガル人だとする史家の見解もあるという。ポーム（一九六一）[21]は、「……黒人奴隷貿易は既存の社会を破壊した。しかし、この貿易はアフリカに現在の富の主な源泉をなすもののうち二つをもたらした。すなわち、ラッカセイとカカオであり、この二つは今日、西アフリカの重要な輸出品となっている。西アフリカではこれらの栽培により広大な地域の様相が変わり、土地制度に重要な変化が生じた。……ポルトガル人のもたらした作物は飢饉の年になって多くの命を救った。だが、だからと言ってアフリカが欧州に恩を受けているということはできないが……」と述べている。

ポルトガル人がラッカセイを持ち込んでからも、ガンビア人は、一九世紀ごろまでは自分たちが食べる分しか栽培していなかった。それが、一八三〇年に初めてラッカセイが一〇〇俵輸出され、一八四八年には八六三六トンと輸出が激増している。ブルックス（一九七五）[23]は、もし、英国企業が西アフリカのラッカセイの商業的利用価値を見出した先駆者、そして、ガンビア産品の初期の市場創出者として評価されるとすれば、米国商人に対しては、初期の生産の増大を刺激したという役割が認められるべきだろうと述べている。

これは、庶民階級に煎りラッカセイがスナック菓子として嗜好がひろまっていて需要が増大していたことが背景にあり、一八三〇年〜四〇年代からガンビア産ラッカセイの輸入が増えている米国の最初の買い付けは一八三五年からで、それに英国も追随するが、一八三八年から一八四一年までは米国が優位にあった。それには、ラッカセイを人が食べることは考えていなかった英国やフランスと違って、米国では年齢層を問わず、煎ったラッカセイを好んで食べたという事情があった。それをまかなっていたのは、植民地時代のころから奴隷から解放された黒人や、一部の白人が栽培していた南部のラッカセイだったが、西アフリカのラッカセイの輸入が儲かることに目を付けたのは、ニューイングランドやニューヨークの商人たちだった。

一八三〇年代の末期、マサチューセッツ州のブルックハウス商会とハント商会は、往復の船便を送って大儲けをしたが、蒸気船の就航で日数が短縮されて搾油品質も高く維持されたといわれている。一八四二年に米国内の生産業者保護のためにガンビアなど外国産の輸入ラッカセイに高関税が課せられるようになって、一八四二、四三両年のガンビアからの輸入は激減した。ラッカセイは、ガンビアに経済的な利益をもたらしただけでなく、奴隷制の廃止と部族間の戦いが衰えるという、二つの歴史的価値をもたらしたが、ラッカセイの生産が増大した背景には、奴隷を所有するガンビア人たちが、奴隷の売却を急ぐよりも、ラッカセイ栽培の労働力を使って収益を増やすほうが有利だと考えたからだという英国人の見解がある。(32) そのころ、米国内では、南部産のラッカセイが北部へ移出されており、この国内生産者保護のために輸入関税が高くなってガンビア産の輸入が阻止されている。

広大な面積と総人口七・七億人(一九九九年)をかかえるアフリカ大陸では、その自然的条件と西欧諸国の植民地化が農業を最も重要な産業とし、その多様化とあわせて輸出用換金作物への依存度を高めてきた。六〇に近いアフリカの国々の経済活動人口に占める農業者人口の割合が七〇%を超える国の数はその半数に近いが、ガンビアでは八〇%を超える(FAO、一九九九)。小国ガンビアの農耕地面積は約一一〇万ヘクタールで、それは全国土面積の約一七％を占めるが、アフリカ全体の農耕地面積ではわずか〇・〇九九％にすぎない。したがって、主要な食用作物の生産量のアフリカ全体に対する割合は、主食のミレット（トウジンビエほか）の〇・五九％を最高に、コメ〇・一六％、ソルガム〇・〇九％、マメ類〇・〇五％、キャッサバ〇・〇〇七％など、当然ながらその数字はごく低い。だが、これらに対して油料種子作物のラッカセイの占める割合は一・五％と突出している。このことは、ラッカセイ生産では、世界第三位のナイジェリア、同第六位のスーダン、同第七位のセネガルの大生産国を筆頭に、ラッカセイの世界全体の生産量の約四分の一を占めるアフリカの全四七生産国のなかで、ガンビアが一五位という上位にあることにつながる。そして、ラッカセイという一作物がガンビアという小国の農業でいかに特異な存在であるかを物語っている。そして、ライスがいうように、「ガンビアの小ささを相殺する経済的利点は何もない。換金作物のラッカセイがあるだけだ！」ということになる。

すなわち、ガンビアで、一九六〇年代の輸出総額の九五％を占めて、独立までの工業と言えば二つのラッカセイの搾油工場だけだった。黒人人口の大多数は部族ごとの村落に住むイスラム農民で、「クープ・クープ」と呼ぶ唯一の農具である木製の鍬でラッカセイを栽培した。ラッカセイは、二〇〇五年度のGDPでは、その六・九％を占めて、他の主な作物（コメ、モロコシ、トウジンビエ、野菜、パーム核の合計で八・三％）を上回り、GDPの五・五％を占める製造業部門の大部分もラッカセイの加工を主とする第一次産業部門に依存するという体質は、ライスが見た当時から半世紀経った今日でも変わっていない。

「ガンビア人たちは、ラッカセイは病気も少なくて世界中でいちばん作りやすい、仕事の楽な作物だとみんなが言っている。これこそ、ラッカセイがよく出来る理由なのだ。」と述べた若い英国人農業官、ロビン・マルホランドに対して、ある村の村長が、「われわれはフラ族の者だ。ラッカセイはフラの肉でありスープである。決して粗末にはしない。」と答えたという話を彼から聞いたライスは、ガンビアのラッカセイ生産の阻害要因の一つは、重労働のトウモロコシやコメ作りは女にやらせて、男は楽なラッカセイの栽培しかやらないことだと述べている。

ここで、ラッカセイの単収の約四〇年間の変化を比較すると次のようで、ガンビアなど、アフリカ諸国では、依然、低水準にある。

ラッカセイの平均単収（莢付き、kg／ha）

①一九六一〜一九六五年平均、②一九九九年（FAO、一九六五、一九九九）

	①　②		①　②
ガンビア	六九九↓一一三四	米国	一五六四↓三〇三九
ナイジェリア	一〇〇九↓一〇五〇	中国	一一四四↓二七九九
セネガル	九五四↓一〇〇七	インド	七〇九↓　九一三
南アフリカ	七四六↓一七一九		
スーダン	一〇五〇↓　六七八	世界	八七一↓一三三六
アフリカ全体	八三四↓　八八八	日本	二一七〇↓二三三六

英本国政府は、ガンビアのラッカセイ輸出による関税収入が増えた半面、天候による不作や価格変動で打撃を受けた農民には備蓄の観念もなく、商人への前借りの返済や、高利で借りている土地代の借金がかさむだけであったので、その窮状を救うために種子を貸して支援を図ったりもしたが、結局は農民の浪費を奨励することになったのでやめている。しかし、一九二四年に農業局が創設されて改良品種の配布、施肥、耕作用の去勢牛の導入など、栽培技術の改善の指導を行っているが、一九六三〜六四年度の生産量は

七・三万トンだったが、二年後には一二万トンに増大している。独立後も、国内最大のラッカセイ搾油工場など、ガンビア経済は少数の外国人に握られていたが、当時のガンビア農民の平均年間所得は、約七〇〜八五ドルで、これはほぼラッカセイの売却で得る収入にひとしかった。国民の八〜九割を占める農民たちには農業へ投資する余裕はなかった。ガンビア川の上流域で生産されたラッカセイの輸送システムも、生産物はまず各地の貯蔵場へ運ばれ、脱莢場で剝き実にしてから、河口にあるバサーストの精油工場まで輸送する手段は舟運しかなかったが、「ラッカセイ船」の購入資金もなく、老朽船の修理コストがかさんで採算が取れなかった。ラッカセイの生産は順調でも国家予算は黒字にはならず、「独立は、ラッカセイをダイヤに変える魔法のようなものではない。一夜明ければ貧困から富裕へ変化することを意味するものでもなかった……」という独立当時の首相、D・K・ジャワラの言葉は、あきらめのようにも聞こえる。[32]

(3) ナイジェリア

ナイジェリアは、西アフリカの中ではアフリカ大陸の中央寄りにあって、東西、南北が約一〇〇〇㎞のほぼ四角形をしており、サハラ砂漠の南縁近くから大西洋のギニア湾まで広がっている(図Ⅳ-5)。前述したように、半乾燥熱帯気候に属しているが、最北部のニジェールとの国境付近では数百ミリしか雨が降らない。中央部のジョス高原に発する河川が東北部のチャド湖にそそいでいる。チャド湖は、古くから北アフリカと熱帯アフリカ、ナイル地域と西アフリカを結ぶ民族や文化の移動の中継地であり、乾燥地域の中で農業と漁業を可能にしてきたが、最近、縮小を続けており、この四〇年間に水面が二〇分の一に減ったとされている(「朝日新聞」二〇〇九年三月一日付)。ナイジェリア国内の植生や栽培作物の種類、天水依存の農耕方式の差異は、熱帯収束帯の動きに大きく支配されている。[33〜36]

一九世紀になって、英国とフランスとの間で、西アフリカにおける激しい植民地獲得競争があったが、一八八四年〜八五年にかけて開かれた欧州列強国間のアフリカ分割のルールを決めるベルリン会議で、英国はナイジェリア中部から下流のニジェール川流域の支配権を得た[37]。奴隷貿易の廃止後、内陸部の北ナイジェリアのニジェール川流域で貿易を行っていた英国系の「統一アフリカ会社」が「王立ニジェール会社」となって、沿岸地方の主な港と貿易を独占し、現地の首長や住民の激しい抵抗を軍隊の力で排除して勢力を拡大し、西アフリカでの貿易網を形成した。安い現地の資源——北部のラッカセイと綿実、東部のアブラヤシ（オイル・パーム）、そして、西部のカカオなどの作物を、自国や欧州の産業化を進める国々に供給した。その結果、現地住民の食料作物の生産が見捨てられた。

一九一四年には、民族や宗教の異なる南と北の植民地と保護領が併合され、南北両州とラゴス植民地からなる今日のナイジェリアの境界線が決定して、間接統治による内陸部の社会・経済開発が進められた。一八〇〇年代から欧州への輸出作物としてアブラヤシが大きな収益を上げるようになっていたが、英国は、石鹸やマーガリン製造原料として、アブラヤシ油とラッカセイを最も多く輸入し、コプラ（ココヤシ）、ナタネ、ダイズ、ヒマ、オリーブ油などは、他の地域から輸入している。一九六〇年にナイジェリアが独立してからも、アブラヤシとその関連製品およびラッカセイは、ナイジェリアの国家経済を大きく支える貿易商品であり、その最大の輸入国が英国であることに変わりはなかった[37・38]。一九六一年から六四年にかけて三回、アフリカを訪ねているトインビー（一八八九年生まれ）は、『ナイルとニジェールの間に』（一九六七）[39]で、「植民地支配は不愉快な歴史にちがいないが、ほとんどの国にとって……それはいわば文明への徒弟修業の代償であった……」と述べ、大英帝国時代の英国人のアフリカ（人）観が顔を出しているが、北部の都市カノで輸送を待って集積されている袋積みのラッカセイのピラミッドを見て、「……北部の南京豆は南部のパーム油とともにこの国にとってぜひ必要な外貨獲得の資源だから……」と、ラッカセイのナイジェリア経済での重要さを認識しており、「北ナイジェリアの国力は、新回教領主の即位の祝典パレードの二千人もの騎馬武者の人数ではなく、カノ郊外の平原のラッカセイのピラミッド群の容積こそがその正確な尺度なのだ。[40]」と述べている。

ブレンチ（二〇〇四）によると、ナイジェリア東北部の作物は、イモ類―八種、穀類―九種、マメ類―バンバラマメ、ゼオカルパマメ、ササゲ、シカクマメ、ラッカセイなど七種、野菜および油料―二〇種、果実類―八種、スパイス―五種、そして、タバコ、ヒマ、ケナフなど、計六〇種にのぼるが、食用作物で、西アフリカ原産か、中世にサハラ砂漠を通って導入された栽培の歴史が明らかに古いとされるものは三七種である。そして、一八～一九世紀になってから、砂漠を越えて導入されたものや、新大陸から入った新しい作物として、アジア・イネ、トマト、サトウキビ、トウモロコシ、トウガラシ、ジャガイモ、ギニア・ヤム、アマランサス、マンゴー、パパイア、エグシ・メロン、バナナなどとともにラッカセイを挙げている。そして、これらの作物は、ナイジェリア北部に住む最有力種族の一つであるハウサ族によって、植民地時代に開かれた交易ルートを経て広がったとされている。ナイジェリアへは、ポルトガル人によって伝えられたが、農民たちの間で広まるのはごく速かったとされているラッカセイは、この地域の原産の地下結実性のバンバラマメと同じ仲間と考えられて、ユングル族（ナイジェリア東部のアダマワ州に住む）の間では、両種が〈シュナラ〉と呼ばれたが、カヌリ族（ボルノ州）によって広められた数少ない作物の一つともされ、その名前の〈コルジ〉が南部の種族で借用されて、〈クラチェ、コラコチ〉などと呼ばれているという。この語源は不明だが、北部カメルーン地方のチャド語系のバンバラマメの名前からではないかと考えられている。

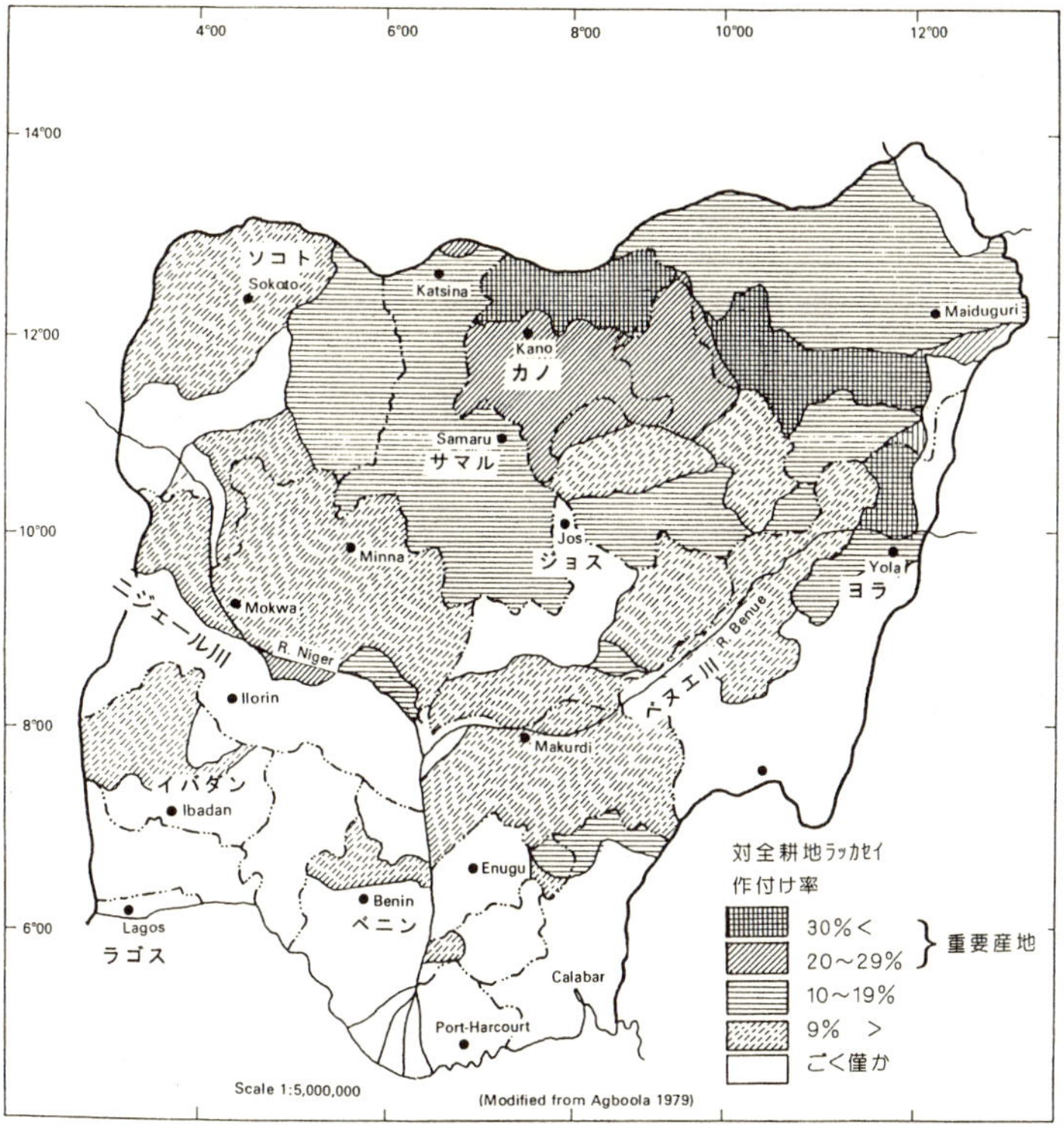

図IV－5　ナイジェリアのラッカセイ作付率から見た産地の分布（Misari ら、1980）

ナイジェリアでは、ラッカセイの栽培から収穫、集荷、野天での貯蔵に適した自然環境、すなわち、四月から一〇月ごろまでの五〇〇〜一〇〇〇ミリ降水量のある雨季と、長い乾季、砂質の土壌、そして、豊富な労働力が得られる人口の高密度地域などの条件を満たしたのは、北部の諸州、すなわち、西からソコト、カノ、カツィナ、ボルノの諸州（図IV－5）であった。セネガル（後述）のように、一九一二年にカノとラゴス間の「ラッカセイ鉄道」が開通して、その前年には二五〇〇トンにすぎなかったラッカセイの輸出量が翌年には一〇倍近くに急増しているが、仲買人により買付けられたラッカセイは、チャド湖に近い東北部のボルノ州の州都マイデュグリやヌグル、北部のカツィナなどに陸路と川で集荷され、さらに、陸路と鉄道で大集散地のカノやザリア（カデュナ州）に運ばれた。こうして、全体の八〇％以上が、カノおよびザリア経由の「ラッカセイ鉄道」でラゴス港へ、約一〇％はポート・ハーコート港（現リバー州）へ運ばれ、そして残りは、東部のタラバ州やアダマワ州などの生産物だが、ベヌエ川に面した港に集められて船でヌエベ川、そしてニジェール川を下って河口のブルトゥ港（現デルタ州）へ運ばれ、英国へ輸出された[33・34]。

ブルックス（一九七五）[23]は、西アフリカで、ラッカセイの商業的価値を発見した先駆者は英国人だと述べているが、フランスと英国が植民地政策としてその生産を推進したセネガル、ナイジェリア両国で、一九六〇年の独立後、ともに一九七〇年代まではラッカセイの生産は急速に伸びている。国際市場商品としてラッカセイは、グローバルなさまざまな要因に支配されるようになったが、その後の傾向は両国で大きく異なっている。すなわち、セネガルでは、宗主国のフランスのＥＥＣ加盟によって輸出における特恵的待遇が無くなったことや、植物性油脂原料の多様化による国際市場での競争の激化で、ラッカセイ油とその関連製品（油粕）の相対的価格が高くなったこと、さらに旱魃という共通の自然的要因もあったが、輸出作物としての重要性は失われなかった。だが、ナイジェリアの場合には、同様の理由で英国の輸入が減ったという要因もあったが、それ以外にも農業部門の発展を阻害する大きな要因があった。

すなわち、二〇〇六年度のナイジェリアの国内総生産（ＧＤＰ）の伸びは七％と高いが、一九五〇年ごろまではＧＤＰに占める農業の割合は約七〇％であったのが一九六〇年には六六％、そして、二〇〇五年には二六・八％に低下している。これに代わって、国内経済で劇的にその地位を大きく高めたのが石油部門で、二〇〇五年にはＧＤＰの約四〇％を占めるまでになっている。ニジェール川の広大なデルタでの

「シェル・アンド・ブリティッシュ会社」による石油開発の調査は一九〇八年に始まっているが、最初の商業的規模での発見は一九五六年であった。それ以後、急速に開発が進み、産油量が増加して世界で一二番目の石油生産国となった。しかし、その結果、農業部門は経済政策では見捨てられ、農産物の生産と輸出は急激に停滞し、減退に向かった。石油開発による環境破壊も農業の発展を妨げている。

その顕著な影響が、かつて輸出量では世界で三〜五位にあったラッカセイにも及んでおり、一九六〇年代をピークにして減り始めたが、一九七二年から一九八三年にかけて急減してついに輸出統計から姿を消した。一九八五年ごろになって、政府の構造改革による農業部門の見直し政策でラッカセイは生産量がやや回復しているが、生産量の増加は作付面積の増加によるものである。単収は世界平均より約三〇%低く、輸出はほとんど見られなくなった。主要輸出作物であるカカオ、ゴム、アブラヤシもかつての地位を失った。換金作物だけでなく主食食料の生産も激減した。

独立以後、すでに半世紀近くを経た今日、「ラッカセイ・モノカルチャー」が消えて、今や「石油モノカルチャー」の国になったとも言われているが、一九八一年に、政府は、「第四次国家開発計画」を開始し、それには、石油部門への依存度を低めて、小農重視への転換と食料自給をはかる、ナイジェリア版「緑の革命計画」政策を発表している。[41] しかし、「ロイヤル・ダッチ・シェル」ほか欧米の多国籍巨大民間資本と政府の合弁による、石油輸出収入に偏った経済から脱して、豊かな自然的、そして人的資源を活かした農業国として農業部門が元気を取り戻し、ラッカセイがふたたび世界の輸出統計に復活する日は来るだろうか。

ナイジェリアの広い国土とその自然環境は、本来、多様な熱帯農業発展の可能性を持っている。ナイジェリアの農業部門の低成長率の原因と発展の阻害要因は、自然的要因だけでなく、植民地時代からの遺産である、技術革新の遅れ、国内労働力の約七〇％が従事している農業生産の主力が、耕地規模が零細な小農であること、村落開発や農民への資金支援制度の不備、生産物流通市場の近代化の遅れによる生産物の高コスト化と低品質性で輸出が伸びないことなど、多くの社会的要因を抱えている。かつての食料輸出国がもはや輸入食料に依存する国になったが、低い教育水準、宗教や言語の異なる二五〇を超す種族間の対立や内戦が絶えず、軍政、さらには汚職などの問題もある。南部での大規模石油開発は、環境汚染と生物の多様性の喪失、農耕地の減少、農村人口の大規模な流入のほか、人権弾圧問題など、負の側面が大きい(34、36、41〜44)。

独立後間もないころのナイジェリアにおけるラッカセイの生産流通事情について、松本（一九六四）(45)の貴重な報告がある。当時は、カノ州を中心にした栽培は一〇〇万戸を超える零細農家によって行われており、主に女性たちが分担し、手作業で収穫から、摘莢、そして脱莢（むき実）が行われ、州政府に登録した仲買・集荷業者（農民への金貸しや、日用品の販売も行った）が、ラクダ、ロバ、トラックなどでカノにあるマーケティング・ボードに搬入、検査を受けて、政府が決めた価格で買い入れられた。合格品が袋詰めにされ、集積センターに運ばれて、一万四〇〇〇袋（約九〇〇〜一〇〇〇トン）がピラミッド型に山積みにされる。これが、有名なカノのラッカセイのピラミッドで、その数は四〇〜五〇ほどだが、多い時には二〇〇以上にもなった。袋詰めから集積、そして、輸送までの間、とくにピラミッドの積み上げには、頭に載せて運ぶ人間の足で下積みのラッカセイは何千回も踏みつけられることになる。したがって、割れ実の発生や、輸送待ちの間の露天下で、品質の低下が避けられない。合格品は、すべてカノから鉄道でラゴスに送られ、輸出農産物ごとに設けられている、独占的に国内の買い付けと輸出を行うマーケティング・ボードを通じて輸出されるが、ラゴスの埠頭倉庫ではさらに品質が低下していたという。また、連邦政府直轄の機関による検査で「不合格品」とされたラッカセイが、すべて、本社がロンドンにある世界的な製油会社「ナイジェリア・オイル会社」を含む英国系の八社の搾油業者に独占的に安く払い下げられ、それらが「高級品」である「MPS」（機械選別品）や、「HPS」（手選別品）に生まれ変わって、高価格で輸出されるという仕組みがあった。また、輸出関係の所轄大臣から部・課長まではナイジェリア人だが、次官とか、次長、補佐官というポストはすべて英国人が占めていたという。独立しても、行政能力に秀でた人材がいないというよりも、働ける成人が奴隷貿易で捕えられて国外へ売られ、教育を受けることもできなかったという植民地時代の負の遺産があるのに、依然として旧宗主国の人間がナイジェリアの権力機構の中で、潜在的に経済を支配して政治を動かし、利益を本国へ送るという仕組みがラッカセイ・ビジネスにも生きていたのである。

余談になるが、筆者が一九八〇年の七月にナイジェリアを訪ねた時、飛行機の便の変更で、カノのラッカセイのピラミッドを見ることができなかった。筆者は、週刊朝日百科『世界の食べもの』テーマ編③『雑穀とマメの文化』（一九八三年）に、雲ひとつない青空を背景にして整然と並ぶ壮大なラッカセイのピラミッドの写真の説明文を書いたが、その写真は、故中尾佐助先生（一九九三年逝去）から提供して頂いたものである。

（4）　セネガル

・フランスとセネガル、そしてラッカセイ

フランスがアフリカで植民地を獲得して、その支配と経営政策が本格化するのは、それまでのポルトガル、スペイン、オランダなどの後を追っての沿岸部での商業活動から、一六五九年にセネガル川河口のサン・ルイ島に要塞商館を建設して拠点とし、大西洋奴隷貿易競争に参加するようになるころからである。

以来、一七八九年のフランス革命、一七九一年の「人権宣言」、一七九四年の奴隷制度廃止の国民議会決議、一八〇二年のナポレオンによる奴隷制復活、そして、ふたたび一八四八年の奴隷制廃止の政令発布と揺れ動く。しかし、「合法的商業」の時代との理由づけで、一八〇〇年代後半のベルリン会議では欧州各国によってアフリカ大陸が分割され、フランスは「植民地省」を創設して、国内工業への原料供給、生産物の輸入、そして、有利な海外投資市場としての拡大を進めた。二〇世紀にはいって、第一次、第二次世界大戦、やがて、インドシナ戦争での敗北（一九五四年）を経て、「第五共和制憲法」の制定と、海外植民地領土に「隷属（加盟）か自由（独立）か」の選択を委ねた「フランス共同体」の形成（一九五八年）、そして、一九六〇年は、セネガルを含む一七の国が独立して「アフリカ独立の年」と呼ばれるが、その大半が旧フランス領で、「フランス共同体」は有名無実化し、一九六二年、最大のフランス植民地アルジェリアの独立で、「フランス植民地帝国」が終焉を迎える。平野（二〇〇二）[46]は、植民地は本国の利益のためにのみある（『フランス百科全書』）と信ずるフランスは、奴隷制を廃止すると植民地の経営が成り立たなくなることと、奴隷制の存続は革命の理念に反するということとのジレンマに悩みつつ、植民地支配を全面的に否定することにはためらいがあったようだと述べている。

フランスが約四〇〇回にわたって西インド諸島の砂糖やコーヒーのプランテーションに送ったアフリカ黒人奴隷の数は一六〇万人にのぼる。本国のフランス革命に触発されて起こった仏領ハイチにおける黒人蜂起は、最初の黒人共和国を誕生（一八〇四年）させ、ラテン・アメリカ諸国独立の誘因となったが、植民地を失った欧州諸国がアフリカへの関心を高め、労働力供給地、そして、奴隷に代わる合法的代替品としてのゴム、アブラヤシ、ラッカセイなど商品作物の交易へと向う大きな動機にもなった。

フランスの奴隷貿易を含む商業活動は、国王から特権を与えられた「西インド会社」（一六六四年設立）、

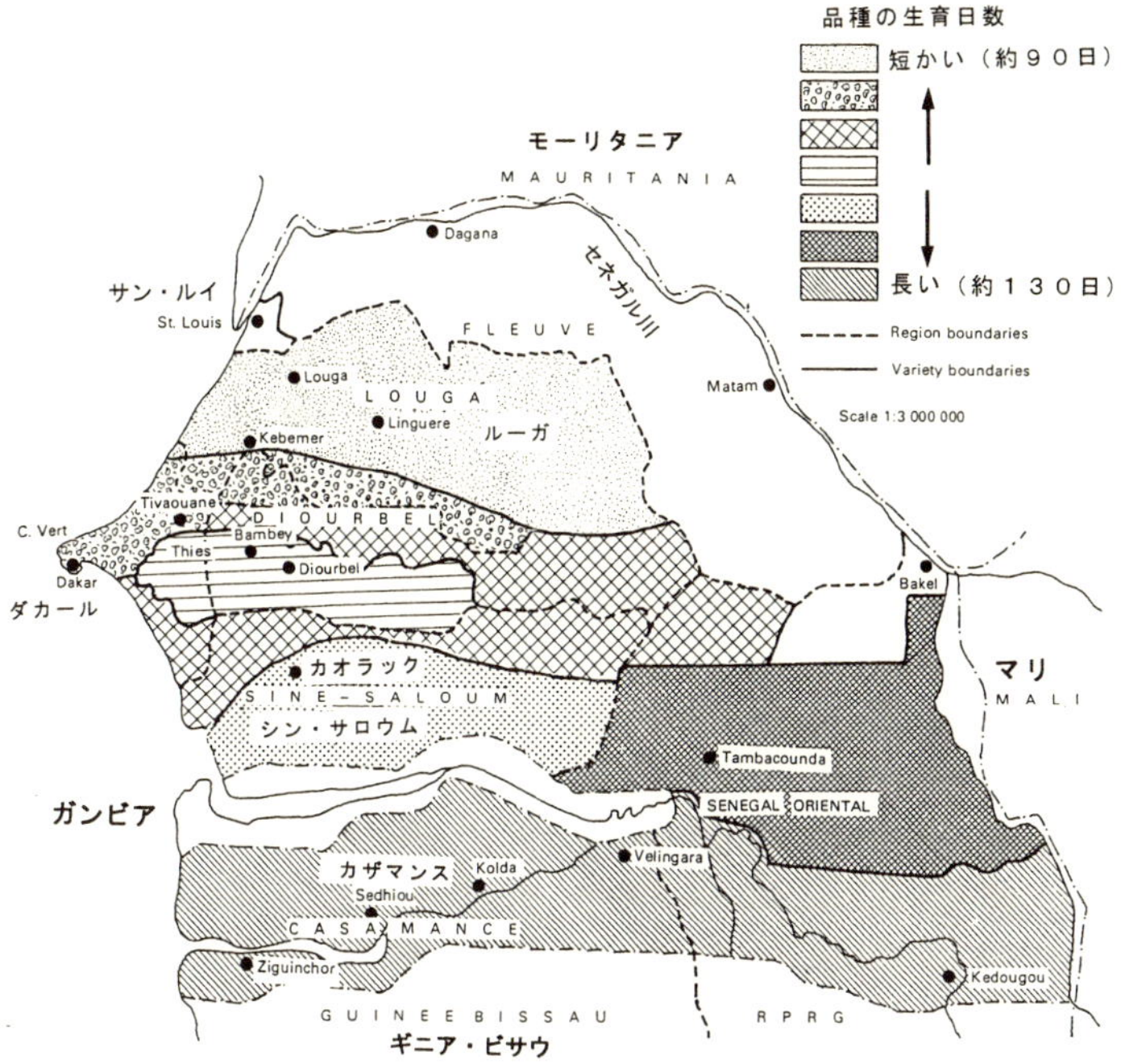

図IV－6　セネガルのラッカセイ栽培品種の早晩性による分布
（Gautreau ら、1980による）

「セネガル会社」（一六八五年設立）、「ギニア会社」（同）、「王立セネガル会社」（一六九六年設立）、「西方会社」（一七一七年設立）などが行っていた。一七一九年に、「西方会社」は、アジア貿易特権を持っていた「中国会社」および「東インド会社」と契約して「フランス・インド会社」として東西両インド貿易を独占することになる。同社は、西アフリカでは、この後、一七二六年にブラン岬（現モーリタニア）から喜望峰に至る地域で行っていた活動を、ギニア湾沿岸地域での独占権を放棄して、特権をセネガルのみに縮小したが、その活動は一七六七年まで続いた[47]。

　セネガルにおけるラッカセイの商品作物化が本格的に進むのは、一九世紀になってからである。年代を追ってその発展をみてみよう(19、23、48〜51)。

◎一八三〇年代。欧州の国々での石鹸、ローソクの原料となる油脂は主にオリーブ油であったが、ラッカセイ油やパーム油の輸入は、フランス国内のオリーブ生産者保護のための高い輸入関税によって制約されていた。

◎一八三三年。フランス人貿易業者がガンビア産らしいラッカセイ油のサンプルをマルセーユの貿易局に送って、北アフリカのアルジェリアにラッカセイ栽培を導入することを進言。

◎一八三四年。ボルドーの二商社がサン・ルイ（セネガル最北部の大西洋に面した国際港の町）にある国有のラッカセイ搾油工場の利用の認可を求めたが反応がなかった。

◎一八三六年。ベルナール将軍がヴェルデ岬半島を視察し、セネガルのラッカセイ、ココヤシなどの経済的有望性を海洋大臣に進言した。ラッカセイの可能性についてはミレット栽培で生きてきた現地の農民の理解を得ることの困難さが問題とされたが、アフリカのラッカセイ貿易についての関心は高まりつつあり、国内の南部でラッカセイ栽培を試みたフランス人企業家もあった。

◎一八四〇年。西アフリカ沿岸地方の商業的将来性を調査していたL・E・ボウエ海軍大尉らが、フランス通商局へ西アフリカ産品に対する輸入関税の減免措置を主張。農商大臣は、ラッカセイについては、莢付きに限り従来の一〇〇キロあたり二フラン五〇サンチームの輸入関税を一フランに引き下げることを決定。しかし、アフリカ産のラッカセイ油の関税は据え置きとされ、国内での搾油加工業者の利益が保護された。これによって、セネガルのラッカセイ商業化の草創期に、植民地の第一次生産物は本国で加工するという方式が強要されることになった。

◎一八四一年。セネガル産の最初のフランス向けラッカセイ七〇トンが小帆船ゼニス号でサン・ルイ港から積み出された。これは、一八三九年に、ラッカセイが高含量の油を含むことを発見していた化学者のルソーがリュフィスクの近くで試作していたもので、パリ近郊の搾油所で試験的に搾油した結果、油の品質は良く、セネガルでの輸出用ラッカセイ栽培が本格化するきっかけとなった。ルソーは、ダカールのセネガル人首長から奴隷の提供を受けた時に、「お前の奴隷たちを守れ。彼らは私たちと同じ人間だ。彼らはラッカセイと同じではない。」と言ったとされる人物である。

◎一八四二年—四三年以降。関税の引き下げで最初の恩恵を受けたマルセーユの二商社は、一八四二年にガンビア産ラッカセイを三〇〇トン、翌年には五〇〇トンを輸入している。このころのフランス人の貿易にはセネガル人も協力しており、その輸出量は英国、米国を大きく上回っている。

◎一八四五年。マルセーユの石鹸製造業者のアマとゴマ輸入の激増に、フランス北部の国内アマ栽培業者が抗議し、これらの輸入を事実上禁止する新関税法が制定された。しかし、油脂原料用の「種子（グレイン）」が対象で、「果実（フルーツ）」は除くとする一八四〇年の旧法の適用のおかげでラッカセイは対象外となった。

◎一八五〇年以降。二月革命で一八四八年はガンビア産のラッカセイの輸入が皆無になった。産業界が回復して再び輸入が増大するが、その背景には、一八四八年の奴隷制の廃止や、ゴム市場の低迷でラッカセイへの関心が高まったことと、フランスの主婦たちが料理に用いる油を高価なオリーブ油よりもラッカセイ油を使うようになったことがあった。また、フランスの貿易業と産業界とに油脂原料に関してラッカセイが大きな利益をもたらした間接的要因には、英国が石鹸製造などの原料にパーム油を使ったことによる恩恵もあった。これは、西アフリカでの自国植民地が湿潤熱帯にあった英国と、半乾燥熱帯サバンナ地域にあったフランスとのこれまでの長い貿易戦争の結果から生まれた地政学的、経済生態学的棲み分けの表れでもあった。一八八五年のダカール―サン・ルイ鉄道の完成を契機として、セネガルのラッカセイは、フランスの油脂産業と植民地経済に大きな役割を果たすことになる（後述）。

・「ラッカセイ盆地」と「ラッカセイ鉄道」

輸出先への搬出や船積みのコストが大きいと輸出はむずかしくなるので、セネガルのラッカセイの生産は、まず北のサン・ルイ港や、ダカール港に近いリュフィスク、ゴレ島の港の近辺の地域で始まった[19]。今日では、最北のフリュゥヴ地方から、「ラッカセイ盆地」と呼ばれる、大西洋沿岸のダカール州およびティエス州、ジュルベル州、ファティク州、カオラック州のシン川とサロウム川の流域（「シン‐サロウム地方」）、そして、南部のカザマンス川流域まで、広い地域で天水依存の栽培が行われている。シン‐サロウム地方は、かつては「旧ラッカセイ盆地」と呼ばれたが[51、52]、今日の国土面積の約三〇％におよぶ「ラッカセイ盆地」の約七〇％を占め、トウジンビエやモロコシなど穀類の生産地でもある。また、一四世紀ごろから一九世紀ごろまでは、ウォロフ族の帝国（ジョロフ帝国）が支配していた地域でもあった[53]。「ラッカセイ盆地」は、植民地時代からの貿易港、そして、政治、経済の中心地として栄えた首都ダカールの後背地にひろがり、近年、人口の過密化が進んでいるが、農業への資本投下量の不足、改良品種や栽培技術の開発と普及の遅れに加えて、旱魃の発生でラッカセイの収量が低下し、貧困化が加速している。サロウム地方の中心地のカオラック市に、ルーガ、ダカール、ジューベル、ジガンショールとともにラッカセイの大規模な搾油工場がある（CIRPED、二〇〇八、www.au.senegal.com / L-agriculture-senegaloase.html.2008）。

フランスが、セネガルを利益があがる植民地にする手段として、ラッカセイを重視した換金作物経済を思いついたのは一八四七年であったと、フィンク（二〇〇七）[54]が述べているが、マスターズ（二〇〇七）[55]は、セネガル経済の歴史における大きな疑問として、なぜ植民地政府がラッカセイを基幹作物に決めたのか、そして、そのラッカセイ栽培が、なぜ長期にわたって持続されたのかの二点を挙げて、その答えは、ムスリムのリーダーの支配下にあった「ラッカセイ盆地」と呼ばれるようになる地域で、一八四八年に解放された多数の奴隷たちがラッカセイ栽培の仕事を得ることができたこと、そして、この産地から海岸地方を結ぶ鉄道が開通したことだとする見解を支持している。

当時のアフリカでは、一八五〇年代に建設された、アフリカ大陸からインドへの紅海ルートにつなぐエジプトの「アレキサンドリア―カイロ鉄道」や、一八六七年のキンバリーのダイヤ発見を契機にして、一八八五年ごろから大建設ブームが起こって建設された、オランダ、後に英国の植民地となったケープ植民地（現在の南アフリカ共和国ケープ州）とナタール植民地（同ナタール州）の鉱山開発を目的とした鉄道がある。そのころから農産物の輸送のために建設された鉄道の代表が、ダカール―サン・ルイ間の「ラッカセイ鉄道」や、ナイジェリアのラゴス―カノ間の「ラッカセイ鉄道」（一九一一～一二年開通）[34]であった。このほか、「パーム鉄道」、「ココナツ鉄道」、「カカオ鉄道」[49]、「綿花鉄道」など、植民地の一次産品の輸送で宗主国の経済に貢献した鉄道が各地に建設されている。

「ラッカセイ盆地」と呼ばれるくらいにラッカセイの産地が拡大するにつれて、産地からの輸送キャラバンの編成規模の拡大や、集積基地の建設が必要になった。そして、ロバやラクダに依存していた陸上輸送の形態では、もはや追いつかなくなり、ダカール―サン・ルイ間をむすぶ鉄道建設計画は、セネガルの南と北の両極を結ぶものとして一八八〇年二月五日の法令で確定した。当時、ダカールは正確には南の極ではなかったが、ガンビアの存在で、フランスの実質的な支配が及んでいる領域として地政学的に重要な意味をもっていたので、周辺地のカヨールやバオル地方の経済的な発展が必要であった。セネガンビア地方では六月から一一月までが雨季になるので、一八八二年の一二月からの着工が予定され、予想された現地の工事に反対する勢力の妨害をさけるために軍隊も派遣された。過酷な自然条件に加えて、黄熱病の流行、そして、労働力の不足などの問題もあって、当初は、工事の進展が遅く、雨季中も工事が行われたが、順調に進行して着工から約三年半で全路線（二六三㎞）が開通し、セネガルの経済が、欧州の油料原料の需要の増大によって換金作物生産を通じて世界市場に組み込まれていくという、歴史的な変革の岐路となった。[51]このダカール―サン・ルイ鉄道は、さらに、ティエスから「ラッカセイ盆地」を東へ、シン‐サロウム地方、タンバクンダウム州を横断して、隣国マリのカイエス、そして、ニジェール川上流のバマコに通ずる「ダカール―ニジェール鉄道」に発展するが、一九二三年の完成まで、ダカールでの着工から実に四一年を要している。

当時、カヨール王国のダメル（王）であったラト・ディオルは、その支配地を横断する鉄道の計画に反対の意思表示をセネガル総督に繰り返し行うとともに、地方の首長たちに呼びかけて兵士を集めたりもしているが、後には、雇用期間は乾季の一二月一日から五月一五日までとし、日当とコメを支給することなどを条件に、工事への労働力の提供に協力する協定を結んでいる。ダカール―サン・ルイ間の鉄道の開通は、ラッカセイの栽培面積の拡大と、産地のより内陸への移動をもたらしたが、それは、同時に、多くが非イスラムで、セネガル最大の部族、ウォロフ族の王国のダメルたちが持っていた農民たちからの徴税権を奪い、ラッカセイの中間商人としての収入が減って、彼らの存在を弱体化することになった。さらに、奴隷売買という大きな収入源を失ったことも彼らのフランスに対する不満を募らせた一因になって、ラト・ディオルは、一八八六年の一〇月に、百人足らずの兵士を集めてフランス軍と戦ったが、敗れて死んでいる。彼の死は、事実上、「ラッカセイ盆地」におけるカヨール王国の崩壊を意味し、以後、フランスがウォロフ族を支配下において主権を明確にするようになる。フランスは、諸王国の弱体化を図るために人頭税を課すこともしているが、六行政区からなる「カヨール連合」を設けて各族長会の議長を徴税人に任命し、徴税額の四分の一をフランスに納めさせ、また、ダメルたちが持っていた、輸出品価格の三%相当額の課税と徴収の権利も認めている。ラト・ディオルの死後、フランスとの敵対行為を止めた有力者たちも、奴隷狩りをやめて農業へと移行している(19、54)。

・ラッカセイ産地の拡大と部族農民

ラッカセイは、セネガルの農民にとっては伝統的な作物ではなかったが、自家用に栽培して、彼らの土地の土壌に適した作物であり、あまり手をかけずに作れることなどを知って、受容が進んだとも言われている。フランスは、生産量を確保するために、農民たちに種子を貸与することもおこなったが、一八六〇年代にイナゴの大発生や旱魃で、農民がその種子も食べてしまったこともあった。乾季の食料の欠乏の時に、翌年の収穫物で同量を返済する約束で、ラッカセイといっしょに食料のモロコシを与えることもしている。だが、すでに自給自足経済から貨幣経済に組み込まれた農民たちは、税金の支払いや、食料、生活物資の購入には現金が必要で、ラッカセイ油の国際相場の下落でラッカセイの価格が下がっても、また、連作の影響で収量が減っても、ラッカセイの栽培を続けざるを得ず、生産量の増大には耕地の拡大しか手段はなかった。このことによって家長制による家族の共有地の耕作ができなくなって、家族のあり方が崩壊したことも指摘されている。また、遊牧民のフルベ族との間に摩擦を起こして、フルベ族が間接的に鉄道建設による影響を受けている。

また、本来、ウォロフ族は移動遊牧民であったことにもよるが、新しいラッカセイという作物にはあまり関心がなかったとされる[19]。彼らは、焼畑によるミレットとラッカセイの輪作を、地力が低下して収量が上がらなくなるまで無施肥で栽培を続けて、その後、一五～二〇年間、休閑するという伝統的な農業をやってきた。そして、新開地では全耕地の六〇％を換金作のラッカセイにあて、主食のミレットは四〇％しか作付けしないので、人口圧の増大で耕地が足りなくなると、次第に休閑の期間が短くなって地力が回復せず、ラッカセイの収量は、カヨール地方では七〇〇kg／ha以下まで落ちたといわれている。これに対して、スーダン地方からマンディンゴ族に追われてシン‐サロウム地方に定着したセレル族は、耕地の作付け割合を、主食のミレットの一〇に対して、換金作のラッカセイは七に抑えた。ラッカセイ、ワタ、キャッサバは単作で栽培したが、輪作や、三年間の休閑の耕地には家畜の放牧や施肥を行って肥沃化を図ることもした。フランスは、このようなセレル族を、農民としてはウォロフ族よりもすぐれるとして、新開地でラッカセイ栽培を行わせるために移住させることも試みている。

また、ラッカセイの栽培期間の四か月間に集中する労働力不足は、スーダン（現マリ）から徒歩で南下してきたバンバラ族やギニアからの出稼ぎの季節労働者―ナベタヌ（注）で補った。彼らは、ディアチュギ（バンバラ語で耕地単位の長老）の元に寄宿して、家族に準ずる客の身分で、耕地と種子、そして、住居、食糧を支給され、週四日間、午前中働いて、残りの時間は自分の畑でラッカセイを栽培し、その収穫物の処理は自由とされたので、売って得た収入を持って郷里に帰った。バンバラ族は勤勉であったために歓迎され、一九三二年には、ダカール商業会議所が鉄道運賃の優遇策や生計費の前貸しも認めたが、彼らのセネガルへの定着を懸念する意見があって続かなかったといわれる。このほか、一〇月のラッカセイの収穫期にだけ働く労働者―「フィルドゥ」もあった。一九三八年に、マリでは税制の優遇策が執られたこともあって、農民のラッカセイ栽培意欲が高まり、セネガルへのナベタヌ(注)の数は減少したが、一九三九年以前の数年間は全体で約七万人がいた。ナベタヌの制度は第二次大戦後も続いており、セネガルの西部から毎年、数万人がやってきたといわれる。

(注)「ナベタヌ」

「ナベタヌ」の語源についてブルックス(23)は、ウオロフ語で熱帯の六月~九月までの雨季を意味する〈*navet*〉や、フランス語の〈*faire la navette*〉――車や人が二つの地点をしきりに行ったり来たりすること、あるいは、フランス人が雨季の間、欧州へ帰る長年の慣習――〈*hivernage*〉(熱帯地方の雨季、越冬などを意味する)などに由来するのではとしている。また、バディアーヌ(52)は、「ナベタヌ」はウォロフ語で、雨季の間だけラッカセイやミレットの栽培に従事して、現金または現物支給で働く短期間の応援労働者だと述べている。

・ラッカセイの商品作物化と農民の抵抗

モイット(二〇〇八)(51)は、一五世紀の奴隷貿易とともに始まったセネガル経済の世界市場経済への統合は、それから一八一七年の大西洋奴隷貿易の廃止まで(第一期)、ついで、一八三〇年代の植民地貿易経済の確立(第二期)まで、そして、一八三〇年ごろに始まって一九六〇年(セネガルの独立)に終わる第三期とに分けられるとし、この間のダカール―サン・ルイ鉄道の開通は、一つの重要な転換期となったと、岡倉(一九八二)(48)や、マスターズ(二〇〇七)(55)と同じ見解を述べている。

セネガルの農民は、フランスの植民地政府の権力や商人たちから、ミレットやモロコシなど伝統的な主食作物ではない、ラッカセイという外来の作物を換金作物として栽培することを「強制」されたが、その反応は、生業形態や農耕様式を異にする部族の民族性によって異なったことと、特権を奪われた旧王国の王や有力者たちの抵抗については先に触れた。農民は、ラッカセイの導入後、奴隷制度廃止や、二度の世界大戦を経て経済不況の影響を受けながら世界市場経済のなかに組み込まれていくが、その過程では、次第に油料原料として重要な国際的商品作物の地位を占めるようになっていくラッカセイの価格変動に翻弄されることになる。農民たちは、その行動様式は、精神的にはイスラムという宗教的、道徳的な規制も受けてはいるが、フランスの権力や商業資本の圧力に対して、貨幣経済の中に置かれた自分たちの立場を守ろうと抵抗した歴史もあった。

セネガルからのラッカセイの輸出量は、ダカール—サン・ルイ鉄道が完成した一八八五年を境にして、産地が東部やカザマンス地方へ拡大したことや、鉄道の延長によって生産量が増えたが、一九一四年に第一次世界大戦が始まって、欧州市場の需要が減退して本国からの資金流入も途絶えたこと、さらに、西アフリカのほかの地域(38)と同様に、セネガルでも多数の農民が兵士として、また、輸送に携わっていたセネガル人も強制的に動員されて、植民地の労働力が減り、ラッカセイの生産量が激減したことなどで、価格が暴落した。これに対して、農民は、行政や市場に対してラッカセイの作付けを拒否して、価格が高騰した食料のミレットの作付けを増やして抵抗した。ラッカセイの価格は戻ったが、なお一部の農民は売るのを控えたので、一九一五年の輸出量が約三〇万トンだったのが翌年産の輸出量は約一二万トンと半分以下に減って、価格が再び高騰している。その後も価格の変動は続いたが、この間に、シン—サロウム産地では、一九一四年には一〇〇kgあたり一五フランだった主食のコメの価格が、翌年には五〇フランに値上がりしたまま、大戦が終わった一九一八年以後も高値が続いた。旱魃の発生もあって食料不足がますます厳しくなり、農民は税金や、食料、生活用品の購入のための現金が必要で、そのために唯一の収入源であったラッカセイを減らして、より高値になっているミレットの作付けを増やす戦術に転換していった(表Ⅳ-

表IV－2　セネガル「ラッカセイ盆地」のラッカセイの価格変動と関係要因＊

年　次	価格：フラン／莢付き100キロ	関　係　事　項
1840	16	（サン・ルイ港積み出し価格）
1850	20	（同）
1885	26	（同）輸出量：45,000トン：「ダカール－サン・ルイ鉄道（ラッカセイ鉄道）」完成
1889	27–28	
1896		産地がカヨール―バオルへ拡大―「ラッカセイ盆地」と呼ばれる
1900	25–27.50	（同）輸出量：100,000トン
1910	20.8	（同）輸出量：227,000トン
1912	25.5	産地の中心を通る鉄道のカイエス（マリ）まで延長予定沿線の平均買付価格：20フラン
		（ミレット価格20フラン／100キロ）
1914	30–40	（第一次世界大戦始まる）農民が兵士に動員され、ラッカセイ生産減少、価格高騰
1915初期	10	シン－サロウム産：7.25–7.50フラン
〃		1914年産輸出量：303,000トン
	5	農民が価格暴落に抗議、播種を拒否（食料不足続く。ミレットの作付を増加）
1916	17.5–25.5	価格戻る、農民なお作付けせず。市場の要求も拒否
〃	32.50–40	価格暴騰、シン－サロウム産も26–37フランになる
		1916年産輸出量：124,140トンに激減
1917	17.5–25	鉄道沿線の価格、戦前に戻るが価格変動が大
		ラッカセイ油価格：1.50–1.75フラン／リットルから2.50フランに高騰
		（穀物価格：1914年カオール産コメ／100キロ＝15フランから16年には40フランに高騰
		ミレットも高騰）
1918		（第一次世界大戦終わる）
1919		（旱魃発生）
（1920年代）		フラン下落、「ラッカセイ黄金時代」、輸送がトラックになる（1925年～）
		（食料の不足が進む：ミレット生産量1918年の半分まで落ちる。）
1923		「ダカール―ニジェール鉄道」完成、輸出量400,000トンに増加
1925–		価格が史上最高値で推移
1928	150	（ミレットの不足で価格がラッカセイの二倍以上になる）
1929	95–85–50	内陸部産地で価格低下、農民ラッカセイを売り急ぐ。戦前の価格まで暴落
1930	24	（サン・ルイ港積み出し価格）輸出量：508,195トン
		フランス、ラッカセイ生産増大のキャンペーン―「ラッカセイ戦争」
1931	35	不況下で欧州業者に対抗して農民によるラッカセイ搾油が復活、ブームになる
		（コメ価格：160フラン／100キロ）
1929–39		第二次世界大戦（1939–1945）。セネガル経済が世界市場経済の支配下に入っていく―
		欧州市場におけるインド産ラッカセイとの競争

＊矢内原（1978）、岡倉（1982）、Moitt：(2008, pdf) ほかにより作成。

2)。

このような農民側の動きに、フランスは、すべての首長たちにミレットの作付けの増大がラッカセイの生産量に影響することがないように命じたが、農民側は、とくに鉄道沿線の地域でミレットの作付けを優先する戦術を続けた。リュフィスクの商業会議所は、農民たちのラッカセイの作付け減少で搾油工場の操業停止や、ラッカセイ油価格の高騰が起こらないように、行政に対して、ラッカセイ作付けが回復するために可能な限りの手段を取ることを求めた。行政側は、農民に十分なラッカセイの播種用の種子を確保させることや、一九一六年には、行政と商人が二年間にわたって種子を数千トンずつ供給することも行っているが、一九一八年の播種期は最悪の状況になった。

大戦中の一九一七年の五～六月期には、一リットルが一・五～一・七五フランだったラッカセイの精製油の価格が、その年末ごろに二・五〇フランまで高騰したが、ラッカセイの生産を増大するためには価格の安定策が必要だと言いながら、農民には課税という制裁を加えるだけの行政や、利益優先のフランス人業者たちに対して、農民たちが思いついたもう一つの戦術が自分たちで搾油して売ることだった。彼らの搾油した油は品質が劣るといわれ、おそらく工場製品よりは価格は低かっただろうといわれているが、伝統的な臼と棒を使っての簡単な手作業で、自らラッカセイを製油して欧州業者に売ることが有利であることを農民たちは見逃さなかった。

フランス本国では大戦後の不況でフランが下落するが、需要の増大で、セネガルでは、ラッカセイが有望な商品となり、一九二〇年代は「黄金時代」と言われたが、一九二三年には、「ラッカセイ鉄道」がマリのバマコまで開通して、ダカール－ニジェール鉄道が完成し、さらにラッカセイ産地が拡大する。そして、一九二八年には一時、価格が一五〇フランという史上最高値を示したが、一九三〇年には二四フランに大暴落している。この時期の価格の変動は、大戦直後の経済のブームと崩壊のサイクル、すなわち、アフリカ農産物に対する需要の増大とグローバルな投機熱(38)、他方で、海運サービスの不足と欧州諸国の購買力の減退で、植民地物産の価格上昇が短命であったことを反映している。一九〇〇年ごろからの世界恐慌は第一次大戦で中断されたが、一九三〇年代になると、欧州市場では、世界第一位の生産国である、英国植民地のインド産のラッカセイとの競争も生まれ、セネガル経済とラッカセイ栽培農民たちは、さらにきびしい世界市場経済の支配下に取り込まれていくが、なおラッカセイは有望な輸出商品作物であった。

しかし、人頭税だけでなく、家畜にまで課税されるようになって、ラッカセイ価格の下落で農民の収入が減ったことも背景にあったが、徴税の時期になると村を出る農民もいた。因みに、一九三〇年当時の人頭税は二〇フラン、ロバは一頭につき九フランであったが、ラッカセイによる農民の収益は、最多収のヘクタールあたり八五〇kg、価格が一〇〇kgあたり三五フランとして、ヘクタール当たり二九七・五フランの粗収益になる。これに対して、コメは最低でも一〇〇kgが一六〇フランしたので、ラッカセイ一ヘクタール分で、コメは一八五・九kgしか買えないことになる。当時のラッカセイのヘクタール当たりの平均収量は、南部のシン－サロウムでは七〇〇～八〇〇kgと高いが、カヨール、バオルでは四五〇～六〇〇kg、北部のルーガではさらに二五〇～四五〇kgと低いので、食用や種子用に残すと農民が売れる量はわずかになる。フランスは、「バタイユ・ド・アラキーデ」(ラッカセイ戦争)と称して農民に生産増大のキャンペーンを行い、早掘りして売る農民には三日間の禁固刑を科すと脅かすこともやっている。これに対する農民の抵抗が、前述のラッカセイ作からミレット作への転換や、地元製油の復活であった。

この地元製油の復活について、モイット(二〇〇八)(51)は、当初、行政側は、農民の自家用の消費であり、フランスの製油産業にとって影響は小さいと考えていたとされる。しかし、ラッカセイの価格が上昇しても農民が売らずに備蓄したり、自家製の油を消費していることに対して、収穫物は、種子用以外はすべて売るようにと、行政側の農民への監視が厳しくなったが、事実上、農民たちの製油が産業化したと述べている。ダカールとリュフィスクの商業会議所は、農民たちによる地元製油は無税でやっていて、欧州系製油企業にとって不公平だと抗議しているが、一九二八年ごろに二〇万リットルの油を生産していた企業は、自社製品が売れないことを悔しがったという。

一九三二年九月に、フランスは法律を改正して、農民がラッカセイを栽培しても利益にならないように、油としての流通、販売、購入を、ラッカセイの取引が終わる三月から八月三一日までの六か月間、禁止することを試みた。これは、この期間の前半は乾季で、搾油のような作業にはきびしい時期になるので、ラッカセイを保留する農民への圧力となることを期待したものだったという。しかし、法律改正の効果がなく、依然として地元製油には活気があり、結局、フランス行政側はこれを容認するが、地元製油は欧州製油業界にとってのライバルであり続けた。高含油量の品種では、一〇〇kgのラッカセイの搾油歩留まりは一〇〜二五リットルで、収益が四〇〜五〇フラン以上となり、ラッカセイを売るよりも有利だった。

農民は、ラッカセイより得だと知って、家畜を欧州系商社に売ることも行っているが、一九三五年の第三四半期以降には、地元製油に回ったラッカセイの総量は約二万トンに達し、製品はダカールでも売られ、ルーガにある欧州系製油業者との間で熾烈な競争を展開した。その後、一九三九年に第二次世界大戦が始まり、慢性化した不況の状態は欧州宗主国だけでなく、植民地にも波及する。セネガルのラッカセイ栽培農民たちが第二次大戦前期の大不況時代を耐えるのにとった戦略も、ラッカセイの作付けと収穫物売却の拒否、ミレット栽培への転換、そして、ラッカセイ製油の企業化であった。しかし、すでにセネガル経済自体が従属している世界市場経済との結び付きの下では、農民たちの採った戦術では、自らを市場の盛衰から解放することはできなかったと、モイット（二〇〇八）[51]は結論している。

・独立後のセネガル経済とラッカセイ

セネガルは、一九六〇年の独立後も、産地が「ラッカセイ盆地」からさらに東部に拡大したラッカセイという輸出作物依存の経済構造から逃れることができず、世界市場の変動と連動したさまざまな経済的、社会的要因、さらには、常襲する旱魃の影響で、そのひずみが拡大した。ケリーら（一九九六）[56]と、バディアンヌ（二〇〇二）[52]は、セネガルでは、独立から以降は、農業生産の停滞と減退の時代だったとしているが、五年ごとのラッカセイ経済の状況を次のように規定している。

1．一九六〇〜一九六七年＝ラッカセイ輸出による経済の高成長の時期。
　全貿易収入の七八％をラッカセイ輸出で稼いでいる。天候に恵まれ、また、フランス市場への特恵的輸出、政府系機関による専売の維持、ラッカセイ部門の関税障壁による保護という後押しもあった。
2．一九六八〜一九七三年＝ラッカセイおよびその関連生産物需要の国際化時代への移行期。
　フランスのＥＥＣ加盟で、輸出での特恵待遇が受けられなくなった。
3．一九七四〜一九七八年＝世界市場における他種油料種子作物との競争激化の時代。
4．一九七九〜一九八六年＝ラッカセイの国際市場価格の暴落期。
5．一九八七年以後＝ラッカセイ輸出部門の危機の時代。

一九七〇年代は、世界需要の減退、サヘルの厳しい旱魃、米国のラッカセイの減産、旧ソ連の大量穀物買付けなどで、セネガルのラッカセイ輸出価格は大きく変動した。欧州市場では、ラッカセイから、ダイズ、ココヤシ、アブラヤシ、ヒマワリなど、他種の油料種子原料への転換政策が進んで、生産国はそれらの生産能力を増大させつつあったが、セネガルのラッカセイはそれらとの激しい競争に曝されることになった。

そして、一九八五年～一九九八年の時期には、ラッカセイ関連の輸出は全輸出高の六三％（ラッカセイ油が、その七五％）を占めたが、過去二〇年間に比べて収益、数量ともに減っており、大規模な輸出の民営化や貿易の自由化のキャンペーンにもかかわらず、一九九〇年代は生産が減少を続けている。セネガルのラッカセイの低い生産性や、資材投入量の不足は、国際市場での米国、インド、アルゼンチンなどの国々との競争で極めて不利であった。セネガルの国家予算の赤字は増加を続け、経済的状況の悪化を緩和するために、政府は、「新農業政策」として全貿易収入に占めるラッカセイのシェアを、一九八五年度には、前年度の二三％から一三％にまで下げることを決定しているが、その目的は、二〇〇〇年までに穀物の生産を自給できる水準にまで高めること、作物の種類を多様化すること、そして、市場の自由化、信用と生産資材供給構造の整備をすることなどであった。しかし、すでにラッカセイ盆地の約三割の農民はミレットやソルガムなどに転換しており、ラッカセイの生産は減少して、ラッカセイ輸出部門の危機の時代に入っている。西アフリカのほかの生産国にも共通するが、天水条件下でのラッカセイ作の生産性を高めるためには、低地力の改善、耐乾性や適度の休眠性を持つ品種の普及、優良種子、肥料、農薬などの資材投入、畜力の導入など、課題は多い。

第五章　インドにおける落花生の歴史と文化

1　農業部門の停滞

独立してからまだ間もない一九五一年に始まったインドの「五か年計画」（文献註）は、第一一次（二〇〇七〜二〇一二年）が進行中である。旱魃による大凶作や経済の不振、政権交代などによる計画の中断もあったが、[1]農業、灌漑、および洪水調節への実質支出の計画総支出に対する割合は、第一次計画での三七％を最高に、第八次計画までの約四〇年間の平均では二四％と、農業部門への重点的な予算支出が行われたが、第一〇次計画でも一六・五％が支出されている。批判もあるが、「緑の革命」と呼ばれた生産増大のための農業技術開発を中心とした政策の成果で、主食穀類の自給を果たし、インド経済の発展が世界的に注目されるようになった。しかし、人口の増加は続き、一九九〇年代になって、インドの主要な作物生産の成長率は減速から停滞、さらに下降に転じている。最近では、貧しい農村の人口が六億を超え、国全体の経済成長率は八％台を維持しながらも、一九五〇年代まで五〇％を超えていたＧＤＰに占める全農業部門のシェアは、二〇〇〇年代になってからは二〇％を割り、二〇〇四年には一八％まで落ち込んで、[2]農民の生計を支えるべき持続的農業が危機的状況にある。農業分野での補助金制度の廃止、輸入関税の切り

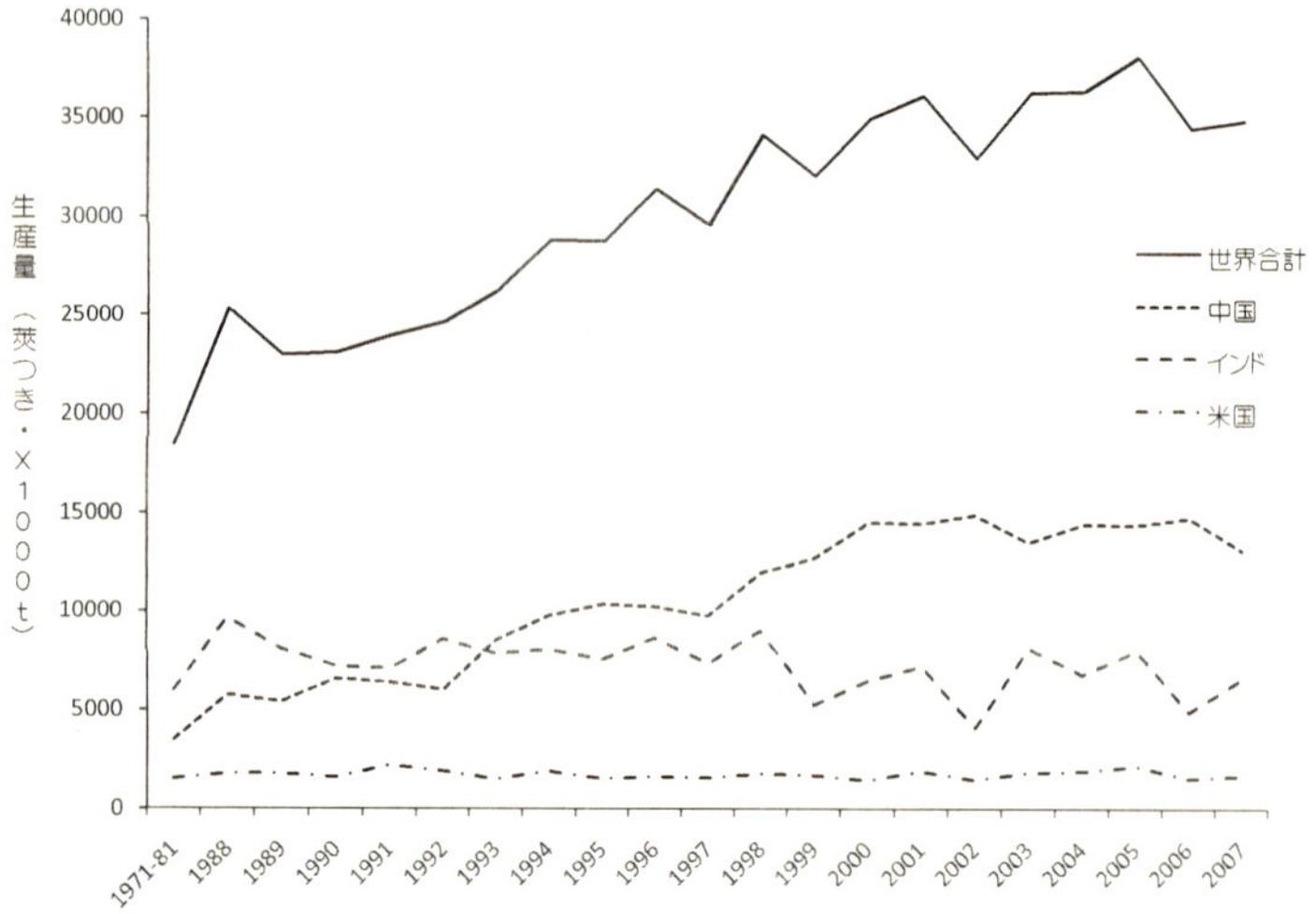

図Ⅴ-1　ラッカセイの生産量　世界および主要生産国における推移（FAOSTAT により作成）

下げと安い食料の輸入政策が国内産の生産物の価格を押し下げ、逆に、高騰する食料や投入資材への支出を余儀なくされて、負債を抱えた零細自作農民の土地は富農や大地主、商人たちの手に落ちた。こうして、土地なし小作農から農業労働者に転落し、都会に出ても職が得られずに農村部に留まる貧困層が拡大して、彼らは、独立以来、最も悲惨な状況に追い込まれている(3)。

ラッカセイについてみると、インドでは、古代から伝統的な油料種子作物が発達してきたが、導入作物のラッカセイが国民的油脂食品となり、一九九〇年代の初めごろまで、その生産量は世界で第一位であった（図Ⅴ-1）。しかし、急速な経済成長と人口増による消費の増大で、植物性油脂の大輸入国になり、国内生産増大の必要性はますます高まっているが、ＷＴＯの成立から一〇年経ち、英国連邦の一員として英国からは特恵関税の恩恵を受けて、他の輸出国に対しては有利な立場にあったラッカセイ輸出が、同じ立場にあるナイジェリアのラッカセイや、マレーシアの安いパーム油のほかに、中国のダイズなど、強力なライバル作物の台頭で、ほかの油料種子作物とともに、きびしい状況に置かれている。

それだけに、インド農業における慢性的な低生産性の克服が一層求められるが、その要因は、不安定な雨季と降水量、旱魃の多発などの自然的要因から、無施肥、病虫害の無防除、作物品種の改良と優良種子配布組織の不備、農機具発達の遅れなど技術的な問題、さらには、カーストや土地制度、貧困、教育水準の低さ、人材の流出などの社会的問題まで、数え上げればキリがないほどである。

インドで、筆者が出会った農業関係の教授や研究者には英国に留学した人が多かったが、研究室名や名刺には、専門を「作物学」や「作物栽培学」ではなく、「応用植物学」や、「農業植物学」と書かれていたことが記憶にある。[4] いわゆる「緑の革命」のインドにおける実験を指導した、N・ボーローグの次のような言葉がある。

「インド人の農業研究者は相変わらずの英国式の教育を受けているが、実践的感覚がなく畑で働かない。古い農業体系に固執して農民のために働かない。」

「インドの農業の問題点は、やせた土地、科学的思考の欠如、遅れた農村経済、そして、決定的な問題は指導者に欠けることだ。……」

すでに独立から半世紀を過ぎた今日、「自然条件に恵まれ、伝統的な作物の種類や品種が多様で、豊富な安い労働力と、発達した灌漑施設があるのに、人口の爆発的な増加が経済発展の成果のほとんどを帳消しにしている。」(ルヌー、一九七〇)[5] ともいわれるインドの農業発展の停滞の一因に、人的資源の開発の問題があるとすれば、それを英国植民地時代にさかのぼって検証することも意義があろう。独立以前と以後のインドにおける農業の研究や人材育成の体制づくりにおいて、旧宗主国だった英国と、米国がどのように関わったかを見ておきたい。

2　インド農業に英国と米国がしたこと

（1）「英国東インド会社」

大英帝国によるインドの植民地経営は、一六〇〇年にエリザベス女王から喜望峰以東のアジア地域の貿易を独占する特許状を得て設立された「英国東インド会社」（東インド会社と略）によって始められた。初めは香料貿易を目的に東南アジア―インドネシアへ進出をはかったが、オランダ東インド会社に追われてからはインドを主な進出先とすることになった。やがて、一七五七年の制圧を契機にベンガル地方の支配権を事実上確立して、一七六五年には、英国国王と東インド会社によるインドの二重支配機構が成立し、商人から統治者に変貌する。英国がインドに何を遺したかについては吉岡（一九七五）[6]に詳しいが、二五〇年にわたって統治、経営した東インド会社は、「英国の兵士を兼ねた商人」であり[7]、また、「統治という名の下での掠奪を行った[8]」とも言われる。一八五七年の「インド大反乱」での「失政」の責任を問われて、東インド会社は、英国国王に全権限を委譲して解散し、ここにインド帝国が誕生した[9,10]。

英国は、約二五〇年の間、本国の産業革命の発展を助けるために、インドの農民に商品作物を栽培させて自給自足体制を破壊し、高い値段の穀物を買わせるという、アフリカの植民地で行ったのとおなじことを繰り返して富の収奪を行ってきた。インド人は「征服された劣等民族」であり、キリスト教の宣教師もインドの神々は悪魔だと説いたが、ヒンドゥー社会のカースト制度を揶揄しながら、英国人自身がその上に、「統治、支配を神に命じられた民族」に属する「支配的階級」という超特権的カーストをつくっていた。[8]

浜渦（一九九一）[11]によれば、英国は、植民地を経営、統治する者は本国の支配階級と同じであるべきだという大原則のもとに、アフリカやインドの植民地経営には、上流階級出身の優秀な人材を「インド高等文官」として送り込んだ。また、「インド軍」は、「会社軍」と「インド駐留国王軍」から編成されていた[12]が、「会社軍」に属する工兵将校が東インド会社の技術者として、ガンジス運河の工事など、インドの灌漑技術の近代化に功績があったといわれている。しかし、英国人は、本国では灌漑農業については全く経験がなく、また、河川の規模や地質の違いなどから欧州の水利工学はまったく役に立たなかったので、インドの灌漑水路の遺跡や、在来の農法から多くを学んだとされている[13][14]。

英本国議会では、東インド会社の代表が、「学校の建設という愚行を犯したために我々はアメリカを失った。インドでそれをまた繰り返すのか。」と言って反対したが、英国政府は、インド人に対する学校の整備や高等教育機関の必要性には消極的であった。独立当時にあった二〇の大学で最も古いのは、一八五七年にできた、カルカッタ、ボンベイ、マドラスの三大学だけだったが、これらは、英国が、法の維持のために国家の言語と宗教で、欧州の司法を補佐する資格を有するインド人を供給するためであり、また、行政機構の膨張で、英語を話せる下級官吏を現地で多く採用する必要に迫られ、英国の支配を喜ぶような、「血と肌の色はインド人だが、趣味、ものの考え方、道徳心、知性などは英国人であるような階級」を育てるためであった。これらの大学には、人文、法学、理学、医学、機械工学の学部はあったが、農学系の学部は設けられていない[15]。

英本国では、一八世紀のキャプテン・クックの第一次世界一周探検に参加した探検家で植物学者のジョーゼフ・バンクスの尽力で、キューの王立植物園が「楽しみのための庭園」から植物学の研究センターに

表Ⅴ－1　英国統治時代のインドにおける主な農業関係事項年表
(Rhandawa 1980、1982、1983 により作成)[13]

1785年	カルカッタ・シブプールに王立植物園の設置始まる 有用植物の導入、試験栽培、インド植物相の調査を行う
1793年	カルカッタ王立植物園園長に東インド会社の植物学者、W. ロクスバーグが任命される──後に「インド植物学の父」と称えられた
1795年	『インド植物誌』(FLORA INDICA) 刊行始まる
1820年	王立農業園芸協会設立
1824年	インド農業・園芸協会誌（*Transactions of Agricultural and Horticultural Society of India*）発刊
1835年	アッサムに紅茶園が開かれ、紅茶製造が始まる
1857年	カルカッタ、ボンベイ、マドラスに大学を設置（人文、理学、法学、医学、および機械工学の各学部を設けた）
1858年	11月1日　インドが東インド会社の統治から英国女王による直轄植民地になる
1862年	ナグプール農業園芸協会が設立され、中央州での農業発展の始まりとされる
1861年	北西州で飢饉発生
1863年	第1回農業博覧会がカルカッタで開催される マドラス州に農業省設置
1864年	ベンガル地方に大型サイクロン来襲、死者3万人
1865年	オリッサ州で大飢饉、死者150万人
1867年	カルカッタにインド博物館開園
1867年～1877年	マドラス、ボンベイ、パンジャブなど、各地であいついで大飢饉が発生、死者100万人
1881年	ベンガル州とパンジャブ州で農業大臣任命
1882年	ラホール（現パキスタン）に獣医学カレッジ設置
1883年	ボンベイ州で農業長官任命
1886年	マドラス、サイダペットの農場に農業学校を附置、文官に獣医学の講義を行う ボンベイ獣医学カレッジ設置
1891年	ヴォエルカー（J. A. Voelcker）がインド農業の改善について報告
1899年～1900年	デカン地方～中央州で大飢饉
1905年	ビハール州プサに帝国農業研究所（Imperial Agricultural Research Institute）を設置（現インド国立農業研究所 Indian Agricultural Research Institute、IARI の前身） プーナ農業カレッジ設置
1906年	*Agricultural Journal of India* 発刊
1929年	帝国農業研究協議会（Imperial Council of Agricultural Research）設置（インド農業研究協議会、ICAR の前身）
1934年	ビハール大地震（IARI がプサからデリーへ移転する契機となった）
1939～1945年	第二次世界大戦
1944年	W. Burns による「インド農業の技術的可能性に関する報告書」提出
1945年	P. カレガート卿（Sir P. Kharegat）による「インドの農業、畜産業発展に関するメモランダム」提出
1947年	8月15日　インド独立

なり、世界各地から収集した有用資源植物の試験栽培を行なったが、東インド会社も、ワタ、ジュート、インディゴ（藍）、チャなど、熱帯の商品作物の導入や試験栽培、植物誌の研究に力を入れて、カルカッタ、ペラデニア（スリランカ）、シンガポールなど、熱帯の植民地に大きな植物園を設置した。一七八五年設置のカルカッタの園長には、著名な植物分類学者、W・ロクスバーグが招聘されている。

しかし、一八六〇年ごろから、ベンガル、オリッサ、パンジャブ、その他の地方で一〇〇万人を超す死者を出した大飢饉が相次いで起こって、英国支配の時代になってから頻発する飢饉の規模が大きくなっているのは、重税、失業、貧困、人口過剰、労働意欲の喪失、食糧不足などによるもので、もはや「天災」ではなく、「人災」だともいわれたが[15]、英国はいくつかの州に農業局を設けており、農業技術の研究の必要は認めていたと考えられるが、下級官吏の教育のための農業学校や獣医のカレッジ設立は、一八〇〇年代の末ごろになってからであった（表V-1）。また、「飢饉委員会」が設置されたのは、ようやく一八八〇年になってからである。そして、その翌年に、インドの経済と社会の組織化のためには農業が最も重要であるとして、政府内に「税務・農業局」が設けられたが、学者によるインド農業の改善の報告が出るのにそれから一〇年かかっている。

また、当時のインド総督G・N・カーゾンによって、帝国農業研究所（IARI）がビハール州北部のプサ村に設立されたのは、さらに遅く一九〇五年のことである。IARIは、一九三四年の大地震で被害を受けたのを機に、デリーの旧市内の西部に移転して組織の整備と施設を拡充し、一九三六年一一月に完成した。これが現在の国立農業研究所である。略称の頭文字の〈I〉は同じだが、〈インペリアル〉から〈インデイアン〉に変わった。「プサ」は、現在も農業研究所の別称や道路の名前に残っている。

アフリカの植民地の「ラッカセイ鉄道」、「パーム鉄道」、「カカオ鉄道」などと同じく、インドでも一八五三年四月一六日に、最初の鉄道がボンベイ（現ムンバイ）から東北に三四kmのタナまで開通しているが、港があるカルカッタ（現コルカタ）へは、油料作物地帯のデカン地方や紅茶産地のダージリンから、また、ボンベイへはコムギ地帯の北部から鉄道が建設されている(6)。

このように、英国は独立したインドの農業発展のために何を遺したか、また、インド人による農業の研究体制づくりや、人的資源養成のために何をしたかを見た時、国立農業研究所の母体をつくったことのほかには見当たらないように思われる（表V－1）。

R・アッテンブロー監督の一九八二年英印合作映画「マハトマ・ガンジー」には、ヒンズー、ムスリム、シークなど、宗教の違いを超えてインド人の反英感情が次第に高まっていく様子が描かれている。二世紀半もの間、インド人の心の深層に鬱積されてきた反英感情を思う時、筆者には、独立後のインドが、国の再建にあたってもっとも重要と考えた農業の教育・研究体制づくりに際して、旧宗主国の英国ではなく、なぜ米国に支援を求めたのか。それは、ともに民主主義国家であり、広大な地理的広がりと多様な自然的条件の国土を持つ両国にとって、多くの共通の利益を生むという理由(15)だけではなかったのではと思われる。

(2) 米国の「土地供与大学」モデル

筆者が訪ねたインドのパンジャブ農業大学ほか多くの州立農業大学は、その歴史が新しかったが、常襲する旱魃による大飢饉に長く苦しみ、独立後、とくに農業に関する研究と高等教育機関の整備に力を入れてきたインドが、一九五〇年代からのIARIの充実や、各州に農業大学を新設するのに際して、そのモデルと助言を、旧宗主国の英国ではなく、米国の州立大学に求めたことは、意外に知られていない。

米国の援助は、インド政府の第一次五か年計画（一九五一年～）に則って、国民の経済的、社会的福祉の強化を図るのに必要な食料自給という目標の達成のために、農業部門における創造的、かつ自助努力を助けるものとされているが、インド政府は、既存の農業カレッジを農業大学として強化する上で、米国のモリル法（一八六二年）による「ランド・グラント・ユニバーシティ〈土地供与大学〉」をモデルとした。これは、公共の土地を、州立の農業大学の設置や、道路、鉄道建設のために無償で提供し、あわせて州政府の資金を援助する制度で設立される大学である。[15] 第一次のモリル法は、第一六代大統領Ａ・リンカーンの署名で成立したが、さらに、ハッチ法（一八八七年）、第二次のモリル法（一八九〇年）、スミス－リーバー法（一九一四年）などによって、州立の農業大学は、併設の農業試験場や付属農場、そして、普及センターの設置が義務づけられ、農業技術の教育だけでなく、研究と、さらに農民や市民への普及活動を行うことが求められた。ラッカセイの研究で著名なノース・カロライナ州立大学や、農学（Ａ）と機械工学（Ｍ）の学部をもつテキサスＡ＆Ｍ大学など、他にもこの制度で生まれた大学は多い。

インドは、一九五四年一一月に米国の専門家との第一次合同研究チームをつくり、翌年には、約三か月間にわたり、米国へ農業大学制度の調査団を送っている。そして、米国の五州立大学との間で、インドの農業研究と教育の組織、設備の強化などへの助言、教官と学生の交換訪問についての協定が合意され、米国から専門家が助言に招かれている。さらに、一九五九年九月の「第二次五か年計画」における提案に則って設けられた第二次合同研究チームは、一九六〇年に、多くの州に農業大学を設置する必要があると答申し、翌年から一九七〇年代にかけて、インド政府側でさらに検討を重ねた。米国からは、延べ二八二五人の農業の各分野の専門家がインドに派遣され、年間二〇〇人が常駐していたとされているが、同じ時期に米国へ留学して研修を受けた、インド人の農業の研究者や文官の数は五〇〇〇人を超えた。

一九五六年の両国間合意で始まった、ロックフェラー財団の資金援助の対象は、ＩＡＲＩに農学大学院課程を設置すること、穀類を主とした多収性の作物の品種改良と高品質種子の増殖技術の研究、その種子をインド種子公社を通して農民へ供給する事業などであったが、これがインドにおける「緑の革命」の成功を支える大きな力となった。フォード財団も、IARIなど、九つの農業研究機関と農業大学への援助を行っているが、一九五一年から一九六九年までのその総額は二一四七万ドルに達している[13,15]。また、この間に、インドの中央及び州政府と米国の委員からなる、「カミングス委員会」の名で知られるチームが、いくつかの州を訪ねて調査した結果に基づいて、一九六〇年に、試験的にウッタル・プラデシュ州立農業大学が創設された。米国国際開発庁（USAID）や、ロックフェラー、フォード両財団の財政的支援を受けて、土地供与大学制度に範をとった、パンジャブ、アンドーラ・プラデシュ、ラジャスタン、オリッサ、マディア・プラデシュ、カルナタカの六州立農業大学が、独立から一五年後の一九六二年一〇月一七日に設立され、同時に、IARIが農業大学と同格となり、大学院課程が併設された。米国は、このように独立後のインドの農業の研究や教育体制の強化に対して積極的な支援を行っている。

一九七六年に、筆者が国際半乾燥熱帯作物研究所（ICRISAT）を訪ねた時の所長が「カミングス委員会」の議長を務めたR・W・カミングス博士（土壌学）であった。同博士は、コーネル大学、ノース・カロライナ州立大学の学部長や土地供与大学長を経て、ロックフェラー財団のアジア・太平洋地域代表となり、一九七二年から一九七七年まで初代のICRISAT所長であった。「緑の革命」の推進に協力した功績で、ロックフェラー財団のN・ボーローグ博士とともに、パンジャブ農業大学から名誉博士号が贈られている。

因みに、被占領国であった日本では、終戦の翌年の三月に、第一次米国教育使節団が来日してわが国の教育事情を調査し、その報告に基づいて、連合国軍総司令部（GHQ）・民間情報教育局の強い指導で、それまでの官立の高等教育を含む教育体制を、米国でも試行中だったとされる単線型の「六・三・三・四年制」に改め、「一県一大学」を基本とする新制大学が一九四九年から発足した。これによって、多くの県に、旧制の官・公立農林専門学校の昇格を含む国立大学の農学部が生まれたが、米国がインドで行なった政策の日本での試行だったと言えるかもしれない。農地改革とあわせて、農業改良普及員制度（一九四八年から実施）や、農村の青年を対象に、農業技術の向上と公民教育を目的とする「四Hクラブ」の各県での結成を推進したのも米国である。

3　「緑の革命」から「黄色の革命」へ

一般に「緑の革命――グリーン・レヴォルーション」と言われているのは、一九六〇年代から一九七〇年代にかけて、イネとコムギで、これまでの二倍以上もの多収性の品種が育成されたことによって、食料不足に苦しむ熱帯地域の発展途上国の社会的安定と平和に大きく貢献した農業技術革新を指している。コムギでは、戦後、米国の研究者が持ち帰った日本のコムギ品種「農林一〇号」のもつ半矮性遺伝子を導入して育成された、倒伏しにくい茎の短いコムギ品種を、当時、メキシコの農業試験場（現国際トウモロコシ・コムギ改良センター）で、ロックフェラー財団から農業研究者の指導にあたっていたN・ボーローグが入手し、これと在来品種とを交配して耐サビ病・半矮性の多収性品種を育成し、これが世界各地に普及した。イネでは、フィリッピンのマニラ郊外にある、国際イネ研究所で育成された半矮性品種が、東南アジアで、それまでのインド型イネ品種の数倍もの多収を挙げて「奇跡のイネ」と呼ばれた。

ところで、スワミナタン（二〇〇〇、二〇〇三）[16][注]は、「グリーン・レヴォルーション」を、緑色植物である作物の太陽光の利用効率をより高める技術という意味でも用いているが、この「緑の革命」という言葉を最初に用いたのは誰かについて、彼は、米国国際開発庁長官、W・ゴウドが、「アジアのコムギおよびコメの分野で起きていることは単なる技術発展ではなく、革命的進歩であること」を強調するために創出した言葉だと述べている。ボーローグは、ノーベル平和賞受賞講演の中で「緑の革命」という言葉は何度も使っているが、このゴウドの発言には触れていない(17)。

(注)『国際農林業協力』二六号(二〇〇三年)に寄稿。また、彼は、ほぼ同じ内容で、国際農業研究協議グループ会議(一九九九年、ワシントン)で講演している。

一九五〇年ごろまでは、ボーローグのコムギ育種の成果には無関心だったインドも、他国での成功が伝わるようになってからボーローグに協力を求めて、メキシコから一五〇系統の矮性コムギの種子が届いたのは一九六三年だった。種子は直ちにデリーの農業研究所、パンジャブ農業大学(ルディアナ)、そして、カンプールのウッタル・プラデシュ農業大学に送られて播種された。これがインドにおける「緑の革命」の実験の始まりとなった。

だが、「緑の革命」の舞台となったパンジャブ州では、天水地域にも灌漑が可能となって、コムギが急速に増えた半面、商品作物のサトウキビなどへの転換も助長されて、ヒヨコマメが次第に駆逐されていった。ヒヨコマメは、パンジャブ州のマメ類生産量の九〇%を占めて、ラビ作(乾季の一〇月〜四月にかけての冬作)の代表的作物として、コムギとは拮抗的関係にあるが、マメ科の作物として低地力土壌の天水条件下で無肥料栽培が普通である。「緑の革命」の効果で、一九六〇年代の後半からコムギの生産量が急増するが、それとは逆に、ヒヨコマメの作付けが急激に減り始めて生産量は半減した。同じ傾向がほかの州でもみられた。インドでは、ヒンドゥーの「アヒムサ」、すなわち、「動物不殺生」の思想に基づく肉食拒否の人々が多く、さらに貧困も手伝って、カロリーや、穀類との相互の制限アミノ酸の補完など、植物性タンパク質給源のマメ類は、主食に近い地位を占めている。このような点からも、パンジャブ州の、コムギ作に偏した「緑の革命」の成果を賛美する声には批判もあった。[18・19]

さらに、「緑の革命」による恩恵は、新品種の種子、肥料、農薬、農機具など投入材のための資金、耕地所有面積の大小、灌漑設備の有無などの差異によって、農民の間の貧富の格差を一層拡大させ、在来の作物の種類や品種が駆逐されて、遺伝子の消失をもたらした。「緑の革命」が主食穀物の自給の達成に大きく寄与したことは確かだが、イネとコムギ増産への諸政策の偏りが、マメ類や、ラッカセイなど油料種子作物をはじめとする伝統的な作物の作付けの減少と生産性の低下をもたらし、経済成長で果たしてきた農業のシェアが低下して、インドは農業政策の転換を迫られる時代になって、「緑の革命」についても、「功罪」両面から再評価が行われている。

近年、「第二の緑の革命」とも言われて、急速に進歩している遺伝子組み換え技術がある。スワミナタン[16]は、「緑の革命」は公的資金によってサポートされて成果を挙げたが、「ゲノミクス」—「遺伝子操作技術」による革命は私企業がリードして独占的に支配されており、その恩恵を受けられない農民ができると、次のように警告している。

「……多くの耕地は『遺伝子の庭園』である。作物品種の一年生や多年生のちがい、食品ほか、用途の多様性などは、時代のニーズに応えるためにそれを失わせてはならないし、生物工学の研究者、遺伝資源の第一次の保有者、それらに関する伝統的知識をもつ者すべての間で、利益が公平に分配されねばならない。〈バイオパイラシー＝生物学的海賊行為〉は許されない。遺伝子工学の研究者は〈生物学的協力関係〉をこそ推進せねばならないのだ。……緑の革命は、人口爆発と食料生産のバランスを保つのに一息つ

表Ⅴ－2　世界のダイズ生産国のランキング
（FAO、2004による）

順　位	国　名	生産量（万ｔ）
1	米　国	8501
2	ブラジル	4979
3	アルゼンチン	3150
4	中　国	1760
5	インド	750
	5か国合計	19140
	同／世界合計％	92.7
	インドを除く4か国％	89
	世界（61か国）合計	20640

かせることができたが、これからは、さらにそれを持続させるための技術開発や政策、すなわち、農業における〈常緑の革命〉が必要である。」

ボーローグ自身は、ノーベル賞受賞講演で、新品種だけでなく、適期の播種と収穫など栽培管理技術、施肥、病虫害の防除、機械化、灌漑、生産物の貯蔵施設などインフラ整備が組み合わされた、いわゆる「パッケージ作戦」が重要だとし、「緑の革命」の批判ではとくに多い肥料の多用については、「多収性品種は、緑の革命の触媒であり、肥料はその働きの推進力となる燃料である……」と述べて、批判のすべてに反論している。そして、人類の飢えと食糧不足との戦いにおける一時的な成功にすぎない「緑の革命」が成功したのは、それまでのメキシコでの長年の研究の積み重ねがあったからであり、核兵器などの開発に支出している多額の予算を農業の研究と教育にも使うべきだと、先進国を批判している。(17)

インドでは、牛乳の増産を「白の革命」と呼んでいる。また、ダイズが、高タンパク質食品としてだけでなく、輸出用油料作物として急速に生産が伸びて、インドは、今や世界の五大「ダイズ国」に仲間入りしたが、(20・21)油料種子生産の増大を意味する「黄色の革命」という言葉も生まれている（表Ⅴ－2）。

4　新参者の油料作物――ラッカセイ

（1）　伝播と栽培の始まり

インドにとって、ラッカセイは外来の作物であるが、インドの多様な種族によるラッカセイの呼名には、〈マータ〉、〈ブフィ〉、〈ニーラ〉＝「土の中にできる」や、〈ヴェル〉＝「根」が、インドの古いマメであるヒヨコマメ＝〈チャナ、カナ〉や、リョクトウ＝〈マング〉と結びついたものがある。また、ヒンドゥー名の〈ヴィラヤッティ－ムング〉は、「外国から来たリョクトウ」を意味するが、〈チャイナ〉、〈チナ〉、〈チナー〉＝中国、〈マニラ〉、〈モサムビ〉＝モザンビクなど外国の地名がアーモンドやカシューナッツの地方名と結びついているものもある。グジャラティ名の〈マンダヴィ〉は、ポルトガル語の〈マンデュヴィ＝ラッカセイ〉に由来するともいわれているが、これらは、ともにラッカセイがインドの土着のマメでないことを示唆する（『インド農業カレンダー』一九七六、http://polyglotveg.blogspot.com/2008/02/peanut-continued.html）。

また、『ＦＲＬＨＴインド薬用植物辞典』（http://www.frlht.org.im/meta/index.php? searchname=arachis & plantid=209）は、表音が類似するものも含めて、九七にのぼるラッカセイの呼名を載せているが、タミル語の呼名が約四〇もあり、カンナダ語名（九）、ヒンディ語名（八）などに比べて豊富である。タミル語は、インド亜大陸南部に住むドラヴィダ系民族の主要言語で、スリランカ、マレーシア、インドネシア、さらには中部・南部アフリカの一部、マダガスカル、フィジー諸島などで主に移住民によって話されている分布の広い言語である。[22] 食物、あるいは作物として、ラッカセイが彼らによって各地へ広く伝播したこ

表Ｖ－３　世界のラッカセイ生産国のランキング
（FAO、2004による）

順　位	国　名	生産量（万ｔ）
1	中　国	1441
2	インド	700
3	ナイジェリア	294
4	米　国	195
5	インドネシア	147
	５か国合計	2776
	同／世界合計％	76.2
	世界（109か国）合計	3642

とがうかがわれる。

だがインドへのラッカセイの伝播の時期については確証がない。ヴァスコ・ダ・ガマの最初のインド西海岸マラバル地方への上陸（一四九八年）から間もなく、ポルトガル人のジェスイット派の神父がもたらしたとか、一五一九年ごろのマゼランの探検の際に伝えられたなどの説があるが、後者については、同探検隊がフィリッピンにはラッカセイを伝えていないので疑問だとして、一六世紀の前半ごろとする説もある。その後の三世紀の間は記録がないが、一九世紀の半ばごろに、東海岸地方や、西海岸のマラバル地方からマイソール地方（現カルナタカ州）で、ラッカセイがターメリック（ウコン）と一緒に栽培されていたとする記録がある。[23]

これらの記録から、インドにおけるラッカセイの本格的な栽培は、一八世紀以降になって英国東インド会社による植民地化が始まってからと考えられるが、一八四〇年代に油料原料として欧州の市場へ輸出されており、そのころから栽培が急速に増えて、例えば、マドラス州（現タミル・ナドゥ州）のアルコット県の栽培面積は、一八五〇年には一六二〇ヘクタールだったのが、二〇年後には八〇〇〇ヘクタールに増え、一九〇〇年代の初頭には、全国で約二三万ヘクタール、約二六万トン（莢付き）の生産があった。そして、一九三〇年代には、同州だけで実に一八二万ヘクタールに達している。当時は、栽培地域がマドラス州やボンベイ州（現マハラシュトラ州）など一部の地域に限られていたが、次第に全国に広がって約三〇〇万ヘクタールに達し、生産量では二八二万トンで、すでに世界全体（約八二〇万トン）の三分の一を超える第一位のラッカセイ生産国であった。因みに、第二位の中国は二七〇万トン、以下、フランス領西アフリカ（セネガル、ニジェール他）七九万トン、米国五四万トンの順となっている[23・24]。

だが、このころの中国は、世界全体に占める割合でみると、作付面積では一九％であるのに対して、生産量では三三％と、生産性が高いことがうかがわれるが、インドは、それぞれ、三六％と三四％で、平均単収が一ヘクタール当たり一トン以下と低い。この収量水準は、最近の二〇〇四／二〇〇五年度を見ても全く変わっていない。今日、指摘されているインドのラッカセイ生産における低生産性の原因は、気候や土壌など自然条件だけでなく、その他のさまざまな問題がすでに一世紀近くも前からあった。栽培面積は増えているのに生産量は停滞が続いて、一九九三年ごろには、ついにインドの約二倍の生産量となった中国に第一位の座を奪われている（図V－1、表V－3）。

（2）伝統的油料作物とラッカセイ

ラッカセイの栽培が始まったころのインドの油料作物について、アチャヤ（一九九〇）[25]は、古来より利用されてきた油を含む植物として六七種をあげ、その中の作物として主要な二一種を次の三群に分けている。

A　歴史的に古いもの（八種）

ゴマ、ワタの実、ナタネ・マスタード、ココナッツ、アマニ（亜麻仁）、ヒマ（蓖麻子）、ニゼル（ニガー・シード）、ベニバナ。

B　比較的新しく導入されたもの（四種）
ラッカセイ、ダイズ、ヒマワリ、アブラヤシ。

C　他の目的で栽培される植物の種子の副産物（九種）
コメぬか、トウモロコシ胚芽、そして、キャッサバ（タピオカ）、タバコ、コーヒー、ゴム、チャ、アブラギリ、ジュート（黄麻）の種子。

これらは、それぞれが長い利用の歴史を持ち、それにまつわる神話や民俗、伝承、そして、農業と医薬などを通じて文化的な側面を持っている。例えば、村々で搾油を職業とする集団は世襲制で、後にはギルドを形成するが、搾油機の「ガニー」（インドの北部では、〈チェックウ・石臼〉、〈コルウス〉と呼ぶ。図V－2）の型、石（花崗岩）製か、木製か、その樹種は何か、動力は人力か、牛か、牛を休ませる日が土曜日か、月曜日か、などが、みな宗教やカーストによる社会階層区分と深くかかわっていた。ガニーの起源は、すでにインダス文明のモヘンジョダロ遺跡から紀元前二五〇〇年ごろの石の遺物が出土しており、ソーマ（ヴェーダ時代の「神酒」。植物のジュースで、身体に活気を与えた）や、ゴマ、アマニなどの油を搾ったと考えられている。その語源は、サンスク

図V－2　インドの畜力による伝統的搾油機・ガニー。すりこぎ棒の短いベニバナ用と長いマスタード用。臼は木製または石製。（Achaya、1990による）㉕

リット語の「硬いもの」、「厚いもの」、また、搾油で「重量を加える」などと関係がある。

一九五〇年代までは、マドラス州のようなラッカセイの大産地や、ボンベイ、カルカッタなどの大消費地にできた規模の大きい搾油場では、蒸気で加熱したラッカセイ子実を鋼製の籠と螺旋軸で加圧して搾油するエクスペラー式がほとんどであった。ラッカセイ産地の一部では、機械化されて、動力源が石油や蒸気、あるいは電力に変わったが、原理は全くガニーと同じで、金属の臼と擂り棒の両方が回転する可搬式のロータリー・ミルもあった。また、重ねた多くの鋼製の板を一人か二人でハンドルを回して加圧、搾油する、スクリュー式プレス機も用いられていたが、その多くは製綿や精米工場に併設されていた。現代の製油工場に多い化学溶媒による抽出はなかった。一九三〇年代には、ラッカセイの全生産量の約半分はガニーで搾油したが、一九五〇年代には二〇%、そして、一九八三～八四年ごろにはわずか三%ほどに減っており、国内のラッカセイ生産の増大にあわせて、搾油工場の近代化が進んだことがうかがわれる。

ラッカセイのガニー搾油は、莢割りの労力の節約、臼をつくる技術、あるいは、人または牛という動力の制約のためかとも考えられるが、一回の処理量が少なく、畜力の場合、一回分六～八kgで所要時間は九〇分、一日八時間で六〇～八〇kgである。機械動力式でも、一回一二～一五kgで、所要時間は五〇分と短縮されているが、一日一一五kgであまり効率が上がっていない。多くが莢のままで搾油されたが、鉄鍋で加熱した莢のままで一〇kgについて約七〇〇mlの水を加えた。伝統的な油料種子のゴマやベニバナ、ニゼルなどを、ある割合で混ぜて搾油することも行われている。ガニーで絞ったラッカセイ油は、エクスペラー式で搾油した油よりも値段にプレミアムがついたが、それは、抗酸化性に優れ、フレーバー、味、色ともにまさるためだとされている。なお、剝き実での搾油歩留りは四五～四九%である。

ラッカセイ油は、インドの伝統的な食用油脂である「ギー」(牛脂)と並んで重要な「ヴァナスパティ」

（ショートニングの一種）の原料としての消費が多いが、最近ではその原料の八〇％近くを輸入に依存している。また、油粕は粉にして穀物の粉に混ぜて食べるが、ガニーの油粕に含まれる残留脂肪分のほかにタンパク質の栄養価も高い。

なお、アフリカのサバンナ地帯で生まれたゴマは、インドで、種や品種の分化が進んで主要な油料種子作物の一つになり、再びアフリカに伝わって栽培が広がっている。

5　インドのラッカセイ作

（1）気まぐれモンスーンと伝統農法

二〇〇九年の五月二三日付、ニューデリー発・ロイターとして、R・ダッタ記者による「モンスーン、インド沿岸地方に到来、作物の早播きができそう……」という見出しの記事があった。例年だと六月一日ごろに始まって一〇月までの四か月間、降雨をもたらす南西モンスーンが、インド南部のケララ州沿岸地方に早くもやってきたこと、そして、平年並みの降水量が予想されること、それによって夏・雨季（カリフ）作のコメ、トウモロコシ、ラッカセイなど油料種子、サトウキビ、ワタなどの作物の播種が良いスタートをきって高い収穫量が予想されること、そして、経済が大きく農業に依存しているインドにとってはグッド・ニュースだと、インド気象庁の予想や、全国コメ輸出業協会、商品金融取引所などの関係者の話を紹介していた。この記事で思い出すのが、一九八二年七月一五日付の「ザ・ヒンドゥー」紙の、「予報のとおり雨が降った……」という見出しで、インディラ・ガンジー首相がインド気象庁に対して、「今日（七月一四日）、あなたたちの予報の通り、モンスーンが始まりました」に始まる祝辞を述べたという記事である。同首相の言葉は、「……わがインドでは、（南西）モンスーンのもたらす雨は生産力の指標である。農業生産はそれに支配されており、そして、あらゆる工業生産は雨と農業に大きく影響を受けるのです。……」と続いているが、遅れていたモンスーンが始まって、今年もまた、昨年、一昨年に続いて農業生産が順調であることを神に願ったことだろう。

このように、平年並みの雨季入りがニュースになるのは、灌漑施設の整備が遅れているインドでは、順調な降雨の時期と量の保証が、農業生産、ひいては国家経済の安定につながるためである。インドでは、歴史に残るような旱魃による大飢饉がたびたび起こっているが、英国人に「インドの農業はギャンブルだ」と言わしめたのも、カリフ作の豊凶が、雨をもたらすモンスーンの気まぐれ性、すなわち、ほぼ五月下旬から六月ごろに始まり、一〇月に終わる、南西モンスーンの吹き出しの時期と降水量が、年や地域によって大きく変動するために旱魃や洪水が頻発して豊凶差を大きくしていることによる。一九六〇年から二〇年間の年降水量の対平年値偏差と、食用穀類の年平均総生産量との関係をグラフにしてみると、作付面積の増加や、栽培技術、品種改良の成果で上昇傾向を示している生産量が、降水量の年変動と全く同じ動きをしている[18・19]。ラッカセイで見ると、一九六六年から一九九三年までの約三〇年間に、生産量が約四〇〇万トンから八九〇万トンに倍増しているが、各年次の生産量が南西モンスーンの降水量の変動と対応して激しく変動しており、各年の生産量と降水量偏差の間には、高い正の相関関係（R^2＝〇・六〇）が認められている[30]。

年平均降水量と、モンスーンの開始の時期や降水量の変動率は、インド亜大陸全体でみると、ほぼ東経八〇度線を境にしてその両側で大きく異なり、それに対応して、イネに代表される多くの水が必要な作物と、マメ類、ラッカセイ、モロコシ、トウジンビエなど、畑作物の高作付率地域が、互いに対照的な地理的分布を示している（図V－3、4）[19・38]。また、ハイデラバードの例では、一九七九年までの数十年間にわたる気象統計で、降雨確率が七〇%以上と高かったのは、六月二六日から九月一七日の約三か月間であったが、八月の上~中旬に、一〇年に四~六回というかなり高い割合で降雨の中休みが起こっている。モンスーンの始まりが順調でも、作物の播種直後や、最も水分が必要な開花・結実期に降雨が中断すると大きな減収につながるので、地域ごとの長期的な降雨確率のデータは、水分不足による減収を回避、軽減するために、耐乾性と早生性をそなえた作物や品種の選定、そして、作付時期を決めるのに役立つ。ラッカセイが多いデカン地方では、翌年の雨季作の収穫をより確実にするために、あえて雨季の作付を一回休閑する「保水休閑」と呼ぶ伝統的な農法もある。

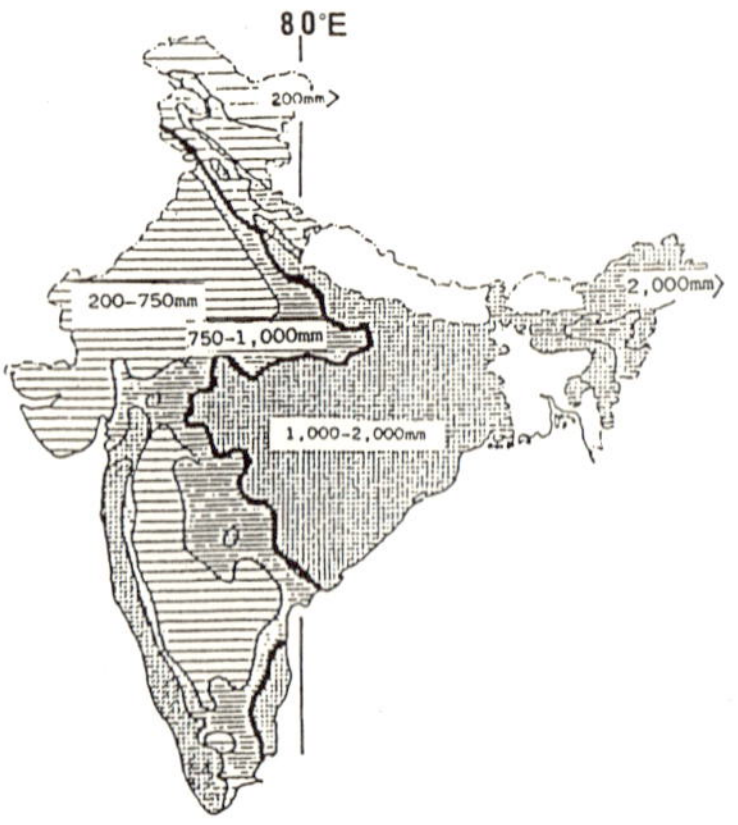

図V－3　インドにおける平年降水量の地理的分布（Singh 1974／75）[38]

インドでは、土地生産性の向上の手段として、純耕地面積に対する一年間の利用度（作付強度）を高めるのには、水の供給条件によって栽培可能期間が七〇~一四〇日までしかない地域では単作によらざるを得ない。しかし、二一〇~三五〇日位ある地域では二毛作が可能になる。そして、その中間の一四〇~二一〇日位ある地域では、もっぱら混作や間作が最も有利とされてきた。マメ類は、食用種だけでも一三種が栽培されているが、主食穀物のイネ、コムギ、モロコシのほか、ワタ、ラッカセイなど一〇種が主作物となり、これにマメ類、雑穀類、油料・香辛料作物の一~二種が組み合された混作・間作型の採用は、全国で延べ二二九事例もあった。自然的資源や環境条件の厳しい温・熱帯の各地では、耕地の空間的な利用率を高めるために、「混作」や「間作」という伝統農法が発達してきた[19、26〜28]（図V－5）。

狭義の混作では、畑に行けばほしい時に食料が手に入るという長所もあるが、除草など管理には不便で、収穫量も少ないので、より集約的な間作の技術が生まれた。混作や間作は、作物の種類の多様化、マメ類の根粒菌による共生固定チッソの供給、周年的な作物による被覆で土壌を保全する、食料の多様化による

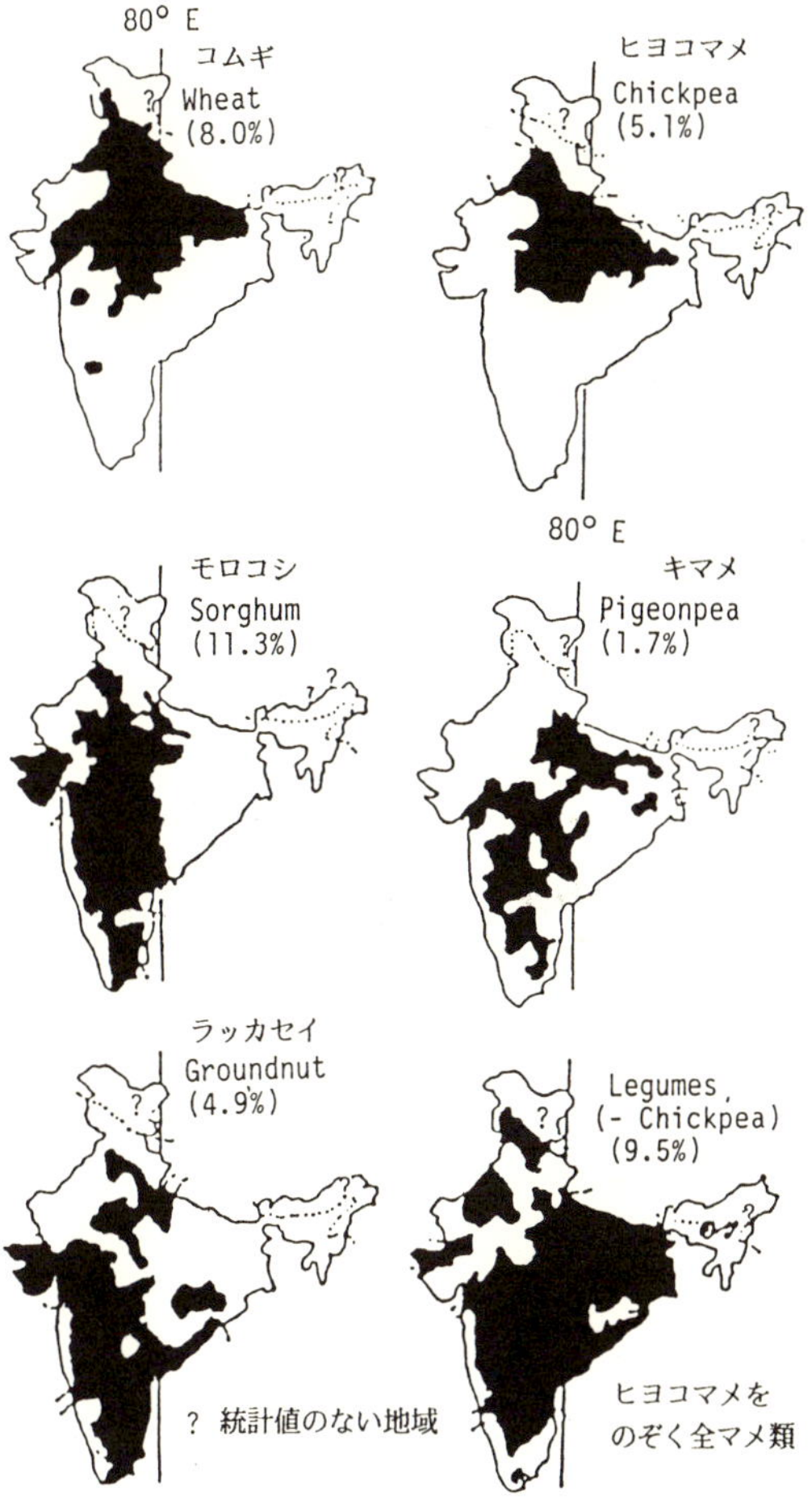

図V－4　インドにおける主要作物の高作付け率の県（黒色部＊）（Singh 1974／75により作成。前田原図1981）[19]
（＊　各県の全作付面積に占める各作物の面積の割合が同全国割合よりも高い地域を示す。1961－66年平均）

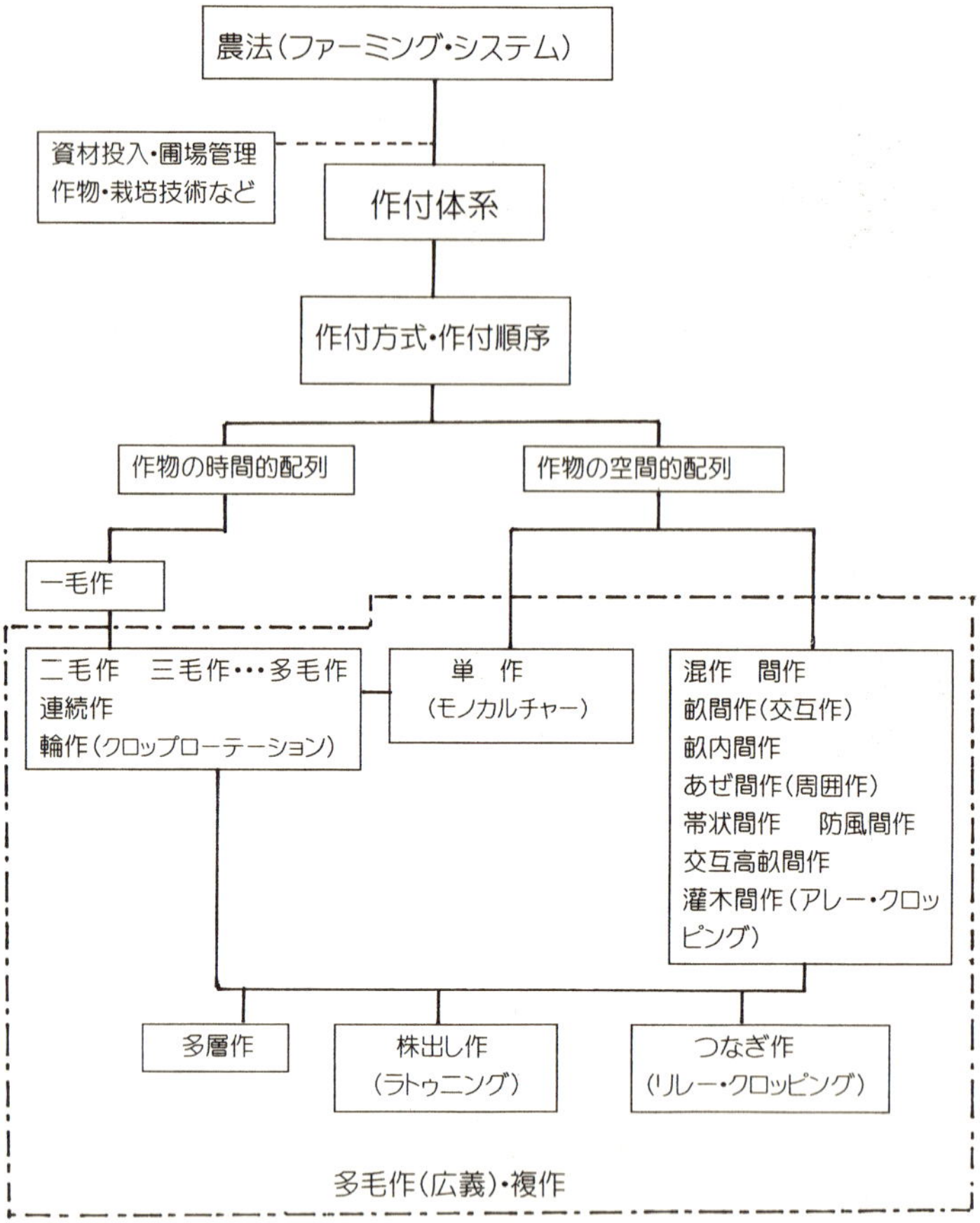

図V-5　農法としての作付体系——その分類と相互関係（前田 1986による）[28]

栄養成分の補完、自家用や換金用の作物の生産、労力の時期的分散、さらに、旱魃や病虫害などのリスクの分散と軽減を図ることができる。また、茎が直立する作物、つる性の作物、草丈や根系の異なる作物を組み合わせることで、光や土壌の養・水分を効率よく利用できるなど、さまざまのメリットがある。資金のない小農たちは、生きるためには、リスクを冒してまで収益の高い食用穀類や商品作物を単作することはできないので、主食の穀物をできるだけ多く収穫することを最優先し、マメ類や油料種子作物などを、いわば、「ボーナス」、あるいは「おまけ」の作物として、主食穀物との間作に組み込むのである。

先進国では見られなくなった、混作や間作は、温・熱帯の各地で、試行錯誤を繰り返して生み出された農民たちのすぐれた発明といえるが、乏しい生産資材の投入や未改良の在来品種、遅れた技術で続けられてきた。その生産性を高める研究が必要な国はまだなくなっていない。

(2) ラッカセイ作の低生産性要因

二〇〇〇年代になってからのラッカセイの生産量では、インドは世界第二位だが（前出、図V‐1、表V‐3）、単収では、世界第一位の中国（三〇一〇kg／ha）の四分の一に過ぎず、第一〇位と低い。この単収の低さと、生産量の年変動の大きい要因については、まず、生育期間中に少なくとも五〇〇ミリ以上の降水量が必要とされるラッカセイの栽培地域が、モンスーンの雨にほぼすべてを依存している、いわゆる「限界地域」あるいは「準限界地域」にあり、それらの地域のラッカセイへの灌漑率は、全国平均では七%、国内最大の産地であるグジャラート州ではわずか約一%にすぎないことが挙げられる。その原因には、まず主食穀物への灌漑を優先してきたことにあるが、農民たちだけでなく、研究者たちのラッカセイの「耐乾性」の過信、そして、背景には紀元前一〇〜七世紀ごろのヴェーダ文献にマメの肥料的効果が記述されていることもあるが、マメ科作物の肥効の過大な評価で、無肥料や、ごく少ない施肥で栽培することが多いことなどがある。

自然条件では、マメの植物体全体では平均二〜三％の濃度で含まれるチッソは、植物体が枯死すると土壌に還元されるので、大気、植物、土壌の間でチッソの循環系ができている。ごく大まかに見積もって、熱帯のマメ類によって一年間に一ヘクタールあたりの土壌中で無機化されるチッソの量は五〜二〇kgという数字があるが、「緑肥」として全量を土壌に鋤きこむ場合以外は、人間が収穫する子実や茎葉の量が大きくなればなるほど、その他の成分といっしょに土壌から持ち出されるチッソの量が増えて、土壌への還元量は大きく減ることになる。ラッカセイなどの茎葉は栄養価が高く、家畜の飼料として貴重であるために株ごと圃場外に持ち出されるだけでなく、牛糞も、せんべい状にして乾燥し、燃料にするので、圃場へのチッソの還元は皆無と言ってよい。

先に、インド農業における低生産性の要因は数え切れないほどあると述べたが、農業大学学長、農政、乾燥地農業、環境問題などの専門家四氏によるインド農業と食糧生産に関する大型討議では、インド農業の弱点は、食用穀類生産が依然としてモンスーンの支配から解放されていないことだと指摘していた（「ザ・ヒンドゥー」一九八二年一一月二日付）。筆者は、国際半乾燥熱帯作物研究所で、選別種子、播種前施肥、除草・土寄せ、薬剤による病虫害防除、そして、定期的な灌漑という研究所の標準慣行条件でラッカセイの一五品種を栽培したことがあるが、その収量は農家平均の約四倍であった。豊富な太陽放射エネルギーに恵まれる、インドなど半乾燥熱帯地域での作物生産では、水分供給と、適正な資材の投入および栽培管理によって、その高い潜在的生産性を具現できる可能性は高い。

6　ラッカセイとイネの共存

南インドのデカン高原の南縁部にある、アンドーラ・プラデシュ州（AP州と略）は、全二三県からなるが、大小の河川が三四と多く、「リヴァー・ステート」の別名がある。州内の平坦部はすべて耕地として利用されているが、その土壌は、ラッカセイの栽培が多い砂質の赤色土壌と黒色土壌、そして、その混合土壌が多い。AP州における主要作物の作付面積の最近までの約五〇年間の変化で見られる大きな特徴は、イネ、ラッカセイ、そしてマメ類の五〇％前後の増加に対して、モロコシ、トウジンビエ、シコクビエなどデカン地方の伝統的な主食である雑穀類の約八〇％もの激減、そして、それに代わる外来作物のトウモロコシの約三〜四倍の増加である。

ベンガル湾に面した九県は、「沿岸（コースタル・アンドーラ）地方」と呼ばれるが、平年降水量が約一〇〇〇ミリと同州ではもっとも多く、ゴダヴァリ、クリシュナ両大河のデルタ地域を中心にイネ作が多く、国内でも有数の穀倉地帯となっている。また、州中央部から北にかけての一〇県は、「テランガナ地方」と呼ばれる。「テランガナ」とは、テレグ語で「イネとタンクの多い土地」を意味するとされるが、古く藩王、イギリス統治時代から、人口密度が一平方キロあたり五〇人になるとため池―タンクの建設が始められたとされ、タンク灌漑の歴史は一二〜一三世紀にまでさかのぼる。(26) 人口増大にともなう飲料水の供給だけでなく、イネへの灌漑のために建設されたタンクは、一九七五年当時、七万四〇一六か所にのぼり、約一〇〇万ヘクタール、州全体の灌漑面積の約三〇％が灌漑されている。平年降水量は約九〇〇ミリで、ラッカセイの栽培が多い（図V‐6、7）。

図V-6　ラッカセイの落ち莢集めに雇われた人たち（1979年3月1日。アンドーラ・プラデシュ州マハブブナガル県）

図V-7　ラッカセイの買い付け風景（1979年3月1日。アンドーラ・プラデシュ州マハブブナガル県）

そして、南部の四県からなる「ラーヤラシーマ地方」は、沿岸部から離れていることでラビ（冬・乾季）の北東モンスーンの恩恵を受けることができず、降水量が七〇〇ミリ前後と最も少なく、西ガーツ山脈がカリフの南西モンスーンの波及を阻んでいるために旱魃が常襲し、畑作が中心でラッカセイの栽培も多い。

ラッカセイは、AP州の重要な商品作物だが、その灌漑率は一九七五年ごろの一二％から約三％しか増えておらず、依然として天水に依存しており、州の生産量も一九七〇年代の約一二〇万トンから約一〇％の増加にとどまり、単収は八〇〇kg／ha前後で横ばいのままである。ラーヤラシーマ地方の四県だけで州全体の作付面積の八〇％以上を占めるが、その中でもアナンタプール県は、総作付面積一〇七万ヘクタールのうちラッカセイが七三万ヘクタールで州全体の約五〇％を占める最大の産地である。雨季作が主で、雨季明け後の乾季作はその約六分の一と少ない。

筆者のAP州での二年間（一九七八～八〇年）の滞在と、その後の二回（一九七八、一九九一年）の訪問で、今でも強く印象に残っているのが、同州内陸部のナルゴンダ県で見た、乾季に畑のラッカセイと水田のイネとが隣り合って生育する光景である[26]。雨季、乾季の両作季にほぼおなじコースでAP州内を回ったが、雨季には、溜池に近い低地はすべてイネの水田であった。州南部では大面積で単作され、灌漑も行われるラッカセイだが、小面積の畑では、多くが天水作で、ラッカセイの数畝ごとに雑穀やマメ類などが入る間作が多い。降雨がほとんどない乾季に、作物が栽培できるのは雨季作の残り水か、溜池や掘りぬき井戸の水があるところだけである。一九七九年は各地で旱魃が発生したが、乾季の三月に、総耕地の灌漑面積の割合が八〇％以上と州で最も高い西ゴダヴァリ県や、ナーガルジュナ・サガル・ダムによる水路灌漑の恩恵を受けているナルゴンダ県でも、イネのあるところには、必ずと言ってよいくらいラッカセイの畑があった。水田からの浸透水を利用していることが推察されるが、ラッカセイ作の有利性を示している。

杉本・宇佐美ら（二〇〇四）[29]は、AP州内陸部のテランガナ地方四県のラッカセイ作について、農業所得面からは、イネ作がもっとも高位安定作で、ラッカセイがそれに次ぐとしている。そして、四県のラッカセイの作付面積の約三〇％の増加はモロコシなど雑穀からの転換によると考えている。だが、ビルマニら（一九九九）[30]は、国内でも有数のラッカセイ産地である同州南部のアナンタプール県で、天水条件では必ずしも最適とは言えないのにラッカセイの作付が増大しているのは、農民がラッカセイ作に固執して、もっと有利なほかの作物の導入などに関心を向けようとしないためであるとし、収量を向上させるための技術は大農、小農のどちらにも必要だと述べ、また、ラオら（二〇〇五）[31]は、AP州全二二県における、一九八〇年代から二二年間のラッカセイの生産量増大は、品種改良や栽培技術の改善で単収が高くなったことによるのではなく、投入資材費の支援や買い入れ価格の適正化で面積拡大が促進された結果によるものだが、今後の面積拡大は難しいだろうと予測している。

インドでも、プラスチック・フィルム被覆栽培（マルチ栽培。第七章「中国」、第八章「日本」を参照）に関心がもたれて、イネわらによるマルチングとの比較試験も行われている。[32] わら利用のマルチ栽培では、乾季の家畜飼料がなくなることに農民の不安があるが、代わりに栄養価の高いラッカセイ茎葉が得られることで実用化の可能性があると報告されているので、今後、天水栽培地域でのマルチ栽培の普及が期待される。

インドのラッカセイ作は、前述のような多くの生産阻害要因の解決にはまだ道が遠く、単収で中国の水準に追いつくことは難しい。近年、国際半乾燥熱帯作物研究所では、ラッカセイの育種目標として食品用品種への転換も始まっている。筆者が三〇年前にAP州で見た、乾季にラッカセイとイネが隣り合って生育する姿は、これからも見られるだろうか。

7 「ラッカセイの国」から「ダイズの国」へ？

「……食習慣は、一つの世代から次の世代へと、伝統的に受け継いでいくものである。しかし、今日のように食料が不足する時代にあっては、過去の因習にとらわれることなく、新しい材料の利用について学ぶ態度が必要だ。農学の進歩で私たちに提供されるようになったダイズのような新しい食素材で、足りない栄養を補完することもその一つである。……」（AP州立大学家政学部P・プシュパンマ教授、一九七六年二月二八日）

最近のインドのラッカセイ作の背景には、世界的な自由貿易の流れの中で、いわゆる「黄色の革命」とも呼ばれている油料種子作物生産の変化や、急激な人口増にともなう消費の増大のために、インドが食用油の大輸入国になり、ラッカセイ油とその加工油脂のヴァナスパティから安価な輸入パーム油への消費の転換が起こっているという問題がある。国内で急増しているダイズは、AP州ではまだ増えていないが、今後、天水作で、ラッカセイからの転換が考えられるのはヒマワリだとも言われている。ヒマワリは、生育日数が短くて環境適応性がひろく、乾燥にも強いので農民の関心は高まっており、ラッカセイ、モロコシ、コムギなどからの転換が進んで、インド全体では、一九七五年から約三〇年間に面積、生産量ともに四倍以上の伸びを示している。だが、農民にはまだ、ヒマワリ栽培についての十分な技術的経験がないので、ラッカセイの優位性はしばらく続くとする意見もある。(33) 近年、インドのダイズ生産量の増加は著しく、マハラシュトラ州を中心に全国で七〇〇〜八〇〇万トン台に達して世界で第五位にあり、すでにラッカセイを追い越す勢いを示している（前出、表V－2、3）。

ラッカセイは、インドでは新参者の油料種子作物だったが、ダイズは、インドにとって、決して新しい作物、そして食物ではない。数千年前ごろに中国で栽培化されたダイズが、アジア大陸内で隣接する東南アジアの低緯度の熱帯〜亜熱帯諸国での定着には、その日長反応性の適応に長い時間を要した。ビサライア（一九八六）[34]は、「……インドはこの一〇年間にダイズの国際レースに参入した。……だが、インドにとってダイズは決してニュー・クロップではない。一八〇〇年代の初期に米国にダイズが紹介されるよりもずっと前からインドはダイズを栽培していたのだ。……」と胸を張って述べている。二〇〇年ほど前からヒマラヤ山麓部では、種皮が黒い品種のダイズを煎って食べていたとか、茎葉を家畜の飼料に利用していたとも言われているが、シン（二〇〇六）[35]は、インドへは、年代は明らかではないが、インドネシアからビルマ（ミャンマー）経由で伝わり、現在のヒマチャル・プラデシュ州や、ウッタル・プラデシュ州のクマオン丘陵、ベンガル東部、インド北東部のナガ山地などで小規模に栽培されていたと述べている。「菽《ダイズ》の道」とは別に、中国からインドやネパールの高緯度地域へのダイズの伝播のルート、すなわち、「絹の道」は、ヒマラヤ南麓の近道を通る道もあったのではと思われる。

しかし、注目されるのは、統計すらなかったダイズの栽培面積が、一九七〇年代から八〇年代の中ごろにかけて急増して、一九九〇年までに二二〇万ヘクタールと、実に七〇倍にも増えているという事実である。ダイズの栽培試験が、小規模だが、すでに一八二二年に行われているが、乾季作コムギとの輪作への採用や、天水条件での栽培でよい成績が得られず、研究が中止になっている。また、一九〇〇年代初期に、プサにあった帝国農業研究所で、有望な品種が見つかり、その収量が在来のマメの三〜四倍もあった。ただ、当時、ダイズは、油料種子としてではなく、ベジタリアンのタンパク給源として常食される〈ダル〉＝マメ料理の材料の一つとして、また、茎葉の飼料としての利用を考えていたようである。一九三〇年代に、マハトマ・ガンジーが地力維持のために自らダイズの栽培の普及を試みたとも言われているが、一九四八〜五二年に、推定一〇〇〇〜二〇〇〇トンの生産量があったという記録がある。そして、多数の米国品種も供試して、育種を中心としたダイズ研究が本格化するのは一九六〇年代になってからで、一九六七年に、米国の援助で「全インド・ダイズ共同研究計画」が発足している。このころ、インドでは、「緑の革命」の成功の高揚感もあって、「もはやわが国農業では、コムギとイネについてはすでにその改良は終ったた……」という声があったのと、マメ類と油料種子作物の生産量が約一〇〇〇万トンで頭打ちになっていたことから、人口増に伴う国民のタンパクや脂肪など栄養不足の改善が必要だと考えられて、ダイズへの関心が高まりつつあったといわれている。(35)

他方で、国内にあった多くの搾油工場のほとんどが、その処理能力に余裕があったことから、ダイズの搾油と、脱脂搾油粕を原料とする組織状タンパク（人造肉）、豆乳、その他の食品的利用の開発などが促進された。「第七次五カ年計画」（一九八五〜九〇年度）にもダイズの発展計画が盛り込まれているが、マディヤ・プラデシュ州政府を中心とした努力で、一九八〇年代になると同州の八〇万ヘクタールを筆頭にして、ウッタル・プラデシュ、グジャラート、ヒマチャル・プラデシュの各州で栽培が増えて、全国で一〇〇万ヘクタール、(36) 生産量が約七三万トンに達した。そして、油粕も韓国、インドネシア、日本などの安定した輸出先を得た。その結果、ついにラッカセイを凌駕して世界の五大ダイズ生産国に仲間入りした。

インドの油料種子作物の生産の増大は、価格上昇による農民の作付け増によるところが大きいが、一九七九年から九四年までについては、増大の要因の少なくとも五九％のうち、四〇％は、ダイズとヒマワリという新作物の増加によるもので、一二％が、ナタネ・マスタード、およびラッカセイの増加、そして、七％が技術的な革新による面積当たりの収量の純増だとする意見がある（世界銀行、一九九七）。

一九七六年に、筆者は、ボンベイ（現ムンバイ）にあった国立タンパク食品・栄養開発研究所長であったK・T・アチャヤ博士を訪ねた。筆者の「インドには何千年にもわたって栽培されてきたマメ類があるが、ダイズのタンパク質含量はそれらの二倍近くある。インド人はそのフレーバーからダイズを嫌っているが、ダイズ食品の普及に努力すべきでは？……」という問いに対して、「日本にはダイズしかないが、インドには多種類の伝統的なマメがある。インドでダイズの将来性はない」と、はっきり否定された。また、「……いわゆる本当のベジタリアンは約二五％だけで、富裕層には動物性食品を食べる人も多い。穀類と在来のマメ類の組み合わせで栄養上の問題はない。問題は収入の低いことだが、将来は動物性食品の摂取は増えるだろう……」とも話されたことが記憶に残っている。

だが、これと同じ時期に訪問した、アンドーラ・プラデシュ州立大学家政学部長で調理学教授のP・プシュパンマ女史は、ダイズを積極的にインド人の食卓に取り入れようと努力している方だった。女子学生の調理実習を見学したが、「ダイズの匂いをインド人が嫌うことは事実ですが、調理に時間がかかること、まだ、十分に市場に出回っていないなど問題があるが、ダイズはタンパク質含量が高く、インド人の栄養改善には必要です」と話され、嗜好性の問題についても、「この女子学生たちが母親になり、その子供たちがダイズを食べるようになるまで教育と時間が必要です」とも話された。そして、頂いた実習用のテキスト『よりよい栄養のためのレシピ集』には穀類とマメ類を使った六五種類の調理法が書かれていたが、すでに、そのうちの約半分にダイズが採り入れられていた。本章の初めに、筆者が感銘を受けた言葉を紹介したが、インドにおけるダイズの普及には、プシュパンマ教授のような先覚者もあった[18, 37]。わが国の研究者によるダイズの青臭みの原因となる酵素、リポキシゲナーゼ欠失系統の発見は、嗜好性の問題の解決に大きく貢献するだろう。

インドにおけるこれまでのダイズ生産の増大は、雨季作を休閑していた未利用耕地へ採用するという、かつてのラッカセイと同様に作付面積の拡大に負ってきた(34)。だが、その平均単収は一ヘクタールあたり一トン以下で、先進のダイズ生産国の単収の二〜三分の一にすぎない。今後、さらに生産性を高めて、輸入ダイズとの価格競争力をもった、収益性の安定した作物となるために解決されるべき課題は、まさにラッカセイとも共通する。ダイズは、ラッカセイのよきライバルであってほしいが、地下結実性やアフラトキシン汚染など、作物としてはハンディのあるラッカセイにとっては、手ごわいライバルといえるだろう。

第六章　アメリカにおける落花生の歴史と文化

1　「ピーナッツ」と「グラウンドナッツ」

米国は、ラッカセイの世界史の中ではまだ日が浅いが、その食文化史で占める位置はきわめて大きい国である。「ザ・ピーナッツ」といえば、わが国の年配の世代は、双子の女性歌手を、また、単に「ピーナッツ」といえば、もちろん食べ物と同時に、米国のコミック『ピーナッツ』の人気主人公、「スヌーピー」や、食品会社プランターズの広告キャラクター、「ミスター・ピーナッツ」を連想する人も多いだろう。だが、植物、あるいは作物としての「ピーナッツ」は、英語の名前というよりも「米語」の名前である。

植物命名規約では、ラッカセイの英語名は「グラウンドナッツ」に統一することになっていて、国際食糧農業機構（FAO）の統計や、国際研究機関などでも、「グラウンドナッツ」が用いられている。インド、オーストラリア、南アフリカ共和国など、英国連邦加盟の国々も、もちろん「グラウンドナッツ」で、「ピーナッツ」は使われていない。ラッカセイを指す、「グラウンドナッツ」、すなわち、「地中で実るナッツ」と語源が共通する名前には、「アースナッツ」（英）、「エルドヌス」（独）、「ポア・ド・テール」（仏）もあるが、米国で「グラウンドナッツ」というと、地下に子実やイモを形成する植物の総称になる。

外国から来た人間が初めて見る植物や食べ物の名前は、現地での呼び名からつけるか、または、自国の似たものを連想してつけたりするのがまず一般であろう。英国領の北米植民地時代にラッカセイを初めて見て食べた人間は、本国で食べていた「ピー」、すなわち、エンドウを連想して、「ピーナッツ」と呼んだのだろうと想像されるが、一九世紀の大西洋貿易時代には、英国人も、米国人も、ナイジェリアやガンビアから、アフリカ産のラッカセイをそれぞれの本国へ輸出している。英本国ではラッカセイは栽培できなかったが、米国は世界有数の生産国、そして消費国になった。「グラウンドナッツ」と「ピーナッツ」が、どうして使い分けられるようになったのかについては明らかではないが、約二〇〇年前の次のような話がある。

すなわち、一七九四年に、英国人のヘンリー・ワンシーが、米国で煎ったラッカセイの味を知って本国へ持ち帰ったが、中国では多く栽培されていると知って驚いたと述べている中で、彼がラッカセイを「ピーナッツ」という名前で呼んでいて、これが、英国で「ピーナッツ」という名前の最初の記録らしいとされている。他方で、米国人も南北戦争までは、「ピーナッツ」ではなく、「グラウンドナッツ」と呼んでいたともいわれている。(1) しかし、両国でのこの二つの名前の使い分けの経緯は、はっきりしない。

一九世紀末～二〇世紀初めごろの米国の報告や論文を見ると、すべて「ピーナッツ」が用いられているが、一九七四年に発足した米国のラッカセイの専門学会の名称と学会誌名、論文での作物名表記も「ピーナッツ」である。だが、米国人が英国の刊行物に投稿した論文では「グラウンドナッツ」を用いている。この使い分けはかなり厳しいらしい、というのは、オランダの出版物（ヴァン・デル・メーセンら、一九八九）には、〈グラウンドナッツ―英語〉、〈ピーナッツ―米語〉と注記されていることにもうかがわれる。大英帝国時代の旧「北米植民地」の呼び名は認めないということだろうか。だが、そもそも、どちらもラッカセイの硬い「殻」に包まれた莢実をみて、草本性のマメであるのに「ナッツ」、すなわち、「堅果類」の仲間の名前で呼んでいる。その「誤り」を認めてか、米国の子どもや一般向けのラッカセイの本では、エンドウ、クルミと並べて『ナッツではないピーナッツ』と教えている。

ところで、わが国では、理科教育や、近年、よく聞かれる「食農教育」の観点から疑問に思うのは、文部科学省・科学技術・学術審議会報告に基づく、『五訂増補食品成分表（二〇一一）』（香川芳子監修、女子栄養大学出版部刊、二〇一〇年）では、何故か、ダイズは「豆類」だが、ラッカセイが、米国のように「種実類」（未熟豆は「野菜類」）に区分されていることである。学校の現場ではどのように教えられているのだろうか。

因みにわが国の学術用語では、「ラッカセイ」、および、「落花生」、そして、英語名は〈ピーナッツ〉と〈グラウンドナッツ〉を併用している。また、農水省関係の表記は、「落花生」と「らっかせい」である。

2　米国「ラッカセイ食文化」のルーツ

二〇〇八年一一月の大統領選でのオバマ氏の勝利は、二〇世紀に入ってからの米国社会の諸分野で活躍するアフリカ系市民の存在感の高まりが一つの頂点に達したことを象徴するものだった。彼らの多くは、奴隷制度のあった時代に、主に米国南部に連れてこられたサハラ以南のアフリカ人を祖先に持っている。彼らの米国—英国領北米植民地への到着は、一六一九年にオランダ船でバージニア州のジェームスタウンに使用人として売られてきた二〇人の奴隷が最初といわれているが、奴隷制度の廃止で自由を得てから、作物や家畜を育て、アフリカ人同士、あるいは、アメリカ先住民や英国人移住者と結婚し、一七七五年ごろには、米国植民地人口の二〇%を占めて英国人に次ぐ第二の大きな民族集団になった。一八七〇年には、全米の黒人の九一・五%が南部に居住していたとされる（http://aboutusa.japan.usembassy.gov/j/jusaj-travel-geography 08.html,2009/09/08）が、一九八〇年の国勢調査でも、南部一七州の黒人人口は全国の黒人総人口の半数（五三%）を占めている。州別では、ミシシッピー州の三五・二%を筆頭に、サウスカロライナ州（三〇・四%）、アラバマ州（二五・六%）、ジョージア州（二六・八%）、ルイジアナ州（二九・七%）などの州で割合が高い（注。ワシントンD・Cは七〇・四%。また、全国総人口に占める割合では一一・七%）[2]。

元大統領J・カーター氏が育った南部の農村部では、ラッカセイは子どもたちの休日のおやつになり、若い男たちは、煎ったこの香ばしい味の良い食べ物を果物売りのスタンドや、畑で使う馬車に積んで村の道で売るようになった。人々は、町角から「煎りたてのラッカセイだよ！」という呼び声が聞こえてくるよりも早く、そのアロマに誘われてラッカセイ売りに群がったが、その売り声は、鉄道の駅や列車の中、定期市やサーカスでも響いた。劇場では、上演中にカレッジの学生たちが殻付きラッカセイをバリバリ音を立てて食べて、捨てた殻を踏みつけたり投げ合ったりして、大人たちを激怒させたと言われている。一九世紀になると、料理本にラッカセイが登場してくるが、医師が肉類に劣らぬ栄養に富む食品だと推奨し、スープやケーキ、キャンディに用いられるようになった。このように、植民地時代に奴隷だったアフリカ系黒人たちによってもたらされたラッカセイが、たちまち、米国人たちの好きな食べものの中で、もっとも ポピュラーな地位を占めるようになったという料理史研究家A・F・スミスは、『ラッカセイ――輝かしきグーバーピーの歴史』（二〇〇二）の中で、さらに次のように述べている[1]。

「……南北戦争前の米国の上流クラスの人々にとってのラッカセイといえば、南部の貴族階級は奴隷や貧しい者たちだけが食べるものだと考えていたし、北部のエリートたちも屑のように粗末で下品なもののシンボルのように考えていたという点では、どちらも全く違いはなかった。しかし、幸なことに米国人は、安くて、味が良く、腹がいっぱいになる、その上なによりも持ち運びが便利なこの食物とは相性がよかった。……食卓を素通りするだけで、すぐに忘れられてしまうような他の食べ物とは逆に、ラッカセイは、まるで米国の偶像であるかのように育っていった。……最初は奴隷たちしか食べていなかったのだが、南北戦争の前ごろから米国人たちの間でスナックの主流になり始めた。だが、戦争の間にもっとそれ以上のものになった。というのは、北軍の封鎖に直面した南部人たちは、それまでは決して食べなかったのに、同盟軍がラッカセイ畑のある地域を占領したので奴隷たちのように食べるようになったのだ。そして、戦争が終わるやいなや、ラッカセイの生産と消費は急増し、料理の専門家たちは、料理での使い方の可能性を広げていった。……」

また、米国南部の料理文化を、「アメリカ先住民、欧州人、そして、アフリカ系米国人によって創造された混合文化である」と明快に定義している、ミシシッピー大学南部文化研究センターの「南部食習慣・調理法の類似性」研究グループは、『南部人の食べ物入門』(二〇〇九)で次のように述べている。(3)

「……最初の移住者たちは、手に入れた野生の食べられる植物の料理の仕方を先住民たちから教わった。先住民たちは、トウモロコシの育て方、料理法、そして食べ方も教えた。移住してきた最初の英国人たちは、故国では毎日、コムギやライムギのパンを食べていたが、そのどれも新世界の土地にはなかった。先住民たちの贈り物はトウモロコシだけではなかった。彼らの野菜だったジャガイモ、サツマイモ、カボチャ、多種類のマメ、コショウ、ササゲ、トマト、ナスなども、みな彼らが育てていたものだったが、南部の白人たちは二〇世紀になるまで、それらはすべて有毒だと信じていたのだ。……」

この総説では、南部の食習慣、食素材、料理法における他の地域との特異性をもたらした要因などにも言及しているが、南部で最も重要だった食べ物は、トウモロコシとバーベキューのポークだとしている。飲み物では、ケンタッキーのバーボン郡でトウモロコシからバーボン・ウイスキーが生まれたこと、非合法のビール、ワイン、アルコール飲料の代用品として「アイス・ティー」が好まれた禁酒法の時代（一九二〇〜三三年）に、やがて世界市場でライバル同士となるソフト・ドリンクのコカ・コーラとペプシ・コーラとが南部で生まれたことも教えてくれる。しかし、ラッカセイについては、ペカン・パイ、チーズ・パイ、メリンゲかぶせチョコレート・パイ、スポンジ・ケーキ、パウンド・ケーキなど、「スイート」の一つとして、「ピーナッツ・ブリットル」（ナッツ入りのカルメ焼き、豆板など）が紹介されているだけで、「……これらスイートの類は、キッチンの皿を洗ったり、庭の落ち葉をかき集めたり、散らかったベッドをさっぱりと片付けたりした後の疲れなおしに与えられるもの」という軽い位置づけになっている。これは、アフリカ系黒人たちが「ラッカセイ食文化」の種子を播くまでは、ラッカセイは米国の「土着」の作物、食べ物ではなかったことを示している。

3　ピーナッツ・バター

わが国では、ピーナッツ・バターは、原料ラッカセイの用途別消費の内訳には出ていないが、近年、主として米国産の加糖製品が約一〇〇〇トン、中国産の無糖製品が約四〇〇〇トン輸入されており、国内では、米国産原料で数メーカーが製造している（平成二一年度『落花生資料』）（第八章「日本」）。しかし、ラッカセイの年平均生産量が約一五〇〜二〇〇万トン、売上高では約八・五億ドルのほとんどが食用向けの米国では、その半分以上がピーナッツ・バターの原料として消費され、国内の九〇％の所帯で、一年間に三一七万トンのピーナッツ・バターを消費している（米国ピーナッツ評議会、二〇〇九、米国ピーナッツ公団HP）。

ある米国人の知人が、「米国の兵士は、ピーナッツ・バターとコカ・コーラがないと戦えない」と言うのを聞いた記憶があるが、ピーナッツ・バターは米国生まれだと信じている人も多いといわれるくらい、米国の食文化の中で特異な地位を占めている。だが、原産地である南米の先住民たちは、昔からラッカセイをペーストにして食べていたし、ピーナッツ・バターとチョコレート（カカオ）の組み合わせの原型もすでに古代インカにあった。米国で、食品としてのラッカセイが、さらに巨大な市場を持つピーナッツ・バターという商品として発展したが、その誕生にかかわる話題のいくつかを年代順に追って見ると、次のようである(1、4)。

・一八四〇年代。ニューヨークに住んでいたローズ・デーヴィスの息子のロスがキューバに旅した時に、女性がラッカセイをすりつぶしてパンに塗っているのを見て、母親にその作り方を話し、彼女がサンドイッチにこの「ピーナッツ・ペースト」を塗ったという記録がある。

・一八八四年。M・G・エドソン（ケベック州モントリオール）が、煎ったラッカセイを熱い間にすりつぶして、液状〜半液状に加工する方法の米国特許を取った。冷却後の製品は、均質で、バターやラードあるいは、オイントメント（軟膏）状であったと述べている。

・一八九〇年。セントルイスの医師だったジョージ・A・ベイル・ジュニアが、歯の悪い人の植物性タンパク質の栄養補給食品としてラッカセイ・ペーストを作って販売を始めた。

・一八九三年。熱心な菜食主義者だったミシガン州バトルクリーク療養所の医師J・H・ケロッグ博士が、歯が悪くて食べ物をよく噛めない老人患者たちの栄養改善のために、ラッカセイやコムギ、トウモロコシなどの粒を圧扁して焼いた食品（コーン・フレイク状のもの）を考えた。その成果が認められたので、「グラノーラ」と名付けた朝食向き食品として量産化を図るために、「トーステッド・コーン・フレイク会社」を設立して商業化した。さらに、やや水分の少ない「ナッツ・ミール」や、ラッカセイをつぶして水分を含んだ、ペースト状の粘りのある褐色の食品を作った。そして、一八九七年ごろに、原料コストが高いナッツ類を使った製品の「ナッツ・バター」から、主にラッカセイを原料とする製品に切り替えて、これを「ピーナッツ・バター」と名づけた。そして、一八九八年に、弟のW・K・ケロッグと、煎ったラッカセイの代わりに蒸したものを使用する製法特許を取得したが、以来、ケロッグがピーナッツ・バターの発明者とされるようになった。
・一九〇一年。バトルクリーク療養所の職員だった、ジョセフ・ランバートが、家庭でピーナッツ・バターを作れる小型の器具を考案、商品化した。
・一九〇四年。C・H・サマーが、「ルイジアナ購入地(注)」フェアで、アイスクリーム・コーンや、ホットドッグ、ハンバーガーなどと一緒に、ピーナッツ・バターを健康食品として数千人の来場者に宣伝、販売して大儲けした（注。一八〇三年に米国がフランスから一五〇〇万ドルで購入した、ミシシッピー川とロッキー山脈の間の土地）。
・一九二二年。カリフォルニアのジョセフ・L・ローズフィールドが、ラッカセイ油の分離や劣化を防ぐ方法を開発し、「スキッピー」のブランド名で新しいピーナッツ・バターの製造販売を始めた。

以上のように、一八〇〇年代の終わりごろに、ベジタリアン食として生まれたピーナッツ・バターは、一九〇〇年代の初めごろには、国内消費量が九〇万トンに達し、大小数十のメーカーが生まれたが、消費の増加が止まらず、一九一九年には約三〇〇万トンに達している。今日では、ピーナッツ・バターは栄養食品としての宣伝効果や、料理レシピ集も出版されて、サンドイッチやスープ、野菜のドレッシングなどに用いられるようになり、特に子どもの食べ物として消費が拡大して、米国の料理文化の歴史でこれほど短い間に大きな影響を与えた食品はないといわれている。

ピーナッツ・バターの組成は、最低九〇％以上、ラッカセイを含むものとされ、これに風味や脂肪分の安定、油の分離を防ぐなどの目的で少量の甘味料や食塩を添加することができる。業務用の、ラッカセイが一〇〇％の製品や、脂肪分を約二五％減らした製品、ラッカセイの砕粒を混ぜた「クランチ・タイプ」も市販されている。最近、米国内で、ラッカセイのアレルギーや、アフラトキシン、サルモネラ菌汚染など、食品衛生上の問題が発生して、世界的にも関心を集めているが、ピーナッツ・バターは、ピーナッツ・スプレッドとともに、その定義や分類、製法、成分や添加物、および品質規格などについて、米国政府（農務省・食品医薬品局）による厳しい基準が設けられている。

4　レシピのなかのラッカセイ

米国のラッカセイ食文化のルーツについて触れたが、南部の伝統食文化として誇示するかのような今日のラッカセイの食素材としての利用の形態、そして、レシピはきわめて多様で、料理研究家でもグルメでもない筆者には論ずる資格がない領域である。ここでは、L・H・マリリン編『南部の伝統食品ラッカセイ・レシピ・コレクション』（一九八四）[5]と、A・F・スミス（二〇〇二）[1]が採録しているラッカセイ食品と料理の種類を挙げるにとどめるが、これらの数とその多様さは、わが国の千葉県におけるラッカセイの加工・調理品の四二種（第八章「日本」）をはるかに超える。

◎マリリン（計二二四種）
・前菜（二五）
・スープおよびサラダ（二〇）
・野菜類（一六）
・メイン・ディッシュ（魚および肉料理）（三九）
・パン（一三）
・ケーキ（二〇）
・キャンディ（一九）
・クッキーと棒菓子（三六）
・パイ（二三）
・その他のデザート（一三）

◎A・F・スミス（計一二五種）
・ビバリッジ（六）
・ビスケット・パン・クラッカー・ロール（九）
・ボイルド・ピーナッツ（二）
・バターおよびサンドイッチ（九）

・ケーキ（九）
・キャンディ・菓子類（一七）
・セリアル（一）
・クッキー（五）
・ウェファス・グリッドル焼きケーキ（三）
・アイスクリーム・シロップ（四）
・メインコース（一〇）
・カナッペ・マヨネーズ・オイルほか（九）
・モック料理（ターキーの脚・ピーナッツ・ソーセージほか）（五）
・プディング・パイ（四）
・ローストおよびソールト・ピーナッツ（一一）
・サラダ（一一）
・ソースおよびグレーヴィー（二）
・スープおよびピューレ（九）

5　ジョージアのラッカセイ農民から大統領へ

筆者が、インドでの二年間の勤務を終えて、一九八〇年の七月から約一か月間のラッカセイに関する研究事情調査旅行で、ケニヤ、スーダン、ナイジェリア、ブラジル、そして、メキシコを経て、最後の訪問地が米国ジョージア州だった。筆者がラッカセイの研究を始めた一九六〇年代以来、多くの論文のコピーを送ってもらったR・O・ハモンズ博士（米国農務省ラッカセイ育種研究官）とは、インドで会ってからの再会だったが、ティフトンにある研究所と育種試験圃場、ジョージア州立大学の農学部などを案内してもらった。農学部図書室には、世界各国から贈られた五〇〇〇冊を超えるラッカセイに関する学位論文の棚があり、筆者の論文も製本されて並んでいた。

プレインズは、第三九代大統領J・カーター家ゆかりの町だが、煙突に描いたラッカセイの莢実のマークでわかるラッカセイの加工工場や倉庫が国道沿いに立ち並んでいて、同州のラッカセイ産業の中心地である。カーター氏の邸宅や、鉄道の停車場わきに選挙キャンペーンの事務所もあるが、氏の父の会社のオフィスだった建物と並んで、〈プレインズ・ジョージア　われらが大統領ジミー・カーター〉と大書した看板がかかった建物があった。このあたりのたたずまいは、一九二五年当時の写真と比べて見ると、プレインズの中心部の面影がそのまま残っているようにみえる（図VI-1）。

米国のラッカセイ栽培の歴史を見るのに、保守的で典型的な南部の特徴をもつといわれる「深南部」五州を代表する、国内第一位のラッカセイの生産地であるジョージア州、そして、ジョージア州のラッカセイ栽培者から大統領になったジミー・カーター氏を抜きにしては語れない。米国南部のラッカセイ産業の発展には、アフリカ系米国人、そして、彼らのルーツにつながる奴隷制度との深い関わりがあったが、カーター氏の自伝的著書『なぜベストをつくさないのか？』（酒向克郎訳、一九七六年）（『自伝I』と略）[6]や、『夜明け前のひととき――農村少年時代の思い出』（二〇〇一年）（『自伝II』と略）[7]では、少年のころの米国南部の農業やラッカセイ栽培のこととともに、黒人たちのことに深い関心を寄せていたことが述べられている。

図VI-1　ジョージア州プレインズの鉄道の駅近くにある元大統領 J. カーター氏ゆかりの建物（1980年7月）

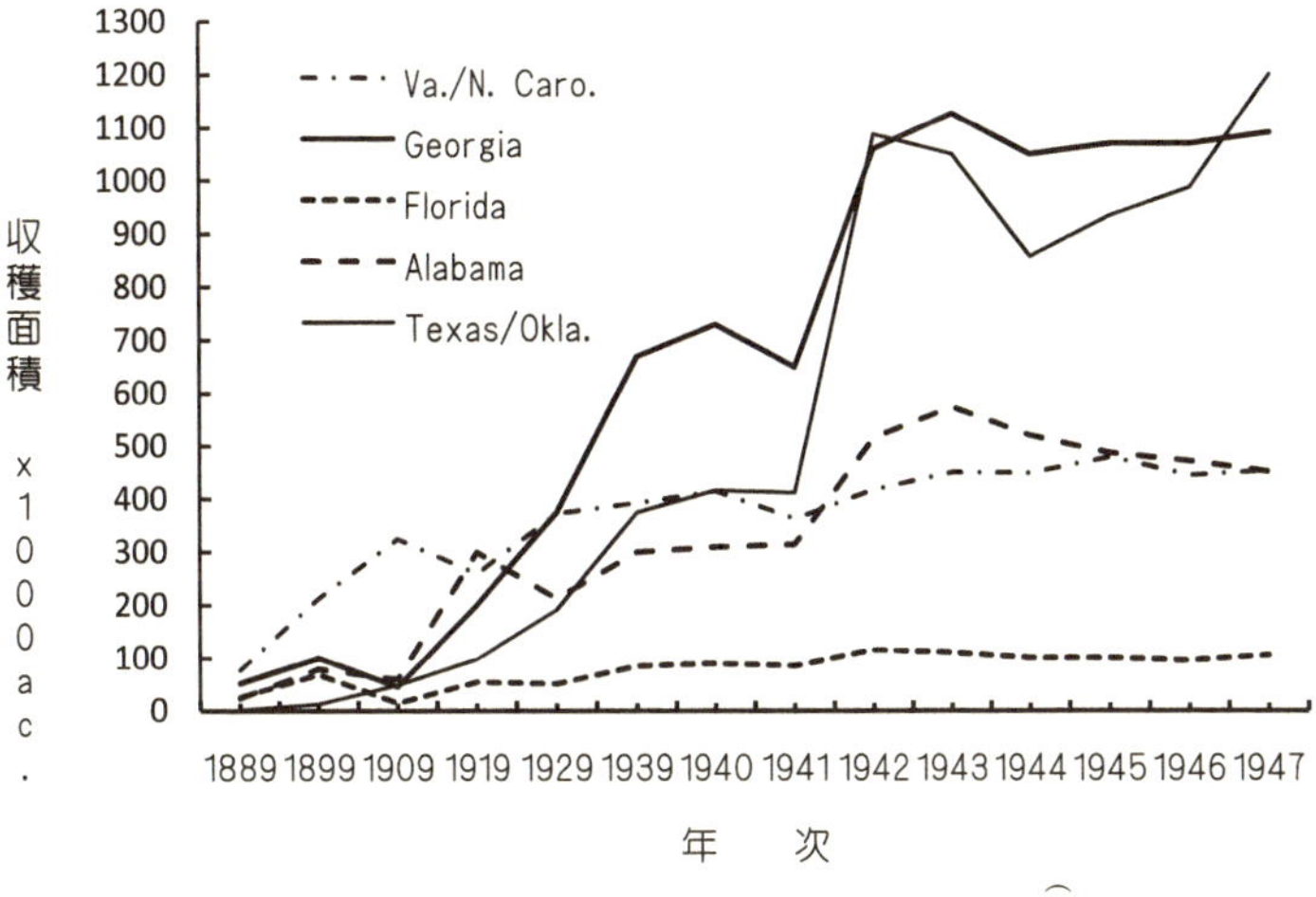

図VI-2　米国のラッカセイ生産初期の産地別推移（ヒギンス、1951）[33]

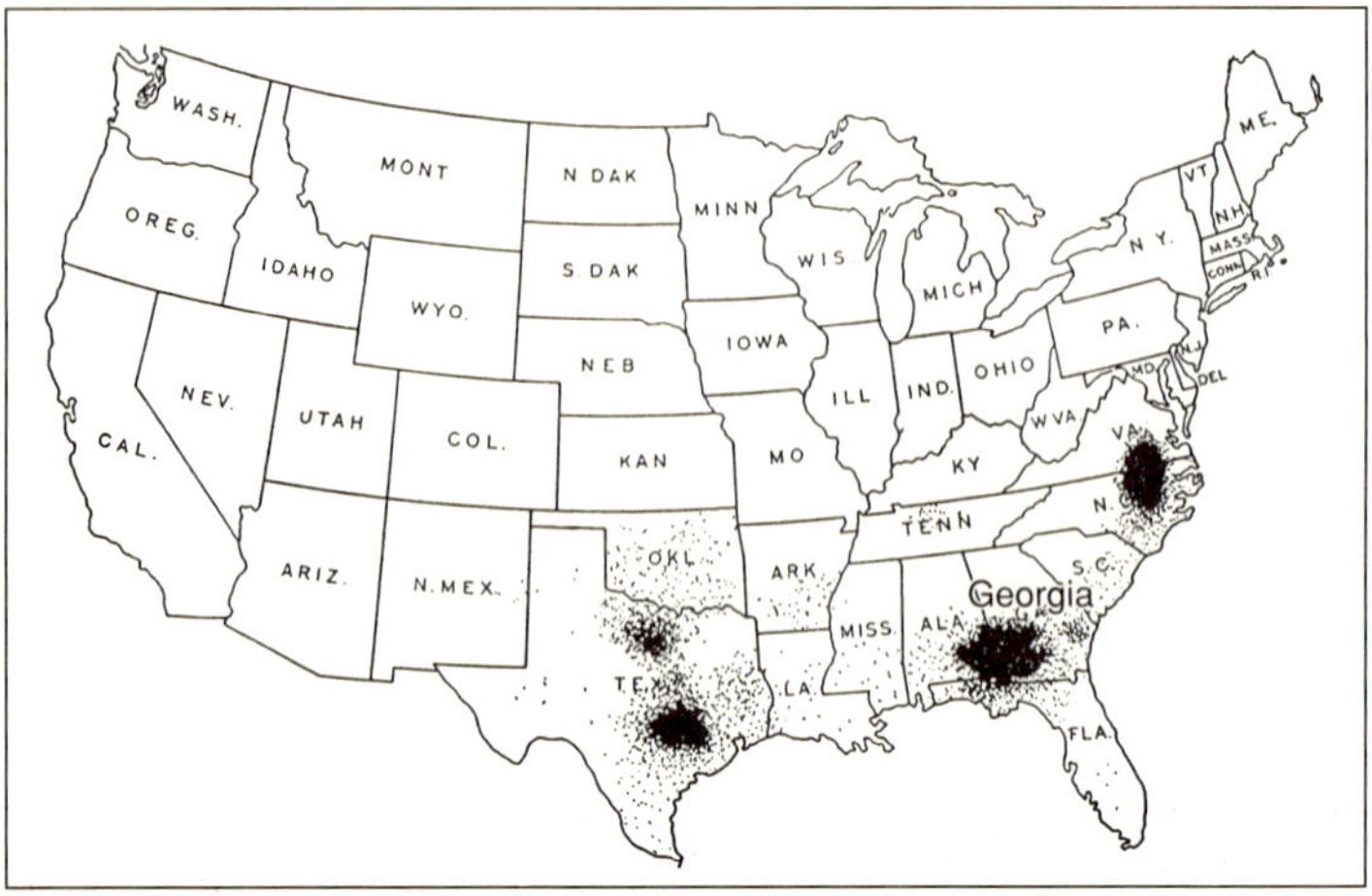

図VI－3　1944年当時の米国のラッカセイ生産州（ヒギンス、1951）[33]

カーター氏は、一九二四年にジョージア州東部のサムター郡の農家の長男として生まれた。父は、近くのプレインズの町に事務所と倉庫を持ち、ラッカセイを農家から買い集めて製油所に売ったり、農家に肥料や種子、生活必需品などを販売していた。地域の指導者として電化計画の推進や郡の教育委員、そして、亡くなる一年前には州議会の議員を一年務めた人物だった。母は、資格を持った看護婦として働いていた。カーター家の祖先たちは、先住民が一八三〇年ごろに退去したすぐ後にジョージア州の東北部から移住してきたが、一九四六年に結婚したロザリン夫人の一族の初期移住者たちとともに南北戦争で死んでおり、カーター氏自身は、同じ土地で暮らし続けた五代目になる。カーター氏が生まれた当時は、換金作物の中心であったワタがラッカセイへ転換しつつあった時期で、ジョージア州ではラッカセイの栽培面積が急増して、すでに全国の生産量の約四〇%を占める国内最大の産地になっていた（図VI－3）。

　カーター氏は『自伝I』で、子供のころに、朝、父の畑へ行ってラッカセイを掘って家に運び、莢実をちぎってよく水洗いし、一晩、水に漬けておいてから翌朝、塩水でゆでて、この「神が人間に与えられた最高の贈り物」のゆでラッカセイを約半ポンド（約二五〇グラム）ずつ紙袋に入れ、二〇袋ほどを線路伝いに四、五キロメートル歩いてプレインズの駅で売った。売り切れると家へ戻ってそれを繰り返して、一日一ドルほどの収入になったが、九歳になったころには五俵のワタが買える額の貯金ができて、その後のワタの値上がりで父の倉庫に貯蔵していたワタを売って五軒の家が買えた。そして、海軍士官学校に入学するために家を離れるころには毎月、一六ドル五〇セントの家賃収入があったという。第二次大戦中に、ラッカセイの収穫作業にドイツ軍の捕虜を一日七五セント〜一ドルの賃金で使ったことが知られているが、[8] 時代は違うがカーター少年の収入はかなりよかったことになる。

当時のラッカセイの作付けは、まず畑をラバやウマで鋤き起こしてから、畝《うね》立、施肥、播種、発芽前の除草作業と続く。作物が生長してくると、中耕を七、八回するが、早朝、まだ暗い間は、ラバが作物を踏みつけて傷めるので明るくなるまで待った。ラバは小柄で、ラッカセイの畝栽培にはウマよりも適していたが、除草機を牽かせる作業では、一日に五〇〜七〇キロメートルも歩かねばならず、人間とラバのスタミナ比べだったという。人間も重労働だったが、ラバは当時の農業には大切な家畜だった。第二次大戦が終る少し前ごろからトラクターへの転換が進み、一ヘクタールあたり、約一八五人時《にんじ》かかっていたラッカセイ栽培の労力は、機械化でその一〇分の一以下と大きく減ったが、一九四一年には三一万四〇〇〇頭もいたラバが、まさに「風とともに去りぬ」のように姿を消していったという。[8] カーター氏は、子供のころは毎朝、農場の鐘の音で家族と一緒に四時に起きると、カンテラの明かりで水を運んでラバや家畜の世話をし、荷車に肥料や農機具を積んだり、播種機に種子を入れたりした。畑では、ラバを休ませる時と、朝と昼の食事の時以外は働きどおしだったが、帰るとすぐ家畜の世話をして、夕食の後はベッドへ直行したと書いている。

ラッカセイの収穫期になると、ラバに犂を牽かせて掘り起こしてから、手で株を抜いて裏返して莢実の土をよくふるい落とし、冬近くまで六週間以上、畑で乾燥台に積み上げておく。これを機械で脱莢してやっと市場に出すことになる。莢付きの平均収穫量は、低い年には一エーカーあたり約七〇〇ポンドで七ドルほどの収入になったが、農家の平均的な作付面積は一五エーカーだった。

「……カーターは、政治家であるずっと前から優れたラッカセイの栽培者であり、種子生産業者だった。……ラバで耕した時代から月へ人間が行くようになった今日まで、およそ政治とは無縁の私の長い人生で起こった今でも信じられない「政治的奇跡」は、ジミー・カーターの大統領選挙のことだ。プレインズ・カフェ、現在のシティ・ホールで開かれるラッカセイの講習会ではいつも最前列に座る、海軍帰りの若者が州知事、そして合衆国大統領になったのだ……」

これは、ジョージアの農家の生まれで、ラッカセイの研究者、教育者、そして、栽培技術の普及専門家であった、ジョージア州立大学農学部名誉教授のJ・F・マッギル博士が自身の半世紀を述べたエッセイ集『ラバから月まで』(一九九八)(8)の第七章「ピーナッツと政治」にある文章である。

アナポリス海軍士官学校卒業後、原子力潜水艦に乗っていたカーター氏は、一九五三年に父の死で帰郷し、父が遺したラッカセイと綿花を扱う「カーター倉庫会社」と農場の経営を引き継いだが、海軍から帰ってみると、ラッカセイ栽培の技術が、まさに「ラバの時代からトラクターの時代」に変わっていて、自分の農業の知識が完全に時代遅れになっていることを知り、ジョージア農業大学の講習会でラッカセイの栽培技術を勉強し直した。しかし、四、五年もしないうちに、「ジミー・カーターは州内で最高品質のラッカセイ種子を生産する」と評判になり、ラッカセイ栽培の専門家のR・パーハム氏は、毎年の講習会で農民から発芽率の高いラッカセイ種子の生産方法を質問されると、「今すぐプレインズへ行ってジミー・カーターに教えてもらいなさい」と答えたというエピソードもある。カーター氏は、わが家の生活の安定は、進んだラッカセイ栽培の技術をマスターすることにかかっていると考えて、勉強し直したのだが、そのころ融資を求めた地元の銀行には断られている。

やがて、初期のいくつかの挫折も克服して、数年後には、品質保証付きラッカセイ種子の生産と販売の事業に成功して、ジョージア州上院議員、同州知事を経て、一九七四年に大統領選に立候補、一九七六年に民主党大会で大統領候補指名獲得、一九七七年一月に合衆国第三九代大統領就任にいたるのだが、その前後の政治家、そして、人間としてのカーター氏の周辺で起こった出来事や政治的活動などについては、『回顧録』(9)に詳しい。だが、マッギル博士が、ラッカセイ生産者としてよく知られるようになったカーター氏について、「……このような評判が政治的にカーターにとってプラスになったとは思えない。なぜなら彼は最初の州上院議員選挙では指名が受けられなかったのだから……」と述べているのは、カーター氏が大統領になってからのワシントンでの既成の政治勢力や議会との駆け引きや、同郷の信頼していた友との政治的意見の相違による決別で苦悩したことなどを思い合わせると興味深い。

ラッカセイとの関わりで付け加えておくと、ジョージア州経済におけるラッカセイ産業の重要性をよく知っていたカーター氏は、州知事時代に、州立大学農学部でのラッカセイの研究と、栽培技術指導体制の拡充、再編を行なったが、ラッカセイ生産地帯で、ラッカセイ関連の産業活動が最も集中するティフトンに、人材と機能を集めることにも尽力している。

ワシントンでは、「南部人」に対する蔑視があり、「……来るべき四年間は、ワシントンでは社交的優雅さが欠亡し、カントリー音楽のみが流れ、無知で、ただ聖書だけを金科玉条とする南部人たちが国の首都に禁酒法を復活させるだろう……」と、メディアの社交欄担当記者たちが書きまくったし、大統領に就任直後にも、偏見があたかも南部に特有の事象であるかのようなテレビの説明にも悩まされたという。だが、カーター氏は、自分自身が「法的に差別が公認された社会」で生まれ育ったこと、父とは人種問題では意見が合わず、話題にすることを避けたこと、自分や、より年長の多くの人たちが、黒人の仲間たちが置かれている地位について全く責任を感じなかったことや、「区別はするが平等」という最高裁の判決に満足していたことなどを率直に告白している。そして、また、サムター郡の教育委員になってから初めて、白人の子供たちはバスで学校に通学するのに、黒人の子供たちは歩いて別の学校へ通っているという現実に気付いたという。教会でも毎週の礼拝には黒人は出席できない慣習があった。州上院議員になってからその差別の撤廃を実現したが、白人の言う「平等」とは、「黒人も学校へ行く自由が与えられている」ことであり、「社会では彼らは区別されているが、社会の中ではそれぞれ平等ではないか」という考え方だった。日頃、尊敬し、親切で公平、慈悲心に富む人たちが、同時に、人種差別をせよと神が説いているという聖書の言葉を引き合いに出して主張することも述べて、南部での人種差別の撤廃と、その恩恵がわれわれ全員に及ぶことを見た時は感動したとも述べている(6、9)。

一九六六年の州知事選への出馬の際の新聞の見出しは、「ジミー……って誰だ?」だった。三位で落選したが、一九七〇年の再出馬の時には、前知事を支持するアトランタの新聞は、「無知で偏狭な、田舎のピーナッツ農民」と書いた。同じ新聞のマンガでは、日の出に向かって歩いている相手候補に対して、カーター候補は「人種差別のこやし」の上に立っていた。だが、このような中傷工作は逆効果となり、終盤戦では多くの黒人票も得て大勝した。州知事時代に、州社会の形成には黒人指導者たちの功績もあったはずだと述べているが、一九八〇年の大統領選再出馬の運動の際には、共和党の対立候補、R・W・レーガン支持派の「ＫＫＫ」集団の非難攻撃を受けている。カーター氏は、「……彼らは我々の土地について知らず、南部が何を経験してきたかを知らないのだ。……」と述べ、「自分の欠点は、一度正しいと思ったら、どうしても妥協できないことだ」と自ら認めているが、『自伝』や『回顧録』の行間から浮かんでくるカーター氏は、深南部生まれの「ピーナッツ農民」というイメージからはおよそ遠い、強い政治家である。

再選挙で敗れたのは、政界に入ったカーター氏を既成勢力が拒否したためだといわれているが、在任中のイスラエルとエジプトとの平和条約締結をもたらした、一九七八年の「キャンプ・デービッド合意」での調停が評価されて、二〇〇二年度のノーベル平和賞に選ばれた。それは国際政治でのカーター氏の人権重視の外交哲学の評価でもあった（『回顧録』訳者、持田による）(9)。

筆者は、一九八八年一〇月、日本青年会議所・高知青年会議所ほか主催の講演会のために来高した、Ｊ・カーター氏と対談する五名の一人に選ばれた。

「ピーナッツを三〇年以上も研究しています……」と、筆者が自己紹介を始めると、カーター氏がすかさず、「私は父の代からピーナッツ畑で五五年働いてきました」と切り返されたので会場がどっとわいた。筆者は、「一九八〇年の夏に、パイン、ペカン、ピーチ、そして、ピーナッツの『四ピー』の州といわれるジョージアのプレインズを訪ねて、ピーナッツ畑やカーターさんのお邸も見ました。……私たちはアメリカのピーナッツをよく食べますが、今日は、ピーナッツにおける日米関係について、ピーナッツ栽培者としてのカーターさんのご意見をお聞かせください」と尋ねた。すると、カーター氏は、「私や米国の農家が作っているピーナッツのほとんどはピーナッツ・バターになりますから、日本のピーナッツ農家に影響はないでしょう」と笑顔で答えられた。

当時は、ラッカセイが含まれていた農産物の残存輸入制限一二品目の市場開放をめぐるガット（GATT）の多国間交渉が続いていたころだった。ジョージアのラッカセイのことや、プレインズの町の印象などにも触れている拙著を記念にと差し出したところ、カーター氏は、本を受け取り、握手の手を差し出された。筆者のラッカセイとのかかわりの約四〇年の間の忘れがたい出来事の一つである。

6 「ザ・ピーナッツ・マン」――G・W・カーバー

ジョージ・ワシントン・カーバー（一八六〇年？～一九四三年）（カーバーと略）について筆者が初めて知ったのは、米国の月刊大衆誌『リーダーズ・ダイジェスト』日本語版の一九六六年一月号に掲載された、ローレンス・エリオット著『富と名声のかなたに――ある化学者の一生』（一九六五）の要約によってであった。西崎（二〇〇一）[11]が、タスキギーのB・T・ワシントンに関する総説で、彼がカーバーを教員として招いたことに触れているが、筆者は、わが国で、カーバーに関する文献を他には知らない。（注。一九五八年に東京緑地社から、アン・テリー・ホワイト著、小林完太郎訳『ジョージ・ワシントン・カーバー』が出版されているが、絶版で筆者は見ていない）米国では、子供たちの絵本や教材にも取り上げられ[12・13]、まさに、ラッカセイが生んだともいえる、最も有名なアフリカ系米国人として知られる人物の一人である、カーバーとは、どんな人物だったのだろうか。

カーバーは、ミズーリ州ダイアモンド・グローブ近くのドイツ系移民の農園主モーゼス・カーバーが所有するアフリカ系黒人奴隷の母から、一八六〇年（または六一年）に生まれ、ジョージと名づけられた。父親も近くの農場の奴隷だった。彼と母親メアリーは誘拐されて奴隷商人に売られたが、彼だけがアーカンサス州で発見された。カーバーが病弱だった彼を家族として育て、ジョージ・ワシントン・カーバーとなった。黒人の小学校を終えて、やがてカンサス州でハイスクールに入学、植物を愛し、また絵を描くことを好んだ。カンサスのカレッジへの入学は黒人であるために拒否される。しかし、学資を蓄えて一八九〇年、三〇歳でアイオワ州のシンプソン・カレッジに入学し、生物学、数学、化学、音楽、美術を学んだ。翌年、恩師の推薦でアイオワ州立農業カレッジ（後のアイオワ州立農業大学）へ転じ、植物学と農芸化学を専攻する。成績が優秀で、カレッジでは最初の黒人卒業生となった。卒業と同時に正式の植物学助手に採用されたが、大学院で、植物の病原菌に対する化学物質の殺菌効果について研究し、一八九〇年に修士号を得ている。同年、アフリカ系黒人で、教育者として有名であった、アラバマ州タスキギー師範・産業研究所長のブーカー・T・ワシントンから同研究所の農業部長として招聘され、彼はこれに応じて一八九六年に大学を離れている。在学中、温室の植物管理と農業の実験室の助手として働き、また、学長の子息であったヘンリー・A・ウォーレスの家庭教師を務めたが、このヘンリーは、長じて後に大統領の農務官、そして副大統領にもなった人物であった。この時の友情が、一九〇〇年に発足した貧しい黒人農民の教育のための農業普及計画の実現につながることになったとされる。

タスキギーの研究所では、黒人に、科学教育と、農業や建築、木工などの技術訓練を行って資格を取らせ、雇用機会を高めることを行っていた。カーバーは、タバコとワタの連作で養分欠乏が顕著な土壌を肥沃化するために、作物の多様化をはかること、土壌の種類ごとに肥料を変えることや深耕を行うこと、そして、チッソの補給に、ラッカセイ、インゲンマメ、ササゲなどのマメ類を一年ごとに輪作することなどが、深南部の貧しい黒人農民が置かれている生活環境の改善に役立つ農業技術であると指導した。また、学生たちへの講義だけでなく、各地の農村を馬車で巡回してタスキギーの卒業生たちの協力で農民に農業技術の指導と普及を行った。彼はまた、ワタミゾウムシ害によるワタの収量の激減対策として、ラッカセイ作への転換を奨励して南部の経済を救ったが、ラッカセイやサツマイモ、ダイズなどの食品的、産業的利用について研究して、約二〇年間に開発、あるいは「発明」した製品の数は、三〇〇以上とも五〇〇ともいわれている。因みに、『G・W・カーバー博物館カタログ』（一九七四）によれば、カーバーが開発したラッカセイ製品の数は二八七種で、その内訳は、食品と飲料が一二三種、塗料・染料が八種で、残りが、化粧品、家畜飼料、医薬品、その他となっている。[14・15]

カーバーは、一九四三年一月五日に死去（享年七九歳）しているが、当時の米国大統領F・D・ルーズベルトから、顕彰の言葉と、三万ドルの国費支出によって生地に記念庭園と碑が建てられるなど、特別の栄誉と顕彰を受けた。このような例は、ともに元大統領であった、ジョージ・ワシントンとエイブラハム・リンカーンだけで、もちろん、アフリカ系黒人としては前例がなかった。記念切手にもなり、原子力潜水艦に彼の名が献呈されている。

米国では、建国以来の負の遺産であった奴隷制度の廃止後も人種差別問題は隠然として残っているが、南北戦争後、経済的に遅れていた深南部で黒人奴隷の子として生まれながら、高学歴で敬虔なキリスト教信者、さらに、「自身の哲学で人種差別問題のリーダーにはならなかった」カーバーに関する神話は、人種差別問題には中立、冷淡、無関心のいずれの白人層にも受容されたと言われている。[15]そして、彼は、「ザ・ピーナッツ・マン」、「タスキギーの魔術師」、「南部農業の救済者」、「ラッカセイ産業の父」、「偉大な世界的黒人科学者」などと呼ばれて、『二〇世紀の著名アフリカ系米国人科学者』（ケスラーら、一九九六）[16]の一〇〇人の中にも選ばれている。因みに、わが国では、『広辞苑』（第六版）に、初代大統領G・ワシントンと、前記の黒人教育者B・T・ワシントンの名が出ているが、カーバーは収録されていない。

だが、筆者がとまどうのは、カーバーの業績を評価し、黒人農民のために献身的な一生を過ごしたラッカセイの研究者として称賛し、偶像化して、彼を神話の主人公として扱っている記述が多くある一方で、彼が発明したとされる、ラッカセイを原料にした三〇〇を超す食品や産業資材には独創性はない、それらの製法の記録がない、学会で科学的な実験について説明できない、ある教会でのスピーチで、「……私は研究では決して文献を使わない。自分の製品の着想や方法はすべて神の啓示によるものだ」と述べたとか、学生たちとの対話の中で、「ラッカセイとともにあるのは、造物主だ」と答えたとか、さらには「他の刊行物の記述を書いているだけだ」など、彼を科学者としては否定、批判する記述がごく多いことである。

典型的な批判の一つの例がマッキントッシュ（一九七六）[15]で、彼は、「カーバー神話」の普及に大きな役割を果たしたのは、雑誌『ライフ』や『ニューヨーク・タイムズ』紙などの多くの大衆向けの記事や読み物のほか、前記の『リーダース・ダイジェスト』誌（一九六五年、第八六号）の要約と、伝記（一九六六）だったと述べている。そして、カーバーの「発明」品のリストには「塩味ラッカセイ」も載っていると指摘し、彼自らがラッカセイの利益を生み出したのではなく、マメ類のもつ土壌肥沃化の働きや、食べ物として栄養的に優れること、ラッカセイとその油を用いたキャンディ、石鹸、サラダ・ドレッシング、粉末、スープ、グリッドル・ケーキ類、マッフィン（イーストなしの小型のパン）などの作り方、そして家畜の飼料としての価値などについては、農業局の『一八九六年年報』にすでに記述されているとしている。

また、一九三〇年代の中ごろに、カーバーが発表した三〇〇種を超すラッカセイの加工品について、農業保障局からそれらの製法の明細を求められて、彼が、「……もし私が何か特別な製品の研究をしようと思ったら、今日のリストは明日には全く違ったものになるから……」と言って断ったことや、研究者からの質問に、「……私は研究を楽しみでやっているのだ。……」、「……私はすべての製法の記録は持っている。だが、まだそれを書き終わっていない」、また、製品の品質の低さや高コストであるとの批判に対しては、「すべて新しい発明というものには懐疑的、無関心な過程がある。それを経てすべての人が突然、そのメリットに気づいて大きな関心を持つようになるのだ」などと答えたとも言われている。製法やその特許取得の記録を残していないために、後世の研究者が、カーバーの「発明」や「考案」について検証することができないことについては他にも指摘がある。[1] また、カーバーの人柄に関するエピソードとして、彼が金銭には無関心であったことや、自分が開発した五〇〇件もの製品について特許を取ったのはわずかに化粧品一件、染料および塗料二件のみだったと言われているが、[16] このことについても疑問とする見解がある。

このような批判に対して、「……一九七〇年代には、彼の科学者としての業績や、国内にある人種的不正義に対して彼がアンクル・トムのように沈黙を守ったことなどを批判した歴史研究者が多かったが、その後は関心が冷めたようだ。……」と述べ、世間がカーバーに多くの賛辞を与えて文化的、神話的に偶像化したことが、彼の実際に行った仕事を十分に理解し、理論的に彼について正しく評価することを妨げていると指摘するのは、環境史研究者で、『農民への助言と示唆――G・W・カーバーと南部農村の保全』の著者、M・ハーシー（二〇〇六）である。[17] 彼は、人間と、自然、農業、植物や動物、土壌などとの関係に対するカーバーの思想は、持続的農業を考える方向に合致するものであり、環境論者たちはそのことについての理解が足りないのではとも述べている。

筆者は、今まで、ラッカセイの栽培や利用の歴史に関する米国の農学関係の文献でカーバーの名前を目にしたことはない。それは、もちろん時代が古いこともあるが、彼の主な活動の対象と場所が、貧しい黒人たちと、南部の農村や町、さらには教会であったこと、そして、「……このような刊行物は識字率の低い黒人農民の目に触れることはほとんどない。だから私は難しい専門用語は用いないのだ。……」とカーバー本人が述べたとされているが、(17)約四〇年間に書いたとされる数多くの報告類は、農民を啓蒙するためのもので、学術論文ではなかったことなどが考えられる。

「カーバー神話」が生まれた背景には、黒人である彼が、名誉や金銭にとらわれない高潔な人格と敬虔な信仰心の持ち主で、その生涯を農村の現場で貧しい黒人農民たちの指導に献身したということがあろう。だが、彼の生涯を運命づけたのは、米国の象徴的な作物、そして、食物になった「ピーナッツ」が身近にあったことだったといえるかも知れない。

7 「ラッカセイ文化」が生んだヒーローたち

ラッカセイ食品は、莢のままの、ゆでラッカセイや、煎りラッカセイから始まって、今や油やバター、スナック菓子類にとどまらず、前記のように、スープから、メイン・ディッシュ、デザート、アイスクリームときわめて多様である。米国では、それらを好む子どもたちから大人の世界まで、ラッカセイ文化ともいうべき現象が生まれ、それがヒーローやキャラクターを生みだしてきた。

チャールス・ミクッチ著『ラッカセイの一生とその時代』(一九九七)(18)は、三二一ページの絵本だが、子どもたちが喜びそうな挿絵で、まさに「ラッカセイのすべて」について、楽しみながら知ることができるように書かれている。すなわち、ラッカセイがジャガイモやカカオなどと同じ南米生まれであることから始まって、種子を播いてから発芽して成長し、開花して地下で実るまでの様子、ナッツではなくマメの仲間であること、根粒バクテリアが土を肥やす働きがあること、栽培のしかたや、コンバインによる収穫、工場での乾燥、子どもたちがよく知っているいろいろの食べ物、茎や葉は家畜が食べること、工業製品にもなること、外国では、どこでどれくらい生産されているか、そして、海を越えてアフリカから奴隷船で北アメリカや欧州へ伝わったことなど、歴史についても述べられている。そして、終わりには、南北戦争の時に、兵士たちがラッカセイをグーバーピーと呼んで歌ったその歌詞と楽譜、野球とラッカセイが同じ一〇〇年の歴史をもつこと、そして、ラッカセイの栽培を指導して農民を救った「ザ・ピーナッツ・マン」――ジョージ・ワシントン・カーバーと、ジョージア州プレインズのラッカセイ農家に生まれたジミー・カーターが大統領になったことを教えて、結びにしている。

「ノース・カロライナ・ティーチャーズ」編による教師用の『科学読書指導指針（グレード3、二〇〇六）』で、低学年向きの理科教育用参考図書の一つとして挙げられている、C・リーウェリン『ランチには何を？』シリーズの『ラッカセイ』（三二ページ）（一九九八）[19]も、たくさんのカラフルな写真と大きな文字で、子どもたちがラッカセイという植物、作物、そして食べ物に興味を持つように配慮がなされている。また、「米国落花生評議会」編『一年間を通してのラッカセイとピーナッツ・バターの記念日』というパンフレットは小学校低学年の教師向けだが、元日、バレンタイン・デー、独立記念日、ハローウィン、父の日、母の日など、毎月の国民祝祭日に家族に贈る、ラッカセイを使ったプレゼントや、工作の材料と方法が書かれている。ちなみに、三月は、「国民のラッカセイの月」で、ラッカセイの米国の産業への貢献と、国内の最も栄養価の高い農産物の一

図VI-4　米国「ピーナッツ文化」のシンボル「ミスター・ピーナッツ」（原図）

つであることに感謝する月である。また、一一月四日は、「ピーナッツ・バター愛好者の日」で、この日は、ケロッグ博士のピーナッツ・バターの製法特許を記念する日でもある[20]。

そして、ラッカセイを通じて、国内だけでなく、世界的な知名度を持つ人物として、ジョージ・ワシントン・カーバーやジミー・カーターのほかに、一一歳でイタリア系移民として米国にやって来て、街角のラッカセイ売りから身を起こし、ラッカセイ食品メーカー「プランターズ社」を創業した、アメデオ・オビチがいる。彼は、ラッカセイを煎る方法や、莢と種皮（渋皮）の処理法の問題を解決して、二台の大型焙煎機からスタートして、二年後には、世界的ブランドの「プランターズ・ナッツ・アンド・チョコレート会社」を発足させた[21]。

さらに、このような歴史上の人物だけではない。一九一六年に初登場した「プランターズ」社製品のブランド・マスコット「ミスター・ピーナッツ」がいる。顔と胴体がラッカセイの莢実で、山高帽にスパッツ（くるぶしまでの短いゲートル）、片メガネ、そして左手に黒檀のステッキというデザインは、プランターズ社のイラストレーターが、一三歳の少年アントニオ・ゼンチルの応募入選作品の「ピーナッツ人間」に手を加えたものである。「ミスター・ピーナッツ」もアントニオの命名で、賞金は五ドルだった。今日ではイミテーションも多いようだが、キー・ホルダーから、灰皿、置物、吊り下げ人形など、各種の宣伝グッズにデザインされて世界中で愛されている（図VI－4）。多くの食品製造会社がそのブームに乗って、子ども向けの絵本やコミック本、ゲームなどを売り出したが、「プランターズ」社刊の「ミスター・ピーナッツ」にラッカセイの歴史を語らせる絵本は、一九六〇年だけで百万部も売れたという。

また、一九七二年放映のテレビの一時間の長編シリーズ『キャプテン・カンガルー』で、ラッカセイ業界がスポンサーになって製作された、ラッカセイの栽培から収穫やむき実までの作業、多くの食品やピーナッツ・バターの製造工程など、ラッカセイについてのエピソードが語られる番組は、推定五〇〇万人が視聴したといわれる(1)。

このほか、M・マサイソン脚本・スティーブン・スピルバーグ監督・製作のSF映画『E・T』（二〇〇二年）では、少年エリオットがチョコレート・キャンディー（ピーナッツ・バターをミルク・チョコレートで包んだもの）で、隠れているE・Tを森から誘い出すが、言葉を教えるのに、大きなラッカセイの莢の形をした貯金箱を見せて、「これは『ピーナッツ』と言うんだ。だけどイミテーションだから食べられないんだ」と教えるシーンがあった。

だが、これら以上によく知られているのは、チャールス・M・シュルツ作の連載コミック『ピーナッツ』（一九五〇年〜二〇〇〇年）の主人公、チャーリー・ブラウン（日本では、チャーリーよりも犬のスヌーピーのほうに人気がある）だろう。コミック『ピーナッツ』は、一九四八年にシュルツが住んでいた地元紙のセント・ポール・パイオニア・プレスに週一回のコマ漫画として連載された。同年に「サタデー・イブニングポスト」紙に売り込んでいるが、最初はチャーリー・ブラウンとよく似た男の子だけが主人公だった。

筆者の手元にも、鶴書房（後に、ツル・コミックス）版、谷川俊太郎訳「ピーナッツ・ブックス」（全六〇巻。一九六七〜）や、『ピーナッツ』生誕五〇周年記念・愛蔵版『スヌーピーの五〇年——世界中が愛したコミック「ピーナッツ」』（C・M・シュルツ著・三川基好訳。二〇〇一年）(22)などがある。一九五〇年一〇月二日から、シュルツ死去の翌日の二〇〇〇年二月一三日まで、総連載回数は一万七八九七回におよび、メディア史上、最も有名で影響力が大きかったコミックであり、一人の人間によって語られた最長の物語であるといわれる。ピーク時の掲載紙は二六〇〇、七五か国、二一か国語に翻訳されて、読者数は三億五五〇〇〇万人に及んだ。米国の連載漫画が四コマ形式になるさきがけとなったが、今日もなお多くの新聞に再連載され、シュルツが得た収入は一〇億ドル以上とされる。

このように、米国の「ラッカセイ文化」は、農業から経済、食品産業、そして、食文化だけでなく、子ども向けの教材や絵本、さらには、コミック、テレビに波及して、宣伝・広告ビジネス・メディアにおける「キャラクター・ライセンス」のモデルにもなるなど、世界中の広範な年齢や階層の人々に及んでいる。[23]英語の「ピーナッツ」には、「つまらぬもの」という意味もある。だが、まさに、「たかがピーナッツ、されどピーナッツ」と言わねばならないだろう。

8 ジョージアにみる初期のラッカセイ栽培

(1) ラッカセイはブタのえさ

今日、米国のラッカセイ産地は、ジョージア、テキサス、アラバマ、ノース・カロライナ、フロリダ、オクラホマ、バージニア、サウス・カロライナ、ニュー・メキシコの九つの州に広がっているが、この約五〇年間、生産州はほとんど変わっていない。地域によって、子実の粒サイズなどで用途が異なる栽培品種の違いがあるが、ジョージア州は国内総作付面積の約四〇%を占める最大の生産州である。

ジョージア州では、消費が増えていたスナック用の煎りラッカセイ原料として北部へ移出もしていたのが、南北戦争(一八六一~六五年)でしばらく止まった時期があった。ラッカセイが換金作物として重要になるのには、一九〇〇年代になって、主作物であったワタが虫害によって激減したことが大きな要因となった。一九一六年に、州で初めて商業的なラッカセイのむき実工場が二か所にできて、ラッカセイ産業の発展に一時期を画したが、第二次世界大戦による需要の増大がそれに拍車をかけた。当時のルーズベルト大統領は、国営放送を通じて、「ラッカセイは食料、油料であるだけでなく、火薬の原料にもなる戦時体制下の六大基本作物の一つである」と農家にラッカセイの増産を呼びかけた。また、「銃とバター」政策で、ロシアにラッカセイも送ったといわれている(8)。

ところで、植民地時代には、米国人はラッカセイをそのままで食用にすることは少なかったが、間接的には、油と、ラッカセイを与えたブタ肉という形で食べていた。すなわち、ラッカセイ油については、一七六八年に、ノース・カロライナで、帆布で搾って得た油がアーモンドの油のようにきれいで味がよく、英本国までの八か月間の航海後でも酸化せず、夏の暑さでも変質しなかったこと、そして、ラッカセイ一ブッシェル（約三五・二リットル）から油が一ガロン（約三・八リットル）採れたこと、また、加熱して搾ると歩留まりが増えたが質が劣ったことなどが報告されている。当時は、欧州からオリーブ油を輸入する代わりに国内でラッカセイ油を製造し、輸出することの可能性も考えられたが、料理用にはラードが好まれていて、産業化には至っていない。

そして、ブタのえさとしての利用だが、スペイン人が新大陸へ導入した家畜で最も成功したのがブタで、一六〇八年に、英国人の入植者たちが、冬が温暖な南部へ導入した三頭のブタが十八か月で六〇頭に殖えたといわれている。ラッカセイ油の研究者、ブラウンリッグ博士が、搾油粕がブタとニワトリのえさとして優れていることを報告し、ラッカセイの生産増大にもっと関心を持つべきだと主張したが、一八四九年ごろからラッカセイの主な用途の一つとして、ブタ用の飼料が考えられるようになった。やがて、「ピーナッツ・フレーバー・ポーク」の味が評判となってプレミアム付きで取引され、バージニアでは、乾燥ハムも作られたという(1)。

また、ラッカセイを食用ではなく、ブタに与えるための粗放な栽培が、米国のラッカセイ栽培の初期にあった。これは、成熟期に入ったラッカセイの畑に、去勢した食用の雄ブタ（ホッグ）を放し飼いにし、地中のラッカセイを食べさせて肥育をはかるので、「ホッギング・オフ」と呼ばれた。一九二五年から三四年当時には、年平均で七八万五〇〇〇ヘクタールあった全国のラッカセイ作付面積の約三五％でこの方式が採用されていた。ジョージア州でも、南部の郡でひろく行われていたが、一九七三年の末ごろにはわずか約三％に減っている。それ以後のラッカセイ栽培の文献に「ホッギング・オフ」のことは、ほとんど出てこない。

この栽培法は、一〜二畝《うね》ずつのトウモロコシ、または、ワタと、ラッカセイを交互に植えるか、あるいは、トウモロコシの畝にラッカセイを一緒に植える間作の一方式だが、栄養価の高いラッカセイの子実を食べさせてブタの肥育をはかりながら、土壌養分の消耗が大きいトウモロコシやワタの跡地の地力、とくにチッソ成分の補給をラッカセイの落葉とブタの排泄物で行うという目的もあった。そのためには、ラッカセイの莢実が茎葉の枯れた後もできるだけ長く畑にあることが望ましく、成熟期が遅く茎葉がよく茂る晩生の品種を用いて、一〇月ごろから翌年の一〜二月ごろまでブタを放した。早生で小粒の品種は、莢実が地中発芽し易く、莢実が腐敗したりして、ブタの摂食が落ちるので、晩生品種よりも早く八月中旬ごろから四〜六週間、ブタを放した。カーター氏も、このホッギング・オフをしたと述べている。ホッギング・オフによる地力維持効果は、ブタの糞尿で還元される栄養分と、ラッカセイの残渣がどれくらい土壌に有機物をもたらすかにかかっているので差異が大きいが、多くの栽培農家には、省力的で優れた土壌保全の手段だと考えられていた。

だが、ホッギング・オフが消えた理由の一つには、ブタの肉質が柔らかくなり、たるんで売る時に見栄えが悪くなって市場価格が安く、出荷するまでさらに二、三週間、穀物飼料で肥育しなければならなかったということがあった。また、ラッカセイのミネラル含量が低いためにブタの骨の発育が悪く、骨折による経済的ロスが大きかったとも言われたが、これらの問題はミネラル分の補給と、屠殺の約三週間前ごろからラッカセイを与えることを止めることで解消されたとされている。ブタの飼料は、やがて、トウモロコシに切り替わったが、ホッギング・オフが減った最大の理由は、ラッカセイの生産意欲が高まった国内産地で、トウモロコシとラッカセイの輪作体系が確立し、トラクターやコンバインによる、作付けから、収穫、脱莢、乾燥に至るまでのラッカセイ栽培の機械化一貫体系が急速に普及したことである。ホッギング・オフは、米国のラッカセイ栽培史に残る独特の栽培法であったが、ラバとともに姿を消した。

(2) ラバからコンバインへ

地上で種子が成熟する穀物や、ダイズなどのマメ類とちがって、地下で結実するラッカセイ作で最も神経を使ったのが、収穫から乾燥までの作業だった。今日のような商品作物としてのラッカセイ栽培の急速な拡大を見るまでには、この収穫からの一連の作業の機械化と人工乾燥法の開発に負うところが大きいが、それには約四〇年かかっている[24・25]。

わが国では、「野積み」と呼ばれているが、ジョージアでも、ラッカセイの食味品質を高めるのと、市場へ売るまでの一〇%前後の安全貯蔵水分にするために、まず株を掘り上げてから数日間、地干しをしてから、圃場にマツの木の柱を立て、地面から約三〇センチメートル離して横木を十字に組んだ乾燥台―スタック―に積み上げる。そして、秋の終わりから初冬のころまで、約六週間、風にさらして乾燥した。そして、いよいよ摘莢の時期になると、近くで「働ける体をもった者」は誰でも雇って、日の出のころから

日没まで作業したという。(7)

一九〇〇年代初期には、ラッカセイの収穫作業は、ラバなど畜力の犂《すき》で株を掘り起してから、手作業で株を抜いた。そして、小型トラックや、後には、トラクターを動力源にした定置型の摘莢機で、茎から莢実を分離した（ピッキング）が、一九四〇年代後期から一九五〇年代になって、掘り起こしてから地干しする株の土をふるい落とす作業機（シェーカー・ウィンドロウワー）が開発された。そして、一九五〇年から一九六〇年代にかけて、ラッカセイ専用コンバインが開発されて普及し始める。すなわち、莢実が二〇％以下の安全水分含量まで乾いた地干しのラッカセイ株を、掻き集めながら土を振い落して、摘莢し、莢実を茎葉と選別、袋詰めにして畑に落としていく、空冷エンジン・トラクターに装備した「シェーカー・ウィンドロウワー」が、そして、さらに、「掘り起こし・株反転機」を装着した「ディガー・シェーカー・ウィンドロウワー」が開発された。これによって、掘り起こした株が反転されて、莢実が良い通気状態で風乾されるようになり、天候不良時の乾燥が速く、莢実の乾燥がより均一になり、根や莢実の土の除去もより完全になった。

また、これらコンバインの開発と並行して進んだ、人工乾燥法の開発の貢献が大きい。すなわち、畑からそのまま工場に莢実を搬入して、熱風で安全水分まで乾燥するので、茎葉にまだ緑が残って莢実水分がやや高い時でも収穫できるようになって、地干しの時間が半減し、悪天候によるリスクが大幅に減った。今日では、コンバインに牽引された、ばら積みタンク車が莢実で満杯になると、横付けしたトレーラー乾燥ワゴンにポンプで莢実を移し、工場へ直行して通風乾燥する。圃場での摘莢は、莢実水分が二〇〜二五％（生重ベース）の範囲で行うのが最も損傷が少ないが、乾燥（キュアリング）は、極めて重要な最後の収穫作業工程で、通気温度は、子実温度が華氏九五度（約三五℃）を超えないこと、通気湿度は、脱湿速度が毎時〇・五％以上であること、末期の通気湿度は子実の最終水分含量が七〜一〇％の間にあるように保つことなどによく留意することが求められる。

9 「アメリカン・ピーナッツ」の今後

レボレドら（二〇〇二）[26]は、一九七二年から二〇〇〇年までの三〇年間について、世界と主要生産国のラッカセイの収穫面積と生産量、単収などの動向を解析して、世界の農作物輸出市場では、ラッカセイ貿易は、「余りものビジネス」だと述べている。それは、ラッカセイは油料種子作物として重要な地位を占めているが、そのほとんどが国内で消費されていて、輸出に回される量はごくわずかにすぎないためである。すなわち、一九九六〜二〇〇〇年の平均では、世界全体の総生産量、約三〇〇〇万トンに対して輸出量は五％に過ぎず、一九九〇年から二〇〇五年までのむき実の総輸出量は一〇〇万トン前後とあまり変わっていない。

一九七〇年代からの世界の作付面積の増加は約一七％に過ぎないので、総生産量の約七七％の増加は、約五〇％増という単収の向上によるところが大きい。中国は、収穫面積の倍増と、ヘクタール当たり約三トンという、世界で最高の平均単収によって、生産量が一〇〇〇万トン以上と約四倍に増加して、世界最大の生産国となった。これに対して、インドに次いで第三位の米国は、単収はヘクタール当たり約三トンに達しているが、近年、収穫面積が約五〇〜六〇万ヘクタールと減少傾向にあり、生産量は一五〇〜二〇〇万トンで、二〇〇〇〜二〇〇六年の世界の平均総生産量（さや付き）に占めるシェアでは、中国の約三八％に対して、約五％にすぎない（FAOSTAT）。

世界最大の農業国である米国は、二〇〇六年度の農業生産額は九五七億ドル、名目GDPに占める比率は〇・七%である。地域ごとに特色のある農畜産業が行われているが、主要農産物は、生産額（農家受取額）では、牛、乳製品、トウモロコシ、ブロイラー、そしてダイズの順に大きい。また、農産物の輸出は、野菜、果物の需要の増加や穀物価格の高騰などの影響で史上最高額を更新して二〇〇七年度は八一九億ドル、二〇〇八年度には九一〇億ドルが見込まれているが、これらを含む農家受取額による主要農産物二〇品目のランキングにはラッカセイは出てこない[27]。

一九九五年以来、ラッカセイの国際価格は、変動幅は小さいが、値下がり傾向を示している。そして、搾油原料用ラッカセイと、ラッカセイ搾油粕の輸出が減って、欧州諸国や、日本などアジア諸国への食用向けラッカセイの輸出量の割合が高まっている。ラッカセイ関連の農産物貿易では、アルゼンチンやメキシコとは、米州自由貿易協定（FTAA）や、北米自由貿易協定（NAFTA）合意によって相互の段階的な関税の引き下げと撤廃を決めている。ラテン・アメリカ諸国間では、米国を含まない「南米南部共同市場・MERCOSUR」、「アンデス協定・ANDEAN PACT」、「中米共同市場・CACM」、「カリブ共同市場・CARICOM」などの諸協定によって、ラッカセイ産業についての地域間障壁はなく、米国ラッカセイ産業にとっては、WTO体制下での世界的な貿易自由化の流れのなかで、かつてのような強力な国内農産物の輸出競争力の政策的な保護が難しくなり、輸出競争力の一層の強化が求められることになる[28]。このような世界市場の状況下で、米国のラッカセイ輸出の最大の競争相手は中国ということになるが、近年のアフラトキシン汚染や残留農薬問題から、輸入国側での規制が厳しくなり、高品質の原料が求められるようになっており、そのための検査のコストもかかることから、米国にとっては輸出の有利な要因になる。米国内では、ラッカセイ・アレルギーやピーナッツ・バターのサルモネラ菌中毒という問題もあるが、有機栽培への関心もたかまって、「オーガニック・ピーナッツ」が約二倍のプレミアム価格で売れている。[29] ラッカセイ生産農家は、安全で高栄養の食品としてのラッカセイの国内需要を高めるとともに、国際市場での競争力をさらに強化する努力が求められている。[30・31・32]

第七章　中国における落花生の歴史と文化

1　古代の中国にラッカセイはあったか？

（1）なくならない中国原産説

近年、中国は世界で第一位のラッカセイ（注。作物名は片仮名で表したが、引用した原文の中国名、漢字名はそのままで、種名不詳の場合は、「ラッカセイ」のように表した。なお、「花生」は「落花生」と同義で、ラッカセイの中国語名である）の生産と輸出国となっているが、かつて、アフリカ原産説とならんで中国大陸をラッカセイの原産地ではないかとする説があった。アンダーソン（一九五二）[1]は、ペルーの墳墓から出土したラッカセイと同じタイプの品種が中国南部で栽培されており、それは「コロンブス以前」に新旧両大陸間で接触があったことを示唆するものだと述べている。だが、すでに述べたように（第二章）、ラッカセイの祖先種の起源に関係があると想定される野生種を含むラッカセイ属の植物は、南米大陸以外には自生しないが、中国でも、次のように南米の原産だとされている。

『中国農業百科全書』（一九九一）

「花生　起源……原産于南美州安第斯山麓以東……亜馬遜河南部和垃普塔河北部……栽培種 *Arachis*

hypogaea L. 起源于玻利維亜的安第斯山麓……」（訳。ラッカセイの起源、原産は南アメリカ、アンデス山麓の東側、アマゾン河の南部、そしてラ・プラタ河の北の地域。……栽培種ラッカセイの起源はボリビアのアンデス山麓地方。……）

しかし、ラッカセイの起源について、例えば、『中国花生栽培学』（山東省農業科学院編、一九八二）[2]の緒論「我国花生的栽培略史」は、「原始社会遺跡」から「花生」が出土したという考古学の記述で始まっている。また、中国のラッカセイ研究の集大成である『山東花生』（一九九九）[3]には、元代の一四世紀ごろの農書とされる賈銘著『飲食須知』（後述）に記載があるとして、「拠記載、我国花生栽培歴史已有六〇〇余年……」と述べ、「コロンブス以前」[4]にラッカセイがあったような記述が見られる。最近でも、中国におけるラッカセイ栽培の発展に関する論文の序論では、南米の原産だとしながらも、新石器時代の「ラッカセイ」の出土や、「コロンブス以前」の「ラッカセイ」の栽培の記録を紹介して、「ラッカセイの中国起源については論争が続いている」と述べている。また、ラッカセイは南米起源で、中国はもう一つの原産地ではないと述べながら、中国には「ラッカセイに似た植物」について書いた一四世紀の古い記録が存在することから、「コロンブス以前」に、中国でラッカセイがひろがっていたかもしれないと述べている例[5]もある。これらは、中国（系）人の人類学および農学系の研究者によって米国で発表された論文だが、引用されている中国の考古学文献をふくめて、中国人研究者によって、古代の文献を発掘・検証し、それらに現れる「コロンブス以前」の中国に存在したという「ラッカセイ」の同定を行うことが望まれる。

中国の本草学は、わが国では、江戸農書だけでなく、一八〜一九世紀における博物学、そして植物学の発展に大きく寄与したが、中国へ一六〜一七世紀になって伝わった新大陸原産の作物については、それらが普及するまでの本草学者たちの記述には混乱があり、その影響は、わが国の本草学者や農書の記述者たちにも及んでいる。[6] 筆者は、中国へラッカセイが伝わる以前の本草書に、「落花生」、あるいは、「花生」と呼ばれて記載されている植物があることに、かねてから関心をもってきた。しかし、「香芋」や「長生果」、そのほか数多くの異名もある、このマメ科の植物が、果たして「ラッカセイ」とどんな関係があるのかについては、本草学や植物学、あるいは、作物学的な同定についての研究が中国でも少なく、「同文同種」のわが国では皆無である。当然のことながら、非漢字文化圏での研究は、筆者の知る限りほとんどない。本稿では、「コロンブス以前」、および、それ以後の古代の中国文献に現れる「花生」や「落花生」が、ラッカセイか否かについて検証したい。

（2）遺跡からの「ラッカセイ」の出土

中国原産説の根拠とされる、考古学遺跡からの「ラッカセイ」の出土に関しては、次のような報告がある。

一九五八年に、浙江省呉興県銭山漾地区の新石器時代の遺跡から二粒の炭化した「花生仁」（ラッカセイの種子）が出土したと報告（江西省文物管理委員会「考古調査与試掘」一九六二）されて、中国考古学界で大きな話題になった。また、一九六一年にも、隣接の江西省修水県山背地区の新石器時代の原始社会遺跡から四粒が出土したと報告された。[7・8] 前者の遺跡からは、炭化の程度が異なる、ゴマ、ソラマメ、イネ（籼と粳）、ヒシの実、マクワウリなど七種の食用植物と未確認の植物の種子や核を随伴していたが、「落花生」と同定された種子は完全に炭化していて、その粒形は今日の小粒種のラッカセイに似ているとされた。[9] 後者の遺跡の地層の上層部からは黒陶なども出土しており、この遺跡は竜山文化[注1]が東南沿海地方に向かって発展していった時代のもので、良渚文化に属するとされた。[10] また、後者の修水県の遺跡では、家屋址の灰の中に埋もれていた四粒の大粒の炭化「落花生」種子が発見された。これらは、炭化の程度が進んでいたが、種皮の繊維質や、胚、胚軸が明瞭に残っていたとされている(2、8)。これらの発見は「人民日報」(一九六三年第二号)でも報じられた[岡本隆三氏からの私信(一九六八)による]。

これらの報告に関しては、中国の学界でも慎重論があったとされるが(7)、その後、随伴して出土したイネの穀粒や樹木遺体などの^{14}C法による年代決定が行われて、現在から四七〇〇±一〇〇年前(紀元前二八〇〇±一四五)ごろの遺跡であるとわかった。銭山漾遺跡の八地点については、紀元前三二〇〇~紀元前二七〇〇―二一〇〇年ごろという結果も出ている。しかし、これらの結果について、ハーラン(一九七三)(11)は、文献的に、中国へのラッカセイの伝播が一五三〇年ごろ以降であること、それ以後の出土の報告がないことなどをあげて、多くの自然・人文科学諸分野の研究から南米原産であることが確かなラッカセイが、この竜山文化に属する遺跡から出土したとする張(一九六八)(12)(注2)の報告に疑問を呈し、さらに、この出土事例を根拠にしたラッカセイの中国原産説が絶えないことを批判した。

その後も、中国南寧新華社電(一九八一年三月一八日付)として、広西省賓陽県のチワン族人民公社で、一九八〇年六月に今から一〇万年以上前のものと推定される「ラッカセイ」の化石が出土したが、それが現在の同地方の栽培種と似ていることから、ラッカセイの中国起源の有力な証拠となるだろうと報じられている(「高知新聞」一九八一年三月一九日)。また、陝西省の二一〇〇年前の漢代(紀元前二〇六~紀元二二〇)に建てられた漢陽陵墓から副葬品の作物の中にラッカセイが初めて出土したという同省漢陽陵博物館副館長談話が報じられている[「人民網日本語版」(http://Japanese.china.org.cu/culture/2007-10/14 content-9047849.htm.)]。このように、中国原産説は、まだなくならないようである。

ここで触れておきたいことは、甲元(二〇〇一)(13)が『中国新石器時代の生業と文化』で、「新石器時代に属する遺跡で発見されるマメには、ダイズ、アズキ、ソラマメ、ラッカセイがある」と述べた上で、前記の銭山漾のほかに、江西省文物管理委員会による修水地区遺跡の報告に加えて、同省の跑馬嶺と、さらに、湖南省臨澧県の胡家屋場遺跡からの「落花生」の出土事例を、そのまま引用していることについてである。甲元は、「先史時代に……淮河本流地域と長江地域では、湿地でイネを栽培し、森林やその縁辺部でカシ類を中心とした堅果類やモモ、ナツメなどの果物を採集し、畑ではウリ、ヒョウタン、ゴマ、ラッカセイを植え、……」とも述べており、「落花生」を「ラッカセイ」と解している。この多くの中国文献を網羅した労作で、新大陸原産の作物である「ラッカセイ」の出土事例については、他分野の知見と対比して、中国古代農業研究者としての見解が述べられなかったのが残念である。

(注1)「竜山文化」 山東省と黄河中流域で独自に発達した文化が区別されるが、後者の年代は^{14}C年代測定で、およそ紀元前二八〇〇年~同二〇〇〇年である(楊、一九八二)。銭山漾地区遺跡は、広い範囲にイネ籾やコメが堆積していたことから、原始的な農業経済社会がかなり発達していた竜山文化のひとつである良渚文化に属するとされている。[9]

(注2) 張(一九六八)[12]の説を、「コロンブス以前」に中国に伝播した新大陸産の栽培植物の生物地理学的事実として支持する見解(ヨハネッセンら、一九八八、pdf)がある。

(3) 伝播の記録

『本草綱目拾遺』(一八三二)、「落花生」の項の『福清県志』(一七四七)に、次の記述がある。[14][注。國譯『本草綱目』による。( )内注は筆者による]

「外国に産したもので昔はなかった。……康熙の初年に僧応元が扶桑(日本)から持ち帰った。現に閩省（現福建省）に産するものは、興化（興化県。現江蘇省揚州市）に産するものを第一とし、黄土と名け、味は甘《あま》く、粒が満ちている。台湾産は白土と名け、味は澀《しぶ》く粒が細かい。……一名を土豆といふ。……」（原文のまま）

この記述によれば、康熙の初年、すなわち、一六六〇年代にラッカセイが日本にあったことになり、注目されるが、篠田（一九七四）[15]は、「僧応元は『福清県志』では隠元ともつくる。……この記述は誤りだろう。さもないと、和名をにっぽんまめと変えねばなるまい……」と述べている。「黄土」と「白土」が種皮色の異なる「土豆」を指すものであれば、ラッカセイの種類が福建と台湾とで違っていたか、また、莢の色であれば土壌によっても異なる。しかし、「土豆」はイモ類とする記述がある。『綱目拾遺』には、現在の江蘇、浙江、福建、広東などの諸省の『府・県志』から「落花生」（ラッカセイ）の記述が引用されているが、記録に現れる地名は、中国本土の東～南シナ海沿岸地方の前記の諸省、そして、内陸部では、西は四川、河南、南は広西、雲南の各省区から台湾、トンキン、ハノイにまで及んでいる。

ラッカセイと同じ新大陸原産のサツマイモは、一五九三年に海上ルートでフィリッピンのルソンから福建に入ったという確かな記録があり、一六五〇年ごろには救荒作物としてよく知られており、「金薯」と呼ばれて栽培されていた。同じくトウモロコシは、一五五五年に河南省西部の鞏県の低地や丘陵部で栽培されており、中国へはインドやミャンマーから陸上ルートで雲南地方を経て入ったことが確かである。また、タバコとジャガイモは、海陸両方のルートがあった（『大理府誌』一五六三、『雲南通誌』一五七四。ホー、一九五五[16]による）。これら四作物は、ともに新大陸の発見からわずか数十年～約一〇〇年で中国の福建省に伝わっている。

ラッカセイの中国への伝播とその栽培の記録については、ホー（一九五五）[16]によれば、サツマイモ、トウモロコシとともに、福建、浙江、江蘇の各省の沿海地方の各地の『県志』の記録から、ほぼ一六世紀の初期とされている。そして、ラッカセイは、一五五二年に広東から追われたポルトガル人との非合法交易も含めた接触を通じて、沿海部住民の活発な海上交易ルートで上海や寧波の港にもたらされ、ワタ商人などによって各地にひろめられた。そして、次第に栽培が南部の漳州から、莆田、福清、長楽、福州の各県に広がり、栽培が北上していった。また、雲南の地方誌にラッカセイの記録があるとされ、これが正しいとすれば、インドやミャンマーからの陸上ルートもあったかも知れない。

また、尹（一九三六）[17]によれば、中国へ初めてラッカセイが入った年代は不明だが、一般に明代の神宗帝万暦年間（一五七二〜一六二〇年）のころに、福建と広東地方に入ったとし、明末から清代初期には江蘇、浙江、福建、広東の各省に伝播し、一七〇〇年代末には沿海の各省、江西省、雲南省などで重要作物になっていたと述べ、一八〇〇年代には中国の他の州にも広がったとしている。また最近では、アンダーソン（一九八八）[18]は、ラッカセイの中国への導入は遅く、一六〜一七世紀の初頭ごろであろうと述べている。したがって、遅くとも一七世紀ごろには、ラッカセイは食物、作物として知られていたと考えてよいだろう。今日では、山東省が中国最大の産地だが、その沿革については後に述べる。

2　古代の記述に現れる「落花生」の同定

(1)「コロンブス以前」の記述

先ず、ラッカセイが、新大陸の発見以前から中国大陸にあったとする記述と、その植物が何であったかについて検討する。

（i）「千歳子」について

熱帯から亜熱帯産の植物全八〇種を記載する、嵆含著『南方草木状』（西晋時代、三〇四年刊）[注3] 巻下に、「果類」一七種の中の「千歳子」が、ラッカセイであるとする記述がある。[7・8、12、19・20]

「千歳子、有藤蔓出土、子在根下、鬚緑色交加如織、其子一苞恒二百余顆、皮殻青黄色、殻中有肉如栗、味亦如之、干者殻肉相離、撼之有声、似肉豆蔻、出交趾」

孫ら（一九七九）[8] は、この地上部が藤蔓、すなわち、つる性の植物は、莢殻があり、その中身（子実）の肉質と味が栗のようで、乾くと莢殻と子実が離れ、撼《ゆす》ると、音がするなどの性状からみて、ラッカセイであると主張した。「鬚」も、ラッカセイの子房柄であるとして、ラッカセイ属野生種の中国大陸における存在の可能性すら示唆しているが、『本草綱目』（一五七八）[21] には、この「千歳子」は現れていない。しかし、ラッカセイ伝播後の一八世紀後半に編纂された『本草綱目拾遺』第八巻「果部」の「千歳子」の項には、この記述が引用されている。また、後述するが、『綱目拾遺』第七巻「果部」の「落花生」の項には引用されていないので、「落花生」と「千歳子」とは別種として扱われていると考えるのが妥当であろう。なお、孫ら（一九七九）[8] は、『綱目拾遺』の記述には触れていない。また、『本草綱目』の記述で、「其子一苞恒二百余顆」は、一株に二〇〇個あまり結実したという意味だが、孫らは、当時、この植物は「奇花異木」として、ごく大切に疎植して栽培されたので、二〇〇個以上の種子の生産もあり得る、とも述べているが、この結実数についての解釈は、筆者の実験結果からも必ずしも間違っていない。だが、「子在根下」、すなわち、種子が根の下にあるという性状の記述は、後代の文献で多く見られる「花土中即生」というラッカセイの地下結実性の記述と異なることや、「鬚」もラッカセイの「子房柄」とは考えにくい。李（恵林）（一九九〇）[22] は、「千歳子」は、「子在根下」だが「子在地下」ではない、また、「鬚」は気根であり、緑色の気根の下部で開花して「一苞数十百顆」を結実する植物としては、「野葡萄」の「千歳虆」（センザイルイ。サンカクズル？）か、その近縁種が考えられると述べていて注目される。また、「千歳子」の性状などが、もっとも近いのは、「雲南蘇鉄」だとする説もある。[24]

また、『南方草木状』の植物学史的価値について行われた論議の中に、「千歳子」について、李（長年）（一九九〇）[25]の次のような見解がある。

すなわち、前漢時代、紀元前一一一年に刊行された、武帝が「奇草（花）異木」を集めて植えた記録である『三輔黄図』に「千歳子」が出ているが、これを、ラッカセイだとすれば、ラッカセイが漢代にまでさかのぼることになる。「千歳子」をラッカセイとした、この誤りは、『大埔県志』（一七四四）（大埔県は現広東省）の「落花生一名千歳子」という記述に始まるようだと述べ、さらに、他の記述からも、「千歳子」はラッカセイではなく、木本の果樹の一種であると結論している。その植物の同定には、なお研究が必要であるとしているが、「仙人掌」（サボテン）に生ずる子を千歳子と名づける（國譯『本草綱目拾遺』）、「梜（ナン）棗子」（ナンソウシ。マメガキ）[23]、イチジク属の一種、「地瓜」、さらに、「野葡萄」の類など、諸説がある。[26・27]

なお、『本草綱目』よりもはるか以前の、南宋時代（一一二六―一三六七）の『桂海虞衡志』、周去非『嶺外代答』、清代初期の李調元『南越筆記』（後述）、などの地方誌にも、「千歳子」に関する記述がある[8、25]が、『南方草木状』の「千歳子」の記述は、ラッカセイの中国大陸原産説の根拠にするには疑問が多い。

(ii)　「香芋」について

唐代（六一八年―九〇七年）の段成式著『酉陽雑俎』（八五〇年ごろ）について、北村（一九八五）[23]は、ラッカセイの話は見つからないと述べているが、『本草綱目拾遺』「落花生」の項に、『酉陽雑俎』からの次のような引用がある。

「又有一種、形如香芋、蔓性、芸者架小棚使蔓之、開花亦落土結子如香芋、亦名花生」

孫ら（一九七九）(8)は、この記述は唐代に「花生」、すなわち、ラッカセイが栽培されていたことを示すものだとしているが、「形如香芋」や「結子如香芋」という記述からは「香芋」と「花生」は別種であろう。また、『酉陽雑俎』について、転刻や増補がたびたび行われていて、『汲古閣本』(注4)など、後代の多くの版本には上記の記述はなかったとも述べている。「香芋」は、『本草綱目拾遺』「諸蔬部」に「土芋即ち黄獨、土卵」として出ているが、この「香芋」については、後で改めて触れる。

(iii)　「長生果」について

ラッカセイには、「落花生」や「花生」のほかにも、「香芋、万寿果、落生、番豆、蓬蘡、地豆、落花参、無花果、香遜、土露子、落地松、滴水生」など、実に多くの中国名があるが、「長生果」もその一つである。孫ら（一九七九）(8)は、元代（一二六〇―一三六七）から明代初期（一三〇〇年代後半）のころの人とされる賈銘著『飲食須知』の次の記述の「落花生」はラッカセイのことであるとしているが、これに「香芋」と「長生果」の名が出ている。

「落花生、味甘、微苦、性平。形似香芋。小几多食、滞気難消。近出一種落花生、詭名長生果、味辛苦甘、形似豆莢、子如蓮肉、同生黄瓜及鴨蛋食、往往殺人、多食令寒……」

この記述では、初めの「落花生」は、味は甘く、形が「香芋」に似ていて、子どもの多食はよくないとされるが、「長生果」という「詭名」（疑問のある名前）でも呼ばれて、近ごろ知られるようになった「落花生」は、味が異なり、形が豆の莢に似て、実の中身はハスの実「「蓮肉」（蓮子）」のようであり、生のキュウリや、アヒルの卵との食べ合わせでは死ぬこともある食べ物であるとしていて、別種のように思われる。

なお、諸橋（一九八五）[28]は、「香芋カウウ」と「長生果チャウセイクワ」を、それぞれ、「なんきんまめの異名」、「らくくわせい、落花生の異名……『本草拾遺』……」としている。

篠田（一九七四）[15]は、三六八種の食物を扱っている『飲食須知』の記述の信頼性には疑問があるが、「当時の食物について面白いのは玉蜀黍と落花生だ……、落花生も当時あったはずだが正確な記録はない」と述べている。刊行の年代からもラッカセイの記述か否か疑問があるが、「落花生」という作物名が、「コロンブス以前」にすでにあったことに注目すべきだろう。

(iv)『食物本草』ほかの記述について

江戸時代のわが国の本草書に引用が多い、元代の李杲著『食物本草』[29]に「ホド……一名香芋」の記述がある（『本草綱目啓蒙』一八〇四）が、その「巻三果類」の五八種類のなかに「落花生」の名前が出ている[30][注5]。しかし、『綱目』にも、孫ら（一九七九）[8]にも引用がない。

また、「牧野文庫」蔵版本の同書、「異果類」二二種の記述で、「草木志云」として前記の『南方草木状』とほぼ同文の「千歳子」の記述があり、「桂海志云、状似青黄李。味甘……」と述べられている。この記述でも、「千歳子」はラッカセイではない。なお、この[31][注6]「桂海志」は、『桂海虞衡志』（前出）を指すものと思われる。また、周定王（朱橚）撰『救荒本草』（一四〇六）と、一五世紀半ば（明代）のものとされる、蘭茂著『滇南本草』にも「花生」の記述がある[8]。

以上の検討の結果から、「コロンブス以前」の中国文献にある「千歳子」をラッカセイとする説は否定してよいと考えられる。しかし、すでに「落花生」と「花生」、そして「香芋」という名前の作物があり、「落花生」は「香芋」に似ており、「長生果」の異名でも呼ばれた、つる性の作物であることが明らかになった。当時でも、栽培には棚が必要なつる性の植物と、地面に枝が這うラッカセイとの区別は容易であったであろう。その年代からも、新大陸発見以前の文献の「落花生」、「花生」、「香芋」、「長生果」は、いずれもラッカセイではないといえる。

（注3）『南方草木状』は、上、中、下の三巻からなり、中国の亜熱帯から熱帯地方の植物約八〇種を記載する。晉代の稽含（二六三—三〇六年）の著とされる。この著者や刊行の年代などには問題があるとされるが、世界で最も古い地方植物誌として価値が高い(10、32)。

（注4）明の毛晋の蔵書室の名称。（鎌田ら『大漢語林』一九九二ほかによる）

（注5）李杲の著作目録に『食物本草』がなく、著者についても疑問があるとされる。筆者は、牧野文庫蔵本で「千歳子」の記述は確認できたが、「落花生」は未確認である。

（注6）『救荒本草』の撰者は、周定王とする説と、誤って、その子の周憲王とする二説がある(33)。

（2）「コロンブス以後」の記述

孫ら（一九七九）(8)は、ラッカセイについての明確な記述がないことを根拠にして李時珍『本草綱目』（一五九六）(21)や、徐光啓『農政全書』（一六三九）(34)以前の中国にはラッカセイがなかったとは断定できないとし、その理由として、当時はまだ、ラッカセイの油料や薬用作物としての価値がよく知られなかったためだと述べている。そして、「落花生」の記述がある「コロンブス以後」の文献として、『上海県志』（一五〇四）、

『姑蘇県志』（一五〇六）（姑蘇県は現江蘇省蘇州市）、黄省曽『種芋法』（一五三〇）、王世懋『学圃雑疏』（一五八七）、李羽『戒庵漫筆』（一五九三）、馮応宗『月令広義』（一六〇四）、周文華『汝南圃史』（一六二〇）（汝南は現河南省汝南県）、『羣芳圃』などを挙げている。なお、この『羣芳圃』は、王象晉著とあるので『羣芳譜』（一六二一）であろう。これらのほかに、一六世紀以後の文献のいくつかの記述について検討する。

(i)『食物本草約言』

明代（一三六八―一六六一年）の薛巳編輯による『食物本草約言』[35]では、「落花生」は、穀類とマメ類を扱う巻之三「穀部」三五種には含まれず、「果部」五七種の中に「甘蔗」や「椰子肉」と並んで、次のように記述されている。

「落花生　藤蔓茎葉似扁豆　開花落地。一花就地。結一果。大如桃。深秋取食之。味甘美異常。人所珍重。」

藊（扁）豆はフジマメ（「扁豆」はヒラマメにも用いる）で、この記述からは「落花生」がマメ科の植物であることが示唆されるが[36]、食用にする地下形成物の大きさからみてラッカセイではない。貝原益軒は、『大倭本草』（一七〇五）の穀類二七種の中の「落花生」の記述で、「典籍便覧云」として上記の記述を引用している。しかし、「今案ずるに『本草約言』や『食物本草』などの文献に出ているが『本草綱目』には記載のない豆の類である。長崎に多く栽培される……」と、注記ではラッカセイについて述べながら、引用する「大如桃」という記述に疑問を呈していない。これは、益軒が、実物をまだよく知らずに「落花生」の記述をラッカセイのことであると考えたためであろう。中国で、「落花生」がラッカセイとして記述されるようになった『本草綱目拾遺』の刊行は『大倭本草』より約七〇年後である。

(ii)『常熟県志』(一五〇三、一五三八)[2、7・8、16]

本書の「土産商品」の末段、「花生」の条に次の記述がある。[2]

「香芋、宜高地、浮土植之、生有小毒、煮熟可食、味甚香美」、「落花生、三月栽、引蔓不甚長。俗云、花落在地、而子生土中、故名。霜後煮熟食之、其味才美。」

常熟県(現江蘇省常熟市)は、ラッカセイの産地であったとされている(ホー、一九五五)[16]。李(長年)(一九九〇)[25]は、「花落在地、而子生土中」は、ラッカセイの特性を示すものだとしている。新大陸発見直後の刊行である、本書にも「落花生」の名前が出ていることが注目されるが、この記述では、「香芋」と「落花生」とは別種であろう。

(iii) 黄省曽『種芋法』(一五三〇)[8、16]

「引蔓開花、花落即生、名之曰落花生」、「皮黄肉白、甘美可食、茎葉如扁豆而細、謂之香芋」、「皆嘉定有之」

これとほとんど同じ記述が『本草綱目』の「菜部」、「土芋」の項に見られる(後述)。孫ら(一九七九)[8]は、このつる性の作物の「落花生」は、「花落即生」の記述からラッカセイであるとし、扁豆(フジマメ)に似て細い茎葉をもち、「香芋」と呼ばれるとしている。「嘉定(県)」は現在の上海市である。

この『種芋法』を、「タロイモ」の栽培法を述べた書物だとする、ホー(一九五五)[16]は、中国名の「落花生〈*lo-hua-sheng*〉」は、「花が地に落ちて種子ができる」という意味であり、間違いなく「peanut」のことだが、「香芋（*hsiang-yü*）（英語では、「香りのあるタロイモ」と直訳している）は別の植物であること、数百年にわたる県誌などで他の植物に「落花生」の名前が与えられている例はないと述べている。ただ、英語で、「香芋」をサトイモ科のイモ類を指す「タロ」としていることや、「扁豆」にあてている英語の「ブロードビーン」は、一般にはソラマメを指すので、作物の同定にはやや問題がある。『種芋法』が記述された年代からみて、ラッカセイがすでによく知られていたとは考えにくく、また、イモ類を扱っている書物だとすると、「落花生」はラッカセイではなく、「落花生」と「香芋」の両方の名で呼ばれたイモ類のことを述べていると考えられる。

(iv)　王世懋撰『学圃雑疏』（一五八七）[8, 16]

本書の巻二には、「果・蔬・（附・水菜）・瓜・豆・竹」など「五蔬」について述べている[8, 38]が、その中に、「香芋」と「落花生」が嘉定県で広く栽培されていたと述べられている。しかし、この年代には、すでにラッカセイが沿海地方で知られていた可能性はあるが、ひろく普及して栽培されるようにはなっていないと考えられる。

(v)　周之璵『農圃六書』[37]

明代の刊行とされる本書の「巻之一　樹藝」の記述では、根菜類は「落花生」から始まって、白ダイコン、ショウガ、ニラおよびネギなどが並んでいる。しかし、「豆（ダイズ）」、エンドウ、ソラマメ、フジマメ、ササゲ、ナタマメ、「赤豆（アズキ）」などのマメ類、八種を記載する「瓜豆部」に、「落花生」は含まれていない。『農圃六書』の明確な年代は不詳であるが、『綱目』にも『綱目拾遺』の「落花生」の項にも引用がなく、孫ら（一九七九）[8]は、これには触れていない。その「落花生」の記述（牧野文庫蔵、写本による）は次のようである。

「藤蔓茎葉似扁豆。開花落地。一花就地結一果。其形與香蕷相類。亦二月内種。喜鬆土。用隔年肥沃壅。宜栽背陰處。秋盡冬初取之。若未経霜則味苦與。香蕷山菜但出嘉定瀕海之地。」

先の『種芋法』に通ずるような記述があるが、「香蕷」は「香芋」のことと思われる。同じ記述が、次の『致富全書』にもある。「落花生」が根菜類として分類されていることからも、この記述は、春に播いて、苦味がなくなる初冬に霜が降りるころに収穫される作物であることを示している。開花すると花が落ちて、地下に一個の「果」、すなわち、「イモ」を形成する、フジマメに似たマメ科のつる性の作物であることを示唆する。

(vi) 周文華『致富全書』（別名『汝南圃史』明代、一六二〇／一六二一）[38]

寺島良安著『和漢三才圖会』（一七一三）[39]、巻第九十六「蔓草類」の最後にある「落花生、番豆、土露子、滴水生、長生果」の項に、この『致富全書』からとして、前記の『農圃六書』と同じ記述がある。ただし、後でも触れるが、『和漢三才圖会』の「落花生」の図の植物はラッカセイではない。また、その訳注（島田ら、一九九二）と同じ「香蕷　こうよ」と「香薯蕷　さつまいも」の訓訳は、國譯『本草綱目拾遺』にもあるが、中国では、一般に「薯蕷」はヤマノイモ、またはジネンジョ（自然薯）である。

(vii) 『衢州府志』（清代、一七一二）[7]

「落花生、種自閩中、堆沙植之、花落沙土、結実如蚕。」

「衢州」は現浙江省衢州市、また、「閩」は福建（省）である。「結実如蚕」は、莢実の形状を指すものであろう。

(viii) 趙学敏編『本草綱目拾遺』（一七六五）[14]

『本草綱目』（一五七八）[21]の「穀部」、「菽豆類」一四種の中に「落花生」は出ていないが、その約一九〇年後に編纂された本書の第七巻「果部」に「落花生」の項がある。これに引用されている記述を見ると次のようである。

・陳扶揺『花鏡』（清代）

「落花生、一名香芋引藤蔓而生、葉椏開小白花、花落地於地根即生実、連絲牽引、土中累累不断。冬尽掘取。煮食香甜可口。南浙多産之。」（「浙」は浙江省）

この『花鏡』のみが、「落花生」は「一名香芋」と述べて、イモ類であることを示唆している。國譯『本草綱目』は、「それが土中に牽《ひ》き連なり」と読んで、「絲」は訳していないが、「連絲牽引、土中累累」は「細い根」にイモが連なる様子と解される。後で述べるが、この記述の「絲」はラッカセイの「子房柄」（第一章）ではない。

・王風九『彙書』（一七世紀、清代初期）

「近時有一種名落花生者、茎葉倶類荳、其花亦似荳而色黄、枝上不結実、其花落地即結実於泥土中、奇物也。実亦似荳而稍堅硬、炒熟食之似松子之味、此種皆自閩中来。」

・以智清『物理小識』（一六四三）

「番豆名落花生・土露子、二三月種之。一畦不過数子行枝如蕹菜虎耳藤横枝、取土圧之。藤上開花、絲落土成実、冬後掘土取之。殻有紋豆、黄白色、炒熟甘香似松子味。又云番豆。花透空入土結豆、……」

『事物異名録』の「蔬穀、番豆」に、「物理総論　番豆名落花生・土露子……」と、ほぼこれと同じ記述がある。[28]「花透空入土結豆」は、地上で咲いた花が地中で実るの意であろう。

「蕹」は蕹菜（ヨウサイ。ヒルガオ科）で、熱帯〜亜熱帯の湿地に育つ野菜であるが、小野蘭山著『本草綱目啓蒙』（一八〇三）[40]は、「苗形甘藷に似て根に塊なし」と述べている。また、「虎耳藤」は「虎耳草、ユキノシタ（ユキノシタ科）[23]」の「つる」だとすれば、ほふく枝を伸ばして地表を覆う両種の性状に「落花生」が似ているとされたのであろうか。なお、「松子」は松の実である。

図Ⅶ－1　地上で生長したラッカセイの子房柄と肥大が停止した先端部（胚の部分）。紫緑色を帯びる。

・李調元『南越筆記』（一六四三）

「落花生　草本蔓性、種者以沙圧横枝、則蔓上開花、花吐成絲、而不成莢、其莢乃別生根茎間、掘沙取之、殻長寸許、皺紋中有実三、四、状蚕豆、味甘以清、微有参気、亦名落花参。……」

この記述では、「花吐成絲」が子房柄の形成を、また、「而不成莢」は、地上にある子房柄は結実しないことをよく観察しており、「殻長寸許、皺紋中有実三、四、状蚕豆」は、ラッカセイの莢実の特徴をよく表わしている。なお、一莢の粒数からは、小粒のバレンシア・タイプの品種である。

・張璐『本経逢原』(一六九五)(41)

「長生果　一名落花生、甘温無毒。発明長生果産閩地、花落土中即生。従古無此、近始有之。味甘気香。……」

「明代」、すなわち、一四～一七世紀のころに、「長生果」が閩地―福建で産するようになったとの意だろうか。

・『嶺南随筆』(著者、年代不詳)

「花与葉不相見為換錦花、莢与蔕不相見、為落花生。種法、以沙圧横枝則蔓生花不生莢。其莢別在根茎間。亦称落花生」

「花と葉が同時に出ないので換錦花と為す」については明らかでない。「莢と蔕《へた》が共存しない」は、あるいは、地上で成長が止まって先端が肥大した子房柄を指すのかもしれない(図Ⅶ－1)。「種法」、すなわち、栽培法として、『物理少識』にある「取土圧之」とともに、『南越筆記』にも出る「以沙圧横枝」は、地表を這う枝を覆土して、「根茎の間に形成される」結実を助けるための土寄せと解することができる。

・屈大均『広東新語』(一七〇〇)

前記の『南越筆記』と同じ記述があり、その後に次の記述が続く。

「……凡艸木之実皆成于花、此独花自花而莢自莢、花不生莢、莢不蔕花、亦異甚。(中略)爰有奇実、自沙中来。以花為媒、不以花胎。花生于蔓、子結於荄。香如松子、一莢数枚。(中略)粤多藤族、故凡艸之蔓皆以爲藤、藤菜者言其蔓柔如藤、非藤之菜也、落花生其蔓亦曰〈藤〉、花生藤上、一花落土生一子、故〈落花生〉……」(文節の区切りは筆者による)

ラッカセイの開花と地下結実の関係が、まだよくわかっていないような記述だが、「一莢数枚」を「一莢に子実が数粒ある」の意と解すると、このラッカセイもバレンシア・タイプの品種である。「荄」は根、また、「粤」は現在の広東省のことである。

・『福清県志』（一七四七）

「落花生　一名長生果。出外国、昔年無之。蔓性園中、花謝時、其中心有絲垂入地結実、故名。一房可二三粒、炒食食味甚香美。康熙初年、僧応元往扶桑覓種寄回、亦可圧油。今省産者、出興化為第一、名黄土、味甜而粒満。出臺灣、名白土。味渋而粒細、其油煎之不熟、食之令入瀉。一名土豆。」

「落花生、一名長生果」とあり、ラッカセイの異名「土豆」も出ている。

以上、『本草綱目拾遺』が引用する八文献の「落花生」の記述を紹介したが、やや疑問がある『常熟県志』、『花鏡』、『種芋法』、『本経逢原』などを除くと、茎葉、黄色の花、「花吐成絲」、「藤上開花絲落土成実」、花が「謝（萎《しお》れる）」と、「絲」＝「子房柄」が垂れて地中に入って結実すること、さらに莢実の性状などの記述は、まさにラッカセイの性状である。福建省など亜熱帯気候の地方では、旧暦二月から三月の播種や、冬遅く掘ることも妥当であろう。篠田（一九七四）(15)が、「僧応元が扶桑（日本）で種を覓《もと》めて、持ち帰った」というのは疑問だとしていることは、先に伝播の記録でも触れたが、油を搾ることや、福建に産するなどもラッカセイの記述である。根に結実するとあるが、ラッカセイの結実についての正しい理解は一九〜二〇世紀になってからのことである（第一章）。

一六〜一八世紀ごろには、子房柄の地下侵入を助けて結実率を高めるために、竹製の筵や箕で、「茎蔓」を圧える「圧蔓」や、子房柄が伸びている分枝に培土する「圧土」(43)が行われていたが、これは、「土寄せ」

のことと解される。

(ix)『滇海虞衡志』（一七八九、一八〇四）(8、44)

「滇」、すなわち、雲南の博物誌である本書には、刊本により、次の二つの記述がある。

・牧野文庫蔵本。清代、嘉慶九年（一八〇四）

「為南果中第一、以其資于民用最高廣。……今已遍于海濱諸省、江西頗種之、而吾郷従来未有種者、由于不知其利也、滇粤相連、滇境遺之、近来頗有。」

・雲南省社会科学院刊本（一九九〇）

「落花生、為南果中第一、以其資于民用最高廣。宋元間、与棉花、番瓜、紅薯之類、粤估従海上諸国得其種帰種之。……落花生曰地豆……（中略）。以榨油爲上、故自閩及粤、无不食落花生油、且膏之為灯、供夜作。今已遍于海濱諸省、利至大。……」

ラッカセイがワタ、カボチャ、サツマイモなどとともに宋から元の時代に、広東（粤）地方へ海上の経路で種子が伝わった作物であると述べられ、ラッカセイの異名である「地豆」の名が出ている。油は食油には用いずに灯火用に用いたこと、また、当時、南方産の作物として沿海地方に広まっていたが、その利用を知らなかったので雲南地方に栽培がなかったこと、しかし、近ごろでは広東から入って増えていることなどが、述べられている。

以上のように、「コロンブス以後」になると、ラッカセイ伝播後の初期のころには、まだ、ラッカセイと、「落花生」や「長生果」、さらに「香芋」とが明確に区別されていないような記述も見られる。しかし、ラッカセイは、最初に入った福建から、すでに雲南にも普及しており、「落花生」が正しくラッカセイとして記述され、「香芋」とは別種の作物として区別されていることが認められる。

(3) 古代の中国で「落花生」はホドイモであった

以上に述べたような中国の古い本草書や農書、県誌などにおける記述の検証から、ラッカセイが中国へ伝播した初期には、その地下結実の性状から「奇物なり」とされ、一般の草木に比べて、開花と地中での結実の関係について、とくに、子房柄のことや、花が萎れてから地中の「根下」や、「根茎之間」に子実を結ぶことなどの性状が注目されていた。しかし、古くからあった「落花生」という作物と、新しく新大陸から伝わった作物のラッカセイとが混同されて記述されていることが推察された。その理由が、両者がマメ科のフジマメに似た茎や葉で、つる性、または、ほふく性の植物であること、そして、地下形成物を食用にしたという共通性にあったと考えられ、「落花生」という作物の同定には、その名前が由来する、「花開亦落土、結子如香芋」、「花落土中即生」、「花落在地、而生子土中」、「開花落地、一花就地結一果」などの記述から植物学的、作物学的に説明する必要があろう。

塊根(イモ)を利用するマメ科のクズイモや、シカクマメでは、莢実の発育とイモの肥大とは同化産物の分配では競争関係にあり、イモの肥大が盛んであると、落花して結実しにくい。したがって、栽培では、イモの肥大を促進するために、手で摘花や摘莢を行なったり、種子用の品種とイモ用の品種を選抜してきた。後で述べるアメリカホドイモも、多数の花をつけるが、落花して結実しない。古代の中国では、このような「開花はするが、花は萎れると落ちて莢や種子ができない。しかし、土を掘ると子(イモ)ができている」という、マメ科の作物が「落花生」と呼ばれていたのではと推察される。

先に指摘したが、『和漢三才圖会[39]』の「落花生」の図の植物は、葉が三〜五枚の小葉から成る複葉で、茎は先端が巻きひげ、そして、地上で結莢している。蚕の繭の形をした莢実らしきものと、正体不明のイモ様のものも描かれている。「扁豆、フジマメ」を連想させる、この図の植物はラッカセイではない。しかし、『種芋法』、『食物本草』、『農圃六書』、そして、『彙書』など、中国本草書に出ている「落花生」の性状の記述とよく符合しており、実物ではなく記述に合わせて描かれた図であることが推察され、「落花生」がイモ類であることを示唆する。

また、曾槃の『成形図説』（一八〇四）(45)では、「黄獨、ケイモ」は「カシュウイモ」とされ、図の植物もヤマノイモ科で正しいが、「香蕷、ハッシュイモ」とある図の植物は、葉や花序の形態がナス科で、ジャガイモに似ている。また、小野蘭山『本草綱目啓蒙』（一八〇三）(40)「菜之二」「土芋」の項には、「ケイモ、カシュウイモ……。コレハ薯蕷ノ類ニシテ蔓生ナリ。（中略）俗名ホド……一名香芋食物本草土欒《らん》児救荒本草地栗子同上山中ニ生ズ。……葉互生ス形小豆葉ニ似テ五葉。夏月葉間ニ花ヲ生ズ。……形豆花如ニシテ……其根モ蔓ニシテ数塊ヲ連ヌ。形鶏卵ノ如ク黄赤色……」と述べられている。この記述は、地上部の性状が異なるヤマノイモ科とマメ科の植物を混同している。

また、「土豆」について、木村（康）（一九七三）(14)は、校注で、『本草綱目』第二十七巻「菜部」の「土芋―土卵、黄獨、土豆」をマメ科のクズイモとしている。これに対して、木村（陽）（一九八八）(46)は、『本草綱目拾遺』第八巻「諸蔬部」にある「土芋藤、土芋、即ち黄獨、俗に香芋」の「土芋」は、ホドイモ（学名アピオス・フォルチュネイ）で、漢名「塊芋、土卵、土豆」であるとし、マメ科の五小葉の複葉と花序、一個の肥大した塊根をもった「土芋ホド」の図を、『成形図説』から引用して、示している。

これらの記述からは、中国や、その影響を大きく受けた江戸時代の本草学におけるイモ類の分類と記載の混同、さらには、誤りもうかがわれる。しかし、牧野（一九九八）(47)が、「馬鈴薯」は、ジャガ（タラ）イ

図Ⅶ－3　アメリカホドイモの花序。花は濃い紫紅色。落花しやすく結実しない（2001年8月）

図Ⅶ－2　クズイモとラッカセイ（マレーシア・クアラルンプル、1987年4月）

図Ⅶ－4　アメリカホドイモの数珠状のイモ（2005年5月）

モではなく、ホドイモ（漢名　九子羊、土欒児、土栗子）であるとする根拠に、福建の『松渓県志』と呉其濬著『植物名実図考』（一八八〇）を挙げて、『救荒本草』（一四〇六）と『植物名実図考』にある、一本の根に複数個のイモが連なるホドイモの図を示していることが注目される。

ホドイモ属の植物は、ヒマラヤから中国や日本に五種、北米に二種が分布するが、ホドイモは、わが国では一種が林縁に自生し、つる性の多年生植物である。栽培もされ、四国伊予の農書『清良記』（一六二九―五四）[48]にも出ており、根（地下茎ともされる）のところどころが、紡錘形や球形に肥大して形成される「塊、ほど」、すなわち、イモを食用にした[49]。『成形図説』が載せている「土芋　ホド」の図は、種子根が大きく肥大して一個のイモになるクズイモ[50]（図Ⅶ－2）とよく似ており、両種が混同して記載された可能性もある。しかし、「連絲牽引土中累累不断」（『花鏡』）や、「根に数塊を連ねる」（『本草綱目啓蒙』）というイモの性状は、筆者も栽培したが[51]、青森県で「ホドイモ」と呼んで食用に栽培されている、アメリカホドイモ（学名アピオス・アメリカナ）で典型的である（図Ⅶ－3、4）。「落花生」、別名「香芋」は、「ホドイモ」であった可能性が高い。

すなわち、ラッカセイが伝播して栽培が普及する以前の一四世紀ごろ、中国では、すでに「落花生」、または、「花生」と呼ばれていた作物があった。その茎や葉、花などの性状は、一〇世紀ごろには知られていた「扁豆」（フジマメ）に似た、マメ科のつる性の植物で、そのイモが利用された。栽培には、軽鬆《けいしょう》な土壌が適し、つるを棚にからませた。旧暦の二、三月に植えられ、霜にあう初冬のころまで成育させるとイモの苦味がなくなった。イモの形や香りは、「薯蕷」（ヤマノイモ）の類の「香芋」に似ており、煮て食べると美味であった。

マメ科の植物で、イモを形成する種は約三〇種あるが[52]、つる性、または、ほふく性で、現生種の分布や、導入によって東アジアでイモが利用された可能性がある種としては、ホドイモとクズイモが考えられる。東南アジア系のクズイモは、種子根が肥大して大きな一個のイモになるが、その形状は、『成形図説』の「土芋　ホド」の図のイモに似ている。しかし、クズイモは、新大陸のメキシコ原産であり、東アジアや東南アジアでの栽培の歴史は新しいと考えられ、「土欒児」とも呼ばれた「香芋」は、東アジアでも利用の歴史がある「ホドイモ」ではなかったかと推察される。

ラッカセイが中国へ伝播すると、葉の形や茎のほふく性、そして地下結実性から、ラッカセイが伝播する以前から栽培されていた「落花生」と混同されて、ラッカセイが「落花生」と呼ばれ、記述された。同時に、「長生果」という異名とともに、別種のマメ科のイモの「香芋」という名がラッカセイに対して用いられた。「番豆」（「番」には、外国から来たものという意味がある。鎌田ら『大漢語林』）、「土豆」、「地豆」などの異名がラッカセイに用いられるようになるのは、一七世紀以後、栽培がひろく普及してからである。今までに、中国で、この「落花生」とラッカセイとの混同について触れた文献はなく、今日では、「落花生」の種名の同定は困難である。

また、日本では、一八世紀に中国から九州にラッカセイが伝わる以前に、江戸時代の農書には、中国から輸入された本草学文献にある「落花生」を音読みした訓名、「ラククワセイ」があてられて記載されていた。[53・54] そして、ラッカセイが伝わると、中国名の「落花生」の名がそのまま用いられた。やがて、国内でラッカセイの栽培が広まり、よく知られるようになって、その渡来原産地に因むナンキンマメ（南京豆）や、トウジンマメ（唐人豆）などの和名でも呼ばれるようになった。

以上のような中国の古代農書にある記載の作物学的検討から、中国にラッカセイが伝わる以前から栽培されていた「落花生」、あるいは、「花生」とも呼ばれた同じマメ科のホドイモであったと結論される。

3　大産地になった山東省半島部のラッカセイ作

(1)　栽培の歴史と発展

ダイズの原産地であり、第二次世界大戦前までは世界総生産量の過半数を占めるダイズの大生産国であった中国のラッカセイ栽培の歴史は、まだ数世紀にすぎない。だが、今日では、世界の総生産量の約三〇～四〇％を占めて、最大の生産と輸出国となった。

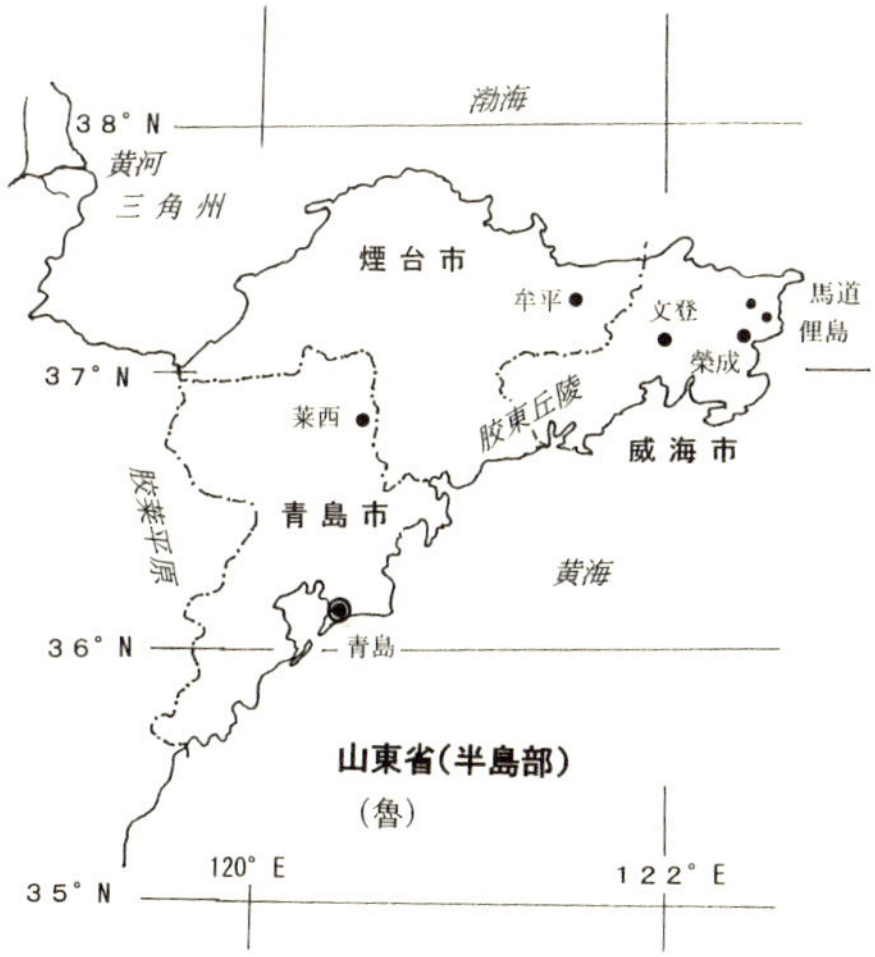

図Ⅶ－5　山東省半島部地図

その背景にある諸要因と、将来のラッカセイ輸出におけるライバルは米国であることはすでに述べた。近年、多くの農産物の需給における、わが国と中国との関係はきわめて密接になっているが、わが国がこの数年来、オランダに次ぐ世界で第二番目の中国産ラッカセイの輸入国であることはあまり知られていない。二〇〇七年以来、残留農薬問題などでわが国へのラッカセイの輸入が止まるという事態があったが、特に大手の流通ルートで店頭に並ぶラッカセイ食品の原料や、加工品のほとんどが中国産と言っても過言ではない。この中国のラッカセイ栽培の中心が山東省である。

山東省は、地理区分では、大きくは「華北平原区」に属し、「胶（膠）莱平原区」と「胶東丘陵区」に分けられる。黄河流域に発達した内陸部沖積平原と、黄河デルタ地帯、そして黄海と渤海に突き出た半島部丘陵地域からなっている（図Ⅶ－5）。いわゆる黄河文明発祥の地で、古くから畑作農業が発達し、「古代山東三大農学者」といわれる氾勝之（漢）、賈思勰（北魏）、そして、王禎（元）を生んだところである。(55)日本向けの大粒種ラッカセイの主要産地は、半島部のほぼ北緯三六～三八度の間の地域にあり、緯度では、ちょうど日本の主産地である関東平野の中央部から東北地方南部に相当する。これらの地域は、行政区分では、青島市の莱西市（県級）、隣接の煙台市（地級）の牟平区（県級）、威海市（地級）の文登、栄成の両市（県級）などに属するが、標高一〇〇～二〇〇ｍの平野と緩やかな起伏の続く地形で、よく管理された耕地が広がっている。

気候は、海洋性気候で、年平均気温は一二℃前後だが、七～八月は平均二六℃以上で、無霜期間が一八〇～二〇〇日あり、五～九月の積算気温はラッカセイの生育に必要な約三四〇〇℃を満たしている。年間降水量は六〇〇～九〇〇ミリで七～八月に集中し、日照率は六〇％とかなり恵まれているが、古くから「十年九旱」（一〇年に九年は旱魃が起こる）といわれ、「春旱」や「秋旱」と呼ばれる旱魃も常習的に起こる。

このような気候条件にある山東半島東部地域では、冬作を休閑した畑で夏作の栽培になるが、日本向けにもなる大粒・中生のラッカセイ品種の播種は、深さ五㎝の地温が一二～一五℃になる四月下旬ごろから始まり、約一八℃以上になる五月上旬ごろに集中する。また、後述する、コムギとの間作――「套種」による栽培での播種は五月中・下旬ごろから始まるが、そのころの平均気温は一七～一九℃、そして、地温は二〇℃を超えるようになる。

(2) 伝統農法——「套種」について

筆者は、一九八六年に、山東省莱西市にある「花生研究所」に講義に招かれて、初めて中国を訪ねたが、その後、二〇〇〇年から二〇〇二年にかけて、播種前の三月上旬、生育の初期の六月中旬、生育最盛期の七月下旬から八月上旬、そして、収穫期の九月下旬の延べ五回、わが国の輸入商社と加工業界による、山東省の日本向け大粒種ラッカセイの産地の視察に同行して、かなり詳しく、農家の栽培の様子や、輸出原料の調製作業などを見ることができた。また、二〇〇三年九月下旬には、東北地方の遼寧省の産地（黒山県）で、早生の小粒種の栽培を見る機会があった。歴史的にもわが国との関係が深い中国だが、必ずしもよく知られていない近年の栽培技術などについては、詳しくは拙稿(56)にゆずり、ラッカセイの伝統栽培について触れておきたい。

中国では、ラッカセイは「粮食作物」、すなわち食用作物としてよりも、ナタネ、「芝麻」（ゴマ）、ヒマワリ、「胡麻」（亜麻仁）など一四種の油料作物のなかでも、「大宗出口（貿易）商品」、すなわち、最も重要な経済作物の一つである。明代、一六世紀後半ごろ、福建および広東地方に米国人宣教師によってラッカセイがもたらされたといわれているが、次第に沿海地方に広まって重要な油料作物となった。これらの地方では稲作の拡大にともなって減少したのに代わって、華北の黄河中・下流域の畑作地域で重要性が高まったが、一九世紀の初めごろに山東省で知られていた品種は、南米ペルーにあった古いタイプで、「竜生型」と呼ばれた。その後、一八八九年に「大花生」、すなわち、今日の大粒種の品種が伝えられてから、その栽培がひろまり、「山東大花生」の名が全国に知られるようになった。そして、一九三一年には、すでに山東省は全国のラッカセイ栽培面積の一六%を占めるに至った。

その後、山東省のラッカセイ作は、コムギ、トウモロコシなど畑作物の市場動向に対応して変動したが、省政府による低地力土壌や水分不足圃場の改善、優良品種の選定と普及、栽植密度の適正化、施肥、病虫害・雑草防除などの技術、さらには、日本から導入された「地膜覆蓋栽培」、すなわち、プラスチック・フイルム・マルチング技術（マルチ栽培。第八章「日本」参照）の普及が推進されて、一九八六〜九六年代には、平均作付面積は、一九五〇〜六〇年代に比べて約四五％の増加であったが、単収が倍増して一ヘクタールあたり、平均二六〇〇キログラム（莢つき）に達した。そして、二〇〇一年には、三五〇万トンを生産する国内第一位の産地、そして輸出基地となっている(3、57)。しかし、一九七〇年代の中ごろから、山東省の南西に隣接する河南省で、栽培面積が大きく増えて、最近では、両省の生産量が三〇〇数十万トンで並んでいる。

　山東省はリンゴ、モモ、ナシなど果樹の産地としても知られているが、半島部ではイネはあまり見られず、作目は単純で、冬作のコムギと、単作や間作の春作、または、夏作のラッカセイ、ダイズ、トウモロコシ、カンショなどとの輪作体系が一般である。ここで、「春」は立春から立夏の間の作付けを意味するが、山東省など北方では、四月下旬から五月上旬ごろになる。また、「夏」は、立夏前後の作付けで、一般には、冬コムギの収穫後の五月上旬ごろからの直播になる。この地方のラッカセイの栽培型は、以前は、「一年一熟（作）型」の隔年輪作として、「晩生ラッカセイ品種—春サツマイモ」もあったが、次第に「春ラッカセイ—冬コムギ—（隔年）夏サツマイモ（または、夏トウモロコシなどの夏播き作物）」、「冬コムギ—套種ラッカセイ—（隔年）春サツマイモ、春高粱（モロコシ）」など、「二年三熟型」の隔年輪作が多くなっている(3)。

　また、「一年両熟（二作）型」の輪作には、「冬コムギ—套種・夏ラッカセイ—冬コムギ—（隔年）夏トウモロコシ（またはサツマイモ）」がある。このほか、ラッカセイに食用作物や特用作物のタバコ、そして、ハクサイやダイコンなど野菜を組み合わせる「三年輪作」もある。また、コムギの収穫跡に、後作物として、例えば、ラッカセイを播種する栽培型を、「麦茬花生《ばくし》」ともいうが、この「茬（槎《さ》も同義）」は、「草の茂る形容」、「きりかぶ」を意味する（鎌田ら『大漢語林』）。

ところで、「套種《とうしゅ》」だが、ラッカセイの露地栽培には、「夏直播」と「套種」の二つの栽培型があり、後者では「麦田套種」とか「麦套花生」のように呼ばれて、英語訳では、「リレー・クロッピング」が当てられている。[59] この華中、華北の伝統農法としての「套種」については、わが国では、あまり紹介されていないので補足しておきたい。

「套種」は、「套作」ともいわれ、温度条件などで生育期間の確保が厳しい地域で、前作物の収穫前に、その立毛中に後作物を播種する、間作の一種、「つなぎ作」のことである（第五章「インド」参照）。コムギにラッカセイ作をつなぐ「麦田套種」では、ラッカセイは、コムギ収穫の一五〜三〇日前ごろに播くが、「平作套種」、すなわち、畝《うね》なし栽培と、ラッカセイを「壟《ろう》」、すなわち、高畝《うね》の上面、または、その片側の腹に播く「壟作套種」とがある。「壟」の幅の広狭によって、コムギとラッカセイの播種条数が調節される。[2・3、60]

二〇〇二年六月中旬の現地調査の時は、ちょうど、コムギ収穫の最盛期で、何台ものコンバインが稼働していたが、コムギとラッカセイが二条ずつ植えられた「套種」の畑では、コムギを手刈りしていた。「套種」では、コムギの収量は、播種量が減るので単作に比べて減るが、「套種」で組みあわされる作物で収益が補完され、土地と太陽エネルギーの利用効率が高められる。しかし、背の高いコムギで遮光されて、若いラッカセイが徒長して「高脚苗」になりやすいので、うね幅の調節や、コムギの熟期にあわせたラッカセイの適品種の選択と播種期が重要となる。

図Ⅶ－6　冬作コムギ収穫後の間作ラッカセイ「麦套花生」の畑（威海市俚島鎮顔家村、2002年6月）

　郭ら（一九八六）[60]や、陳文華（一九九一）[7]は、すでに六世紀の農書『斉民要術』に、「套種」を意味する、蔬菜の間作や、混作の原理と技術の記述があるとしている。また、『斉民要術』が多く引用する、紀元前一世紀の中国最古の農書といわれる『氾勝之書』には、瓜、小豆、ラッキョウの三種の混作と思われる記述がある。[61]しかし、西山（一九六九）[62]による『斉民要術』の精細な訳註・解説にも、「套種」、あるいは、「套作」は現れない。

　しかし、中国農業史研究で著名な天野（一九八四）[63]が、「江南デルタ・シンポジウム」（一九七九年七月。京都大学東南アジア研究センター）で、「……（戦前には）華中に棉麦二毛作の実例があります。……棉花が畑に残っている間に畦《うね》と畦の間を鋤いて麦を蒔くというやり方をしております。これは套作といって最近の中国の農業関係者のなかで大流行の言葉なのです。……棉花は小麦収穫の三、四週間前に畦間を鋤き起して散播して足で踏みつけて二、三寸の厚さに覆土します。棉花が五、六寸になった時に小麦を刈りとります。……」と発言していることがわかったが、これが、わが国では最初で唯一の「套作」についての紹介のようである。

以上のように、「套種」、または「套作」は、その起源は、インドと同じように、混作や、間作の技術の発達の過程で農民によって工夫された畑作技術であるが、術語としては、新しいものと推察される。

『斉民要術』が述べる、当時の山東省など華北の主要畑作体系では、二毛作、あるいは、二年三作はありえず、土地利用の原則は、年一作であった[62]。したがって、華北や華南では、『氾勝之書』や『斉民要術』にいう「歳易」、すなわち、地力維持のための作物交代方式が、耕耘農具や施肥、とくに「草糞」――栽培緑肥の施用、さらには、冬コムギ、キビ、アワ、あるいは、イネなどと組み合わされる夏作物が、サツマイモ、ジャガイモ、トウモロコシ、ラッカセイ、サトウキビ、ワタ、タバコなど、数多くの新大陸からの作物の伝播と普及で多様化するなどによって、混作から間作、間作の改良方式としての「套種」の発明、そして、「二年三熟（作）型」の輪作方式へ[43、59、64〜66]と発展したと考えられる。

わが国でも、オオムギやコムギの収穫前に、後作のラッカセイ（千葉県）、サツマイモ苗（熊本県）、タバコ苗（高知県）などをムギの畝の肩に植えて、ムギの株による、保水、保温、防風効果によって、初期生育の促進や、生育日数を確保するなどの技術が一九五〇〜六〇年代ごろまで見られた。しかし、ムギ作の減退、ビニール被覆材の普及で消えた。山東省で見た伝統農法の「套種」も、今後、傾斜地や、コンバインが導入できない零細農家以外では、次第に消えていく技術であろうか（図Ⅶ－6）。

また、ラッカセイのマルチ栽培技術については、筆者が一九八六年に訪ねた時の講義で、その多収化の仕組みや、わが国で普及の初期に経験した問題点を話したが、中国は、この日本のマルチ栽培技術を一九七八年に導入し、その翌年から試験が開始されて、一九九〇年代から急速に普及が進んで[3、67]、二〇〇八年の普及率は、山東省で総作付面積の五割、筆者らが訪ねた栄成地区では八割にも達している。マルチ栽培による大粒性品種の多収効果は、露地栽培の二〇〜五〇%増収（一九七九〜八四年）、あるいは一ヘクタールあたり、四〇〇〇kg以上という高い収量、さらには、八〇八〇kg、九五六〇kgという驚異的な多収例も報告されている。中国では、このマルチ栽培のラッカセイ生産地域の拡大と多収化への寄与を「白の革命」と呼んでいる(4)。

第八章　日本における落花生の歴史と文化

1　伝播と初期の記述

ラッカセイが、中国経由でわが国へ伝わったことは、その異名の「なんきんまめ」や「唐人豆」からも推察されるが、これまで渡来の時期や最初の栽培の場所などについては、かならずしも確かな記録がない。前章「中国」で、古代中国における「落花生」はラッカセイではなかったことについて、江戸時代の農書や本草書の記述とも対比して検証したが、わが国における明治期の「落花生」、あるいは、ラッカセイに関する記述もあわせて年代順に挙げると、次のようである。〔以下、「原文」の（　）内の訓は筆者による。なお、江戸農書関係文献は、いずれも高知県立牧野植物園・牧野文庫蔵本によった〕

①黒川玄逸（一六七五）『遠碧軒記　下、生殖』

「落花生と云ものあなたより渡る松の子の類なり近来渡る」、「相伝ふ　この花の露が地に落ちてその処へ此実なると云つたふ　日本にて種（うえて）も　はゆ（生）るなり」

わが国最古の渡来の記録とも考えられるが、原産地については、まだよく知られていない。地下結実についての文学的表現は、中国名の「落花生」や「土露子」からの発想であろうか。

②貝原益軒（考古）（一六九四）『和爾雅』

「出于本草約言落花生」

『本草約言』（第七章「中国」参照）の「落花生」に「ラククワセイ」の和訓を与え、他方で、フジマメを指す「鵲豆」と「眉児豆」に「ナンキンマメ」の訓を与えている。本当のラッカセイを知らなかったのではないかと考えられる。

③稲生（若水）宣義（一六九五）『食物伝信纂　巻六』

「落花生」に「トウジンマメ」の名を与えている。貝原益軒『和爾雅』とともに、これらが正しくラッカセイを指しているとすれば、新大陸発見から約二〇〇年後のわが国での最も古い記述と言えるかもしれない。

④寺島良安（一七一二）『和漢三才圖会』

記述は、中国農書『農圃六書』と同文の『致富全書』の記述の完全な直訳である。中国での呼称も挙げているが、先端が巻いたつる性の茎に三〜五枚の葉を着け、地上で結莢しているという中国文献の記述にはよく符合しているが、ラッカセイではない「落花生」の植物の図を載せている。

⑤貝原益軒（一七一五）『大倭本草』

他の江戸農書の多くが拠っている『典籍便覧』に云うとして、次のように述べる。

「落花生……藤蔓茎葉、似扁豆　開花落地一花就地一果（菓）大如桃　深秋取食　味甘美也　人共貴之　今案（ズル）ニ本艸（草）約言東垣食物本艸等諸書ニ出デタリ本草綱目不載之豆ノ類ナリ長崎ニ多ク種之……」

前著『和爾雅』の和名の訓の混乱とともに、著名な本草学者であるのに、茎葉はフジのようだとし、さらに「豆ノ類ナリ」としながら、果実の大きさが桃のようだという記述にも疑念を持っていない。

⑥天野信景（一六九七〜一七三三）『鹽尻』

「『地錦抄』（一七一〇〜一九）に、その植えようなど委しく記せり……此頃唐土よりも来り亦我国にても種まきて実をとる」

⑦菊岡光行（一七三四）『本朝世事談綺二　生殖』

落花生「元禄のすえにわたる典籍便覧に云、藤の蔓茎扁豆に似て、花開地に落、一花地に就て一莢を結ぶ、大きさ桃のごとし、深秋取、味甘美也、人甚美賞す」

⑧岩崎常正（灌園）（一八一八）『草木育種《そうもくそだてぐさ》巻之下』、「穀菜果薬品花木類百八十五品手入れの法、果、落花生」

「落花生典籍便覧　香芋花鏡　とも云　和名とうまめ又長崎にてなんきんまめといふ紀伊国にて多（く）作（る）、野土、黒ぼくに砂混じりの山畑にて、陽地に植べし、冬中畑へ灰人糞をまぜ耕（し）置（き）、別に代を拵（え）落花生の莢を割て豆ばかり浅く植、葉を生じて畑へ移すべし、相応の地なれば畑へ直に蒔付けてよし、植たる囲へ籾糠を切り混ぜ壅たるがよし、葉の間より根を下し、土中に入て莢を結（ぶ）ゆへ、土は柔なるがよし、十月根（の）廻りを遠（く）（株の周りを少し離れての意か）ほ（掘）りて採るべし、水にてよく洗、二日程乾、紙袋に入て風のあたるところにさげ置、炒て食し又挽て粉にして餅などにかけて食えば香（ばし）く味よし、脾胃を補効あり」

ラッカセイに「とうまめ」、「なんきんまめ」の和名をあげている。紀州での栽培については他に記述がない。夏作物としてのラッカセイの栽培法や性状に詳しいが、根に結実するとしている。なお、筑紫の国で、フジマメ（扁豆）を「南京豆、なんきんまめ」と呼ぶとしている。[1]

⑨佐藤信淵（一八三二）『草木六部耕種法』

「南京豆　ナンキンマメ」という記載がある。

⑩水野廣業（一八三〇～四四）『大和本草』巻四穀類

「長崎ヨリ来タル　本《もと》唐種也長崎ニテハヨリ盛ニナル　京ニテハヲソク生テ豆モ熟シ　実ソラマメノ如クニテ小也　葉四枚ツツ付互生ス　茎葉片ニ毛アリ　夏葉間ヨリ至テ細キ茎ヲ出シ　一リンツツ花付　形百脉根ノ花ノ如シ　花ニハ実不出来　花枯レタル本ヨリ別ニフトキ白キ根ノ如キツル（蔓）出テ土中ニ入リ　ソノ先ニ豆生ス　莢二寸斗《ばかり》　莢色黄白色　二ツ三ツホトアリ　豆ノ皮淡紅色ニテ少紫ヲ帯フ　コノ豆ヲトリテ菓子ナトニス　苗根冬ニ至テ枯ル」

「百脉根」はマメ科のミヤコグサで、漢方で用いる。花はラッカセイによく似た黄色をしている。「京ニテヲソク生テ豆モ熟シ」とあるが、水野廣業は京都の本草学者であった。性状の記述が詳しく、自ら栽培して観察したように思われる。

⑪飯沼慾斎（一八五六）『新訂草木図説』

「タウジンマメ　落花生 Arachis hypogaea 漢種ヲ伝播シ……子室（ハ）梗（萼筒）ノ本ニアリ、円（ク）尖（ッタ）一柱（花柱）長ク梗心ヲ通リテ花内ニ出、頭（柱頭）ハ針状、花老イテ梗萎シ、ソノ本漸ク伸テ更ニ線根ノ状トナル。遂ニ地ニ入テ線頭ニ実ヲ結ブ。莢実豆莢ノ如ク褐白色。内ニ円長ノ二三（粒ノ種子）ヲ収ム。根ハ長ク線様ニテ処処ニ丸円球状ノ細珠（根粒）ヲ生ズ。林（リンネ）氏云。子肉ハ白色ニテ油アリ　味美ナラズ搾油ヲ採リ食用又薬用トスルモ扁桃油ノ如キニ及バズ……」

「漢種」、すなわち、中国（原）産とする。学名が記され、植物学的記載が詳しい。

⑫田中芳男・小野職愨（明治二五年・一八九二）『有用植物図説』（大日本農会刊）

「タウジンマメ　ナンキンマメ　落花生 Arachis hypogaea 荳科一年生陸田ノ耕作物ナリ　数茎ヲ四方ニ蔓延シテ地中ニ実ヲ結ブ　子粒ヲ熬《ごう》シテ（煎って）食シ又ハ糕《こう》菓（米粉を蒸して作る菓子）及調理ニ用ヰ　或ハ搾油ノ料トス　此者原（もと）琉球種ノ小ナルモノ一種ノミナリシガ明治七年米国ヨリ大ナル者ヲ伝フ大サ凡三倍アリ」

　彩色図入りの解説書で記述は簡潔。琉球で古くから栽培があったことを示唆する。

⑬田中節三郎（明治三四年・一九〇一）『栽培各論』（東京博文館刊）

「……素ト（もと）南米ブラジルの原産に係り草綿、玉蜀黍、瓜哇薯（ジャガイモ）及烟草（タバコ）とともに新世界農産物の重要なるものなり亜非利加、東印度、西印度、米国の暖地に於て最も広く栽培せられ常食として広く用いらるるのみならず炒りて間食又菓子に宜し……印度のマドラス諸州の如き……之を欧州に輸出して搾油の料に供するなり……我邦にては琉球に於て稍古く之を作りたれども明治七年内務省が米国の大粒種を分配せしを以て初めとせり然りども漸く近年に至りて之を栽培するもの多く且海外に輸出することとなれるなり現今全国の作付面積は凡五千町歩にして其産額は二百万貫余なり千葉（就中干潟地方）、静岡、神奈川、鹿児島、茨城の諸県多く之を産し毎年八九百万斤元價三四十万円を輸出す」

　南米原産に触れ、また、琉球での栽培の始まりを示す。

　わが国で最も古い作物学の教科書と言える本書は、その上編「食用作物」で、「禾穀類」の次に「菽穀類」として大豆、小豆、蚕豆、豌豆、菜豆（インゲンマメ）、豇豆（ササゲ）の六種のマメ類を扱っているが、ラッカセイは含まれていない。そして、下編「工芸作物」の「油蝋料及樹液料類」の章で、「落花生」が、ナタネやゴマと並んで、エゴマ、ハゼ、アブラギリ、ウルシとともに記述されている。今から一世紀あまり前、本書が書かれた時期は、後述するように、わが国で明治政府によるラッカセイ栽培の奨励が始まってから、まだ三〇年余りしか経っていないころであるが、それが嗜好品用の栽培であったことや、欧州、とくにドイツ農学の影響を大きく受けていた当時のわが国の農学者の多くが、ラッカセイを油料種子作物として認識していたことがうかがわれる。

⑭吉川祐輝（大正一四年・一九二五）『改著食用作物各論』（東京成美堂刊）

「菽豆類」の項にラッカセイの記述はない。

以上のような江戸時代から明治期までのラッカセイに関する記述との対比で、筆者も学んだ昭和期の代表的な作物学の教科書、永井威三郎著『実験作物栽培各論』（全四巻）（一九四三）を見ると、ラッカセイを第二巻「菽穀類」に含めて、次のように記述している。（原文のまま）

「なんきんまめ（落花生）」

「……中国に渡来したのは比較的近代で一八世紀に至って始めて知られしといふ。古農書には見えず。本邦には琉球及台湾に古来栽培せられていたが来歴は詳でない。国内には宝永年間に中国から伝わったといふ。併しほとんど栽培は普及せず明治に入り漸く盛になり、殊に明治七年内務省が米国から大粒種を輸入して各地に配布して試作せしめて以来政府の奨励、品種の改良と相俟って漸次普及して今日に及んだ。」

なお、牧野富太郎（一九八九）は、『新日本植物図鑑』で次のように述べている。

「……江戸時代に日本に渡来した。……日本名　南京豆、唐人豆は外来の豆であることを表し、ラッカセイは漢名の落花生の音読みであり、正しくはラッカショウという。……」

以上のように、江戸の本草学者たちは本物のラッカセイをまだよく知らなかったようで、渡来の時期についてははっきりしないが、江戸時代の本草学、そして、明治になって博物学、植物学の知識が増えてからの記述では、外国人との接触が盛んになる一七世紀以後に、中国から、琉球を経由して、または、直接、九州長崎へ伝わる二つのルートがあったことがうかがわれる。では、わが国で、ラッカセイの栽培が盛んになるのはいつごろからだろうか。

2　栽培の始まり

明治七（一八七四）年、明治政府は、大坂府勧業場で収穫した米国カリフォルニア州産のラッカセイ種子を政府勧業寮に送らせて、翌年から一〇年にかけて埼玉、三重、福島の各県などへこれらを配布した。千葉県でも明治一〇年に栽培の奨励に着手し、当時の県令（知事）柴原和が明治政府に対して種子二五石（四五〇〇リットル）(注)の購入を申請して、七石二斗（一二九六リットル）を得た。そして、県は、同年四月に区長、戸長あてに、「ラッカセイは他の作物に比べると生育期間がすこぶる長いが、粗悪の地でもよく育ち、一作だけで二納の収利（二倍の利益）があるので開墾新畑などでできるだけ試作したい。ラッカセイ油は西洋人が好むイワシの油漬に適するので、有益な輸出品の一つになるはずであり、県内沿海のイワシ多穫地方にイワシ油漬の一大生産を開くならラッカセイの需要は大となり、その栽培によって従前に無かった余分の利を収めうるであろう。そこで、県で種子を貸渡すから、希望者を調べて報告せよ。……」と命じた。そして、貸渡した種子については、収穫される時期の一〇月になると、「……従前に無き植物、初めて試作の者ども未だ食用、製造の方法等相心得ず、あるいは販売に差し支え、そのまま陳敗せしめ候様にては惜しむべき次第」であるとして、県は同年に限り、「粒実」一斗について五〇銭で買い入れる旨を布達している。なお、貸渡した種子については二割増の現物で返納させたとされる。これがわが国におけるラッカセイの本格的な栽培の始まりである。[2〜4]

(注) 当時の一反(約一〇アール)当たりの莢付き収量については数字がないが、昭和初期の千葉県および神奈川県農業試験場の大粒性品種の収量試験成績の平均一〇〇莢実重八〇匁＝約三〇〇グラム、あるいは、平均莢実一升重約一二〇匁＝四五〇グラムなどから換算すると、一石あたりでは約四五キログラムとなる。

神奈川県で、それよりやや早く明治四〜六年(一八六七〜六九)に中国からの種子で篤農家によって試作が行われたとされているが、[5]一八世紀中ごろの日本各地の産物帳[6]にラッカセイは現れず、また、明治一三年(一八八〇)の『日本産物誌』[7]で「落花生」が栽培されているのは薩摩国州南諸島(薩南諸島。種子島、屋久島、奄美大島、吐噶喇《とから》列島から成る)と喜界島だけである。先に述べたように、おそらく、ラッカセイも、サツマイモ、ジャガイモ、そして、タバコなどの新大陸の作物と同じころに海路を経て琉球や九州長崎に伝わり、小規模な栽培もあっただろうと考えられるが、全国に広がるまでにはたいへん時間がかかっている。

タバコは、慶長一〇年(一六〇五)とされる長崎桜馬場で最初に植えられてから二、三〇年後には、徳川幕府による禁煙令や栽培の禁令が出るほどに全国への普及が速やかであった。また、サツマイモについては、フィリピンのルソンから「コロンブス以後」一〇〇年足らずで中国に伝わっているが、それと同時期の慶長一〇年に琉球に伝わったのは、琉球王国から派遣されていた野国総官《ぬぐんそうかん》が中国でサツマイモの救荒作物としての価値を知って帰国の際に閩州(福建省)から鉢植えで種イモを持ち帰ったという要因があった[8]。そして宮古島にまず伝わり、やや遅れて長崎、平戸に伝わったが、早くもその約三〇年後には四国の南伊予に伝わっている[9]。わが国最古の農書とされる、この『清良記』（一六二九～五四）に出ている他の新大陸産の作物はトウモロコシだけである。因みに、隣国土佐の最古の農書『物紛』（一七八七）[10]や『農家須知』（一八四〇）[11]にも、「煙草、唐芋・甘藷」はその簡単な栽培法が出ているが、ラッカセイやトウモロコシ、ジャガイモのことは出ていない。「甘藷先生」こと青木昆陽は、小石川養生所（現東京大学付属小石川植物園）でのサツマイモの試験栽培（享保二〇年、一七三四）の翌年に、ラッカセイ栽培の発祥とも関係が深い下総と上総（現・千葉県）でもサツマイモの試作を行っている。これは、これらの地域の土壌が概して火山灰性土壌のやせ地で、地下の形成物を収穫する作物に適していたことによるが、サツマイモは明治に入るころにはすでに東北地方まで栽培が広がっていた。

サツマイモは、主食の補完機能や救荒作としての価値が高かったこと、また、嗜好料のタバコは換金作物としての価値を農民がいちはやく知ったという理由があった。これらに対して、ラッカセイが国内で普及が遅れた理由については、まず油料作物としてはすでに歴史の古いダイズやナタネ、ゴマなどがあったこともあるが、茎が地面を這う地下結実性の珍しい作物で、その栽培法について農民はもちろん、農学者にも全く知識がなかったことが挙げられよう。千葉県での栽培の奨励に対して、「花が地に落ちて実を結ぶ」という性質を不吉として忌み嫌ったと言われ、また、マメなのに「花は咲いても実がならない」という、初めて見るラッカセイに農民たちが戸惑ったことも伝えられている。

以上のように、国内での本格的な栽培が始まるのは、ようやく明治に入ってからである。そして、最初に伝わった琉球や九州からではなく、全く別の経路と動機、すなわち、二、三の篤農家が横浜の中国人から種子を入手して試作したとか、政府が米国から大粒種のラッカセイ種子を輸入して農家に配布させたことによってであったが、それまでには百数十年以上もかかっている。生育には適している暖地の九州で、なぜ栽培が広がらなかったのだろうか。

たまたま、種子島の鹿児島県西之表島市現和で大正四（一九一五）年、医師の最上功氏が当時の貧しかった農民に、やせ地でも育つ換金作としてラッカセイに着目して鹿屋から種子を取り寄せて栽培を広め、今日の熊毛郡の特産品になったという由来と、同医師の功績を讃える「種子島落花生栽培初地之碑」が昭和三三年に区民有志で建てられていることを知ったが、碑文には、鹿児島県にはラッカセイが琉球から薩摩半島の港、山川、そして、対岸の大隅半島の肝属郡に伝わり、鹿屋の特産品になったともある(*)。中国大陸、とくに福建省など江南地域からのラッカセイの伝播と栽培の初期の事情については、琉球諸島や九州での史料の発掘が望まれる。

大西洋奴隷貿易とラッカセイの欧州や米国への伝播との関係でも述べたように、おそらくもっと早くに、西洋人の宣教師や中国人商人たちが、作物としてではなく、食べ物としてラッカセイを中国本土から琉球や長崎、さらには、当時のいわば日本の玄関口だった横浜あたりにも伝えていたのではないだろうか。別の名前で呼ばれていたり、舶来の珍しい食べ物で商人たち一部にしか知られず、江戸の本草学者は、中国農書で「落花生」は知っていたが、作物としてのラッカセイをよく知らなかったとも考えられる。

＊（http://www.furusato. tanegashima.net/hi/ni/ki-rakkasei.html,2009）

3　栽培の先覚者たち——その一

明治の初期に、神奈川県で政府の力を借りずにラッカセイの将来に着目して普及に努めた人物として、渡辺慶次郎（同県中郡国府村）と、その隣村中郡吾妻村の二見庄兵衛が知られているが、この二人については、大正四年四月に神奈川県内務部発行の『相州落花生』にその栽培に至る経緯と栽培の普及への業績が紹介されている(12)。

渡辺慶次郎は、明治四（一八七一）年二月に横浜で、知人から「異人豆」と呼ばれていたラッカセイの味に感心し、種子をもらって試作、さらに翌年、横浜居留地の中国人から五合（約〇・九リットル）の種子を入手して栽培に成功した。野ネズミやキツネ、鳥害などで荒らされて付近の農家に冷笑されながらも栽培法の改善に努め、明治八、九年には四、五反に増やして二〇〇〇斤（約一二〇〇キログラム）あまりを収穫したが、ラッカセイの嗜好が増えず、販売に苦労しながら横浜で販路を開くことに成功して、その有望性がやっと認められたといわれている。

また、二見庄兵衛は、製油、松脂《まつやに》製造、紡績業などを営んでいたが、明治六年に横浜で中国人からラッカセイの種子を入手して同八年に近隣に種子を配布して栽培した。その後、明治一五、六年ごろに、偶然、畑で草型がほふく性のラッカセイのなかに立性の変った一株を発見し、これを増殖して、後に「立落花生」と呼ばれて栽培が一六〇〇町歩、産額にして七五万円にも達し、「相州落花生」の元祖になり、神奈川県のラッカセイ栽培の発展に寄与したとされている。明治三一（一八九八）年に葉タバコ専売法が実施されたこともあって、現金収入源を絶たれた農家のラッカセイへの転換が増えて、神奈川県中・西部の中郡と足柄上郡地方がラッカセイの特産地となった。明治四一年一一月五日、その孫に、「一府十県聯合共進会審査長の薦告を領し」として、農商務大臣、大浦兼武から賞状と銀杯が贈られているが、賞状には次のように書かれている。

「二見貞平祖父　故　二見庄兵衛　夙ニ意ヲ農業に注ギ、明治ノ初年横浜商館ヨリ落花生種子数粒ヲ得テ之ヲ栽培シ、鋭意之ガ栽培ニ増殖ヲ図リ、遂ニ外国ニ販売ノ途ヲ開ク、今ヤ同郡ノ農民進ンデ之ヲ栽培シ、地方ノ一物産タルニ至ラシム其遺績ヤ永ク芳シ、仍テ茲ニ之ヲ追賞ス」

昭和三〇(一九五五)年ごろまでラッカセイは、小田原の梅干し、かまぼこと並んで神奈川県の特産品であった。二〇〇〇ヘクタールを超えていた同県の作付面積は、一九七〇年代に入ってから急減し、最近では二〇〇ヘクタール余り(二〇〇七年)になっている。

なお、静岡県でも堀井為吉(浜名郡中瀬村、現・浜名市)が、明治一二(一八八四)年に横浜へ生糸の販売に行った折に、武州(武蔵国。大部分が現在の東京都と埼玉県。一部が神奈川県)でラッカセイの種子を入手して栽培を始めたという記録[5、13]がある。

4 栽培の先覚者たち——その二

前項で、千葉県を中心に明治七年から九年にかけて政府や県の奨励で本格的な栽培が始まるよりも以前にラッカセイに着目した神奈川県や静岡県の篤農家たちがいたことを述べたが、竹内(一九七〇)[14]は、このことが、類似の栽培環境条件にありながら茨城県や埼玉県ではラッカセイの栽培がほとんどなく、千葉県、神奈川県のみに偏っていたことの理由の一つだったと推察している。

ラッカセイの経済栽培の発祥地として知られ、今日でも全国の作付面積の約七〇%(二〇〇九年度)を占めて最大の産地である千葉県では、明治の初期から中期に、ラッカセイの栽培の普及と産業としての基礎づくりに貢献した三人の人物が知られている。その一人は、ラッカセイ種子の県内への導入と栽培、そして販路拡大に尽力した牧野万右衛門(弘化四年~大正一〇年)(一八四七~一九二一)である。そして、他

図Ⅷ－1（上）　石丸複次郎顕彰碑。千葉県旭市旭観音真福寺境内（2009年11月）

図Ⅷ－2（右・上下）　金谷総蔵顕彰碑。千葉県旭市干潟鎌数伊勢大神宮境内。「落花生」題額の揮毫は山岡鉄舟（2009年11月）

の二人は、それぞれの顕彰碑が県東部の旭市（旧匝瑳《そうさ》郡、現・匝瑳市）鎌数（当時、下総国鎌数村）の鎌数伊勢大神宮境内にある金谷総蔵（一八四五～一八九二）と、同市ロ（旧香取郡中和村）の成田山真福寺境内にある石丸複次郎（大正七年没。生年不詳）である（図Ⅷ－1、2）。

以下、この三人の業績を軸にして千葉県でのラッカセイ栽培発祥のころの状況を見てみよう。

（1）牧野万右衛門

牧野万右衛門（以下、牧野と略）に関する資料としては、自伝『半生の経歴』（一九一五年）と、元山《さん》武《む》町（現・山武市）教育長であった京相利男氏執筆による『牧野万

右衛門　成東の偉人』（一九七一年）[15]があり、成東町により復刻・刊行（二〇〇三年）されているが、これらのほか、金谷総蔵、石丸複次郎とあわせて、『山武郡郷土誌』（千葉県山武郡教育会、一九一六年）、『千葉県史　明治編』[2]、『千葉県らっかせい百年誌』[2〜5]などによって三人の業績を追ってみよう。

まず牧野は、自伝によると、弘化四（一八四七）年に山武郡南郷村草深（現・山武市成東町）に生まれている。四歳で両親を失った彼は若くして重税による村の疲弊荒廃を知り、殖産と勧農に関心を持っていた。村の地主総代になっていた明治九（一八七六）年二月に、内外の商況視察で横浜を訪れた折に、たまたま清国商人から同国でのラッカセイの需要の大きいことや、ラッカセイが郷土の環境にも適することを知って栽培を思い立った。そして、横浜の清国商館の羅謙帝から種子を求めようとしたが果たせなかった。しかし、同商館が本国から輸入したラッカセイ種子が相州三浦郡中里村（現・神奈川県逗子市）の人に売られていることを知って、直ちに横浜から船で現地を訪ね、その試作先を二日がかりで探し出して、栽培者から、わずか二升五合（四・五リットル）の種子に一円の大金を支払って入手した。当時の大工の日当は三〇銭ほどであったといわれ、彼のラッカセイへの思いが強かったことがわかる。この高価な種子を前にして地元の農民にはその価値がわからず、試作には反対者も多かったが、試作の結果が良好で、次第に近隣にラッカセイの有利さが喧伝されて九十九里地方に栽培が広がり、県の重要特産物の一つにまでなったが、これが千葉県でのラッカセイ栽培の最初とされている。林（一九七六）[16]によれば、古老たちの話からは、発祥地の山武地域での栽培は旧南郷町（現成東町）から北上、または、海岸沿いに南下して広がっていったが、台地の畑地帯に入るのはかなり遅く、明治二七（一八九四）年ごろで、時間がかかっている。

牧野は、農家の副産物として、麦わら真田《さなだ》紐《ひも》製造や、養蚕業の振興にも努めたが、明治二二（一八八九）年から、ラッカセイの販路拡大のために「千葉県落花生商業組合」を設立して初代の組合長になり、一〇貫目入り二〇俵（合計約八〇〇キログラム）の中国への輸出を実現している。その後、県下で生産が次第に増加したが、品質の低下がみられるようになって、明治二七（一八九四）年に「千葉県落花生改良組合」を設立して品質の維持にも努め、その声価を高めた。やがて中国のほか米国や英国など海外への輸出を増やしているが、当時の作付面積は六八四ヘクタール余りだったが、一〇年後の明治三三（一九〇〇）年には二二四七ヘクタールに増加し、生産額は二三万二二一八円に達している。

明治三三年九月九日付「時事新報」は、「上総下総両国にては、近来多くの落花生を植えつけ、同地方農産中の重要なるものとなり、昨年のごときは、一八万俵、約七二万円の産出あり。本年はとくに豊作にて一層の増収の見込みなるが、その販路は過半横浜より海外に輸出さるゝ由にて、従来千葉寒川より船積となし来りしも、本年は総武鉄道並びに横浜のヘルム商会と協議の上、錦糸堀にて海陸の連絡を計る筈なると。」と報じた。(13)

この記事にある「寒川」の地名は、現在の千葉市中央区に残るが、都川河口にあった船溜りが寒川港と呼ばれていたようである。明治四三（一九一〇）年にこれを整備したが、その浚渫土で一一ヘクタールの埋め立てを行って物揚げ場が建設された。これが千葉港の前身である。古くから下総地方の舟運の中心で、江戸時代には江戸への食糧積み出し港として繁栄したが、明治二七年に国鉄総武線が開通して海運が漸次、鉄道に吸収されて港は次第に衰微したといわれる。また、「錦糸堀」は現在の東京都墨田区にあるJR総武本線「錦糸町駅」にその名前が残っているが、江戸時代には、その北口あたりにあった両国から東西に続く「本所・南割下水」と呼ばれた掘割―水路であった。

このころ、牧野と同じようにラッカセイの有望性に着目して、その栽培、普及に貢献したのが次に述べる金谷総蔵である。彼は、大正一〇（一九二一）年に七四歳で死去した牧野よりも二年早く生まれているが、明治二五年（一八九二）に四七歳で早世している。筆者は、互いに隣り合う匝瑳《そうさ》郡（現・匝瑳市）と山《さん》武《む》郡（現・山武市）生まれのこの二人が千葉県でのラッカセイの栽培と販売の事業を通じて出会いがあったのではと想像するが、そのことについて触れた史料はまだ見ていない。

（2）金谷総蔵

金谷総蔵（「惣蔵」とも記されているが、本人の文書では「総」が使われている。以下、金谷と略）については、旭市が郷土の先覚者として、同じくラッカセイ産業の発展に尽くした石丸複次郎とともにその功績を伝えている[17]。

先に述べた明治七（一八七四）年の政府と千葉県によるラッカセイ栽培の奨励策に応じて、同一一年に、当時、下総国鎌数村の戸長であった金谷は二升（三・六リットル）の種子の貸渡しを受け、屋敷内の畑で試作を行っているが、翌年には一五石の収穫を得て、ラッカセイが、砂地で保水力が乏しく、開拓地で有利な作物のなかったこの地に適していることを確信した。そして、近郷近在の農民に栽培を奨めたがその価値が理解されず、食物としての嗜好も不評で関心を惹かなかった。そのため、近隣の村々を廻って「落花生蒔付連名簿」を作り、種子、肥料としての干イワシを無利子で貸し付け、収穫物は相当の代価で買い取る旨を約束して栽培を説得した。そして、同一四年に五反歩（約五〇アール）から三五石余りの収穫を得て約束通りの条件で引き取った収穫物を東京で一石三～五円で売ることができた。これが千葉県でのラッカセイの商品化の嚆矢と言われているが、当時の村役場の「雇」一人の一か月の給料が一円だった。この年の県下での栽培は、県東部の下総に属する匝瑳郡、海上郡、および香取郡と、県南西部の安房に属する朝夷郡（元安房郡）の四郡で、その産額は五三一三円に達した。他の雑穀などに比べて数倍の利益を上げることが知られるようになって、次第にラッカセイへの農民の関心が高まり、争って種子を求めるようになったという。

金谷は、東京神田の穀物問屋田中重兵衛の協力を得て販路の開拓に努めているが、明治一五（一八八二）年一一月に東京で開催された農産物共進会への出品の資料では、一反歩の収穫高一〇五円に対して、投下諸経費は三六円で差し引き利益は六九円とされ、その生産の有利さが強調されている。少し遅れて、明治三九年には、旭町（現・旭市）に「千葉県落花生同業組合」の事務所が置かれて、「落花生の旭町」として繁栄し有名になったが、横浜の高沢喜三郎が出資して販売の拡大を助けている。

明治一六（一八八三）年には各地のラッカセイの総額は一万五〇〇〇円を超えたが、翌一七年に地元有志が金谷の功績を讃えて村社鎌数大神宮境内に「干潟郷種落花生記」の銘文を刻んだ碑を建てている。時に金谷は三九歳であった。この碑文の題額の文字「落花生」は山岡鉄太郎（鉄舟）の書で、碑文を著名な書家、日下部鳴鶴（東作）が書いている（図Ⅷ－2）。（後掲の資料――碑文の原文とその訓読稿を参照）

（3）石丸複次郎

石丸複次郎［大正七（一九一八）年没］については、その生地、旧香取郡中和村、現在の旭市のJR干潟駅から歩いて二〇分ほどのところにある成田山真福寺の山門を入ってすぐ左手に、高さ二・六メートル、幅約一メートルの「石丸君紀功記」碑が建っている（図Ⅷ－1）。碑文は、「湖南伊藤亀之助撰並書。大正七年一一月中澣」とあり、碑の裏面には、生産と販売の関係者と推定される横浜市や東京、千葉県の印旛郡八街、匝瑳郡、海上郡の旭、そして、鹿島郡（茨城県）の九人の発起者名が刻まれている。明治一七（一八八四）年に彼はラッカセイ製品を金谷総蔵から買い入れていて、この二人には接点があったが、「紀

功記」碑文には、「金谷氏が唱え石丸氏が後を継いで広めた」とあるとされる。(17)

石丸複次郎は、明治三〇（一八九七）年に仲間を募って旭町（現在の旭駅の西あたり）に共同のラッカセイ販売所を設け、同四一年から四三年ごろに加工場をつくり、旭地方がラッカセイの栽培だけでなく加工・販売の中心地になる基礎をつくったとされている。そのころ莢付きラッカセイの洗滌機が考案されており、莢付きをさらに漂白粉で晒して横浜から米国へ輸出されたが、東洋へ木材を輸出していた米国の商社の船がその帰途に日本の莢付きラッカセイを買い付けた。日本以外の米国向けのラッカセイは、中国、インド、スペイン産の剝き実であったが、いずれも食用と製油用であった。

以上のように、明治の終わりから大正の初めごろには今日とは反対に、わが国のラッカセイの総生産量、五〇〇〇万～八〇〇〇万斤（約三〇〇〇〇～五〇〇〇〇トン）のうちの約八〇％を占めた米国を中心に、英国、英国領アメリカ、オーストラリア、ハワイ、ペルーなど外国への輸出で支えられて、約五、六〇万円の外貨を稼いでいたが、そのほとんどが横浜港から輸出されていた。(12)

［資料］「金谷総蔵顕彰碑」碑文

「原碑文(*)」

干潟郷種落花生記

北総並木正韶撰文

落花生舶来不詳其始　農業志林云落花生英豆科一種属　産亜非利加地方　土人取以爲食料　又曰其種宜熱帯温帯諸邦　欧人愛其香味　屡栽之而不成果　又曰絞油之利人少知之　草木育種云落花生一名香芋邦人謂之唐豆又南京豆　紀州多種之　農業雑誌云元禄末年自漢土　千葉県布告云薩州海浜種殖之以充食料　然則其來

舊矣　而関東諸州未聞有其種　維新以来海港互市漸盛　於是四方万国致其土物珍禽奇獣美果異草陸続貢献

官置勧業寮擇其有用者令諸州蕃息培殖焉　落花生其一也　明治十年前県令柴原君諭県下種之　十一年下総匝瑳郡干潟郷鎌数村人金谷氏上申県庁乞得其種二升　先栽之家園以試其土宜　明年収十五斛於是分付於鄰里以殖之　至十三年収入若干　大抵陸田一段所収六斛有奇　販之東京一斛価低金四、五円　比他雑穀利不啻倍蓰傍近諸村聞之争播種焉　至十六年各村所出凡若干斛販売之利不下一万五千円　自今以往　施及干潟一郷則其利不可勝計也　干潟地接九十九里湾　沙漠斥鹵陸田不宜嘉穀　而宜落花生　故較之他州所出其品最良云　吁僅僅四、五年間興此大利　是干潟人民之幸福也　而金谷氏之功可謂偉矣　今茲明治十七年各村胥議将勒其事于石以伝諸世　且以報金谷氏之徳也　来請余文　余聞而歎曰　善哉金谷氏之興利也　不私之於己而与衆共之近歳以来謀物産之利者極衆多矣　往往欲専其利於一人己不審其土宜　又不計其功力　故得毎不償失　且以養蚕一事言之　一家植桑或数百畝　壮丁之役紅女之費日不暇給　未得其利而損害　随之敗家破産所在皆然　此無他私利之弊也　余嘗徴之古経　五畝之宅植於墻下以桑　一婦蚕之　夫一婦之蚕其功甚少　而使天下老者皆得衣帛其利甚大　若金谷氏於落花生其事雖殊公共之利則同矣　余益余言之不謬信也　吁天下講物産之利者以金谷氏爲法　則国家財亦不可勝用也　金谷氏近称小兵衛　其先岩城士人来住本村世爲右族云

正四位　山岡鐵太郎　題額　正五位　日下部東作書

大田村　石工　松本巳之助

＊筆者注。落合（一九七六）『千葉県らっかせい百年誌』(5) より引用した。ただし誤植と脱字を「訓読稿」を参考にして補正した。

「訓読稿」

干潟の郷に落花生を種うるの記　　北総並木正韶撰文

落花生は、舶来にして其の始めは詳らかならず。『農業志林』に言う、落花生は英豆科(1)の一種属、亜非利加地方に産す(2)。土人取って以て食料と為す。又曰く其の種熱帯温帯諸邦に宜《よろ》し。欧人其香味を愛し、屡《しばしば》之を栽えて果を成さず。又曰く絞油の利、人之を知ること少なし。『草木育種(3)』に云う。落花生一名香芋(4)、邦人之を唐豆又南京豆と謂う。紀州に多く之を種う。『農業雑誌』に云う、元禄末年漢土より来ると。

千葉県布告に云う。薩州海浜之を種殖し以て食料に充つ。然らば則ち其の來るや舊《ふる》し。而して関東諸州未だ其の種有るを聞かず。維新以来海港互市《ごし》漸く盛ん。是に於て四方万国、其土物珍禽奇獣、美果異草を致し、陸続貢献す。

官、勧業寮を置き其有用の者を擇び、諸州に令して蕃息《はんそく》培殖(5)せしむ。落花生は其の一也。明治十年、前県令柴原君、県下に告諭して之を種えしむ。十一年下総匝瑳郡干潟郷鎌数村の人金谷氏県庁に上申し乞うて其の種二升を得。先ず之を家園に栽え、以て其土に宜しきかを試む。明年十五斛《こく》を収む。是に於て隣里に分付し以て之を殖す。十三年に至り収入若干、大抵陸田一段収むる所六斛、奇有り。之を東京にて販すれば一斛の価金四、五円に怟《いた》る。他の雑穀に比すれば、利倍蓰《ばいし》(6)も啻ならず。傍近諸村之を聞き争って播種す。十六年に至り、各村出す所凡そ若干斛、販売之利一万五千円を下らず。今より以往、施して干潟一郷に及べば則ち其利勝《あ》げて計《かぞ》う可からざる也。干潟の地九十九里湾に接し、沙漠斥鹵《せきろ》(7)、陸田嘉穀に宜しからず。而して落花生に宜し。故に之を他州の出す所に較ぶれば其品最も良しと云。吁《ああ》、僅か四、五年の間に此の大利を興す。是れ干潟人民之幸福也。而して金谷氏之功偉なりと謂うべし。

今茲《ことし》明治十七年、各村胥議《あいはか》り、将に其事を石に勒《ろく》(8)し、以て諸れを世に伝え、且つ以て金谷氏之徳に報えんとする也《や》、来りて余に文を請う。余聞きて歎じて曰く、善い哉金谷氏之利を興すや、之を己に私せず、而して衆と之を共にす。近歳以来、物産之利を謀る者極めて衆多。往往其利を一人に専らにせんと欲し、己れ其の土の宜しきを審らかにせず、又其功力を計らず、故に毎《つね》に失を償わず。且つ養蚕の一事を以て之を言えば、一家桑を植う或は数百畝、壮丁之役、紅女(9)の費《ついえ》、日に給するに暇あらず、未だ其利を得ずして損害之に随う。家を敗《やぶ》り産を破る所在皆然り。此れ他無し、その利を私する之弊也。余嘗《かつて》之を古経に徴す。五畝之宅墻下に植うるに桑を以てし、一婦之を蚕す。夫れ一婦之蚕其功甚少くして天下の老いたる者をして皆衣帛を得しむ。其の利甚だ大。

　金谷氏の落花生に於けるが若《ごと》き、其事殊《ことな》りと雖も公共之利則ち同じ。余、益《ますます》余の言、之謬《あやまら》ざるを信ずる也。吁、天下物産之利を講ずる者、金谷氏を以て法と爲さば、則ち国家之財も亦勝《あ》げて用ゆ可からざる也。

　金谷氏近ごろ小兵衛と称す。其の先は岩城の士人、来りて本村に住し世《よよ》に右族《ゆうぞく》(10)と為ると云う。

正四位　山岡鉄太郎　題額　正五位　日下部東作書

大田村　石工　松本巳之助

（筆者補注）

（1）原文と訓読稿で、「英豆科一種属」とあるが、「英」は「莢」で、マメ類を表す「莢豆科」の誤記ではと推察される。

（2）原文、訓読稿の「亜非利加」は「（南）亜米利加」が正しい。

（3）『草木育種』。江戸農書。岩崎常正（灌園）著（一八一八）（前出）。

（4）「香芋」。古代中国の「落花生」の異名（正しくはラッカセイではない。本書第七章「中国」参照）。

（5）「蕃息」。「茂り、ふえる」。

(6)「倍蓰《ばいし》」。数倍。
(7)「斥鹵《せきろ》」。塩気を含んだ土地。不毛の荒れ地。
(8)「勒《ろく》」。刻む、彫る。
(9)「紅女《こうじょ》」。はたを織る女。工女。
(10)「右族《ゆうぞく》」。「右姓」、名門、貴い家柄。

原碑文補注につき、旭市鎌数伊勢大神宮宮司、梅谷長利氏には、碑原文が「英」であることを確認して頂いた。[1] また、同氏と、旭市文書館、松井安俊氏には、碑文の読解に大きく参考になった「訓読稿」の複写をお送り頂いた。ここに記して両氏に深く感謝いたします。

原文中の難解な語意を鎌田・米山『大漢語林』(大修館書店版)によって補足した。

[同顕彰碑の写真(図Ⅷ－2)参照]

5　激減したラッカセイ作

ダイズが昭和三六(一九六一)年に完全自由化されたのに対して、ラッカセイは自給率(現在約四〇%)維持の名目で、「輸入量割当制度(IQ制度)」、そして、平成七(一九九五)年四月以降は「関税割当制度(TQ制度)」、さらに、農業生産総合対策、地域特産、あるいは、特定畑作物緊急対策など、国や地方の政治的、行政的保護をながく受けてきた。

しかし、最近のわが国の栽培の推移をみると、平成一九(二〇〇七)年度のラッカセイの総作付面積は八三一〇ヘクタール、収穫量(莢つき)は二万トンで、最も多かった昭和四〇(一九六五)年前後の約六分の一にまで激減しているが、両者の対前年度比はそれぞれ約四％および七％減で減少の傾向が続いている。そして、この二〇年来、大・小粒種ラッカセイの年間消費量も一〇万トン前後から約六万トンに減少し、大粒種の国内産の原料出回り量は約一万六〇〇〇トンに半減した。他方で、生の莢つきと剝き実、および、煎り莢、同剝き実、バター・ピーナツ、ピーナツ・バター原料など、加工・調整品の年間輸入量は増加しているが、その四〜五万トン（そのうち大粒種は約二万トン）の中で占める中国産の割合が年々高まり、とくに大粒種の一〇〇％が中国産で、山東省産がそのほとんどを占めている。なお、小粒種も、輸入量約二万七、八〇〇〇トンのうちの約半分が中国産で、南アフリカ産についで多い。

このような最近の国内ラッカセイ作の急激な減退については、畑作農業をとりまく社会経済的要因や農家の栽培意欲の低下、主産地での野菜作との競争、連作障害などの諸要因に加えて、世界的な農産物の貿易自由化の影響が挙げられる。明治以来、歴史の長い主産県として、栽培が激減しつつも生きながらえている千葉県と茨城県のラッカセイ作、そして、新しい産地として期待されながら、主産県での急激な減退の波に押されて三〇年あまりでほとんど姿を消した、東北と九州でのラッカセイ作についてみておこう。

（1）千葉県

農商務省による「落花生統計」の開始は明治三八（一九〇五）年からとされているが、同年の全国総作付面積は、五四一〇ヘクタールで、千葉県はその約半分、二二〇〇ヘクタールを占めたが、次いで栽培が多かったのは、静岡県（九〇〇ヘクタール）と神奈川県（八五〇ヘクタール）で、三大主産県を形成していた。他に、鹿児島県、茨城県が約三五〇ヘクタールほどの栽培があった。同四〇（一九〇七）年になると、他県の栽培が増えて、全国の六〇六二町歩（六〇一〇ヘクタール）に対して千葉県はその約三六％となっている。また、同年の総収穫量は二六万六五七八石である。
ラッカセイが導入された千葉県の干潟一帯の地は、金谷総蔵顕彰碑にも書かれているように、九十九里に接して、まさに「沙漠斥鹵《せきろ》」の地で、農地は穀物には不向きのところであった。『山武郡郷土誌』（一九一六）[4]には、「本郡の産業は農を以て第一位とす」とあり、明治末から大正初期の年平均の生産額は、「米十九万四千六百石、麦六万八千九百七石、「菽」（マメ類）七万八千八百九十五石、雑穀九千二百十七石、蔬菜六百八十九万九千貫……」であったが、マメ類のうちで、ダイズが「千六百二十一町九反歩、一万三千百四十九石」で県下第二位であるのに対して、ラッカセイは県下第一位の「八百三十余町歩」、「収穫高三万五千余石」で、収益が年々一六万円に達していたとされている。ラッカセイは大粒と小粒との二種類があったが、牧野万右衛門によって導入されたのは、「近時相州立落花と称する大粒種を栽培するものあるも、主に栽培せらるゝは普通大粒種なり。」と述べている。

わが国におけるラッカセイの作付面積の推移を明治中期から大正期にかけての千葉県（図Ⅷ－3）と、昭和に入って第二次大戦、そして終戦後から最近までの全国の作付面積と単収の推移を図（Ⅷ－4）に示した（注。全国の単収は、戦後の昭和二十一＝一九四六年から同二十六年までは「莢つき」のただし書きがないので正確な数値ではない）。明治の後期から大正期にかけて、国内だけでなく米国への輸出も含めた需要の増加で数千ヘクタールに達しているが、昭和二〇（一九四五）年の終戦後に栽培が復活して、昭和三〇年代から作付面積が急増して戦前の最大期の約一〇倍、六万ヘクタールを超えたこともあった。

古くからの産地であった北総台地は、年平均一四℃線下にあり、軽鬆《けいしょう》な火山灰性～砂質土壌で明治初期の士族授産対策として開墾された土地や、県下の農民の入植により、開墾、生産が行われてきたところも多かったが、水不足が畑作の大きな阻害要因となっていて適作物がなく、比較的乾燥に強いとしてラッカ

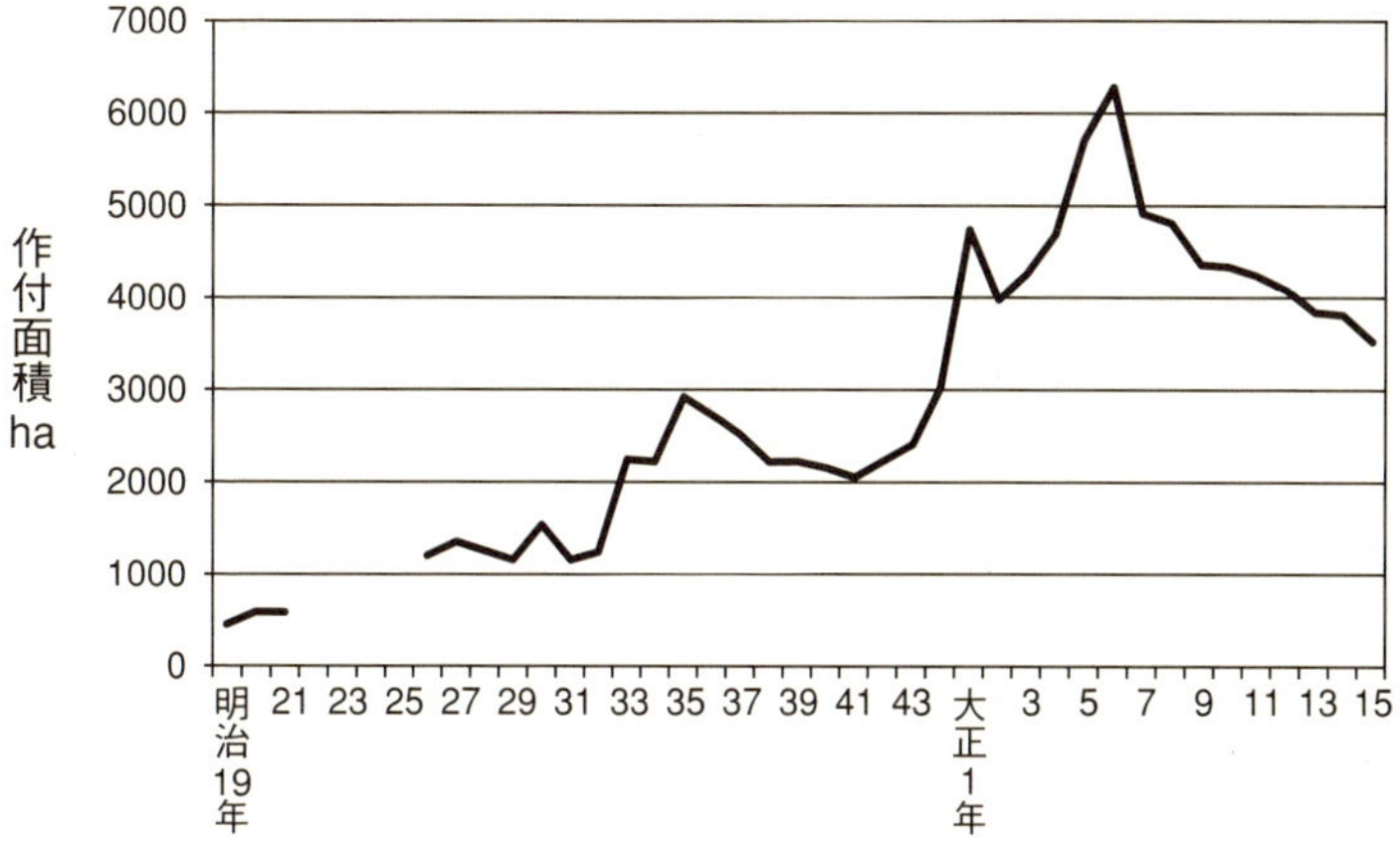

図Ⅷ－3　千葉県のラッカセイ栽培（明治〜大正期）（『千葉県らっかせい百年誌』より）

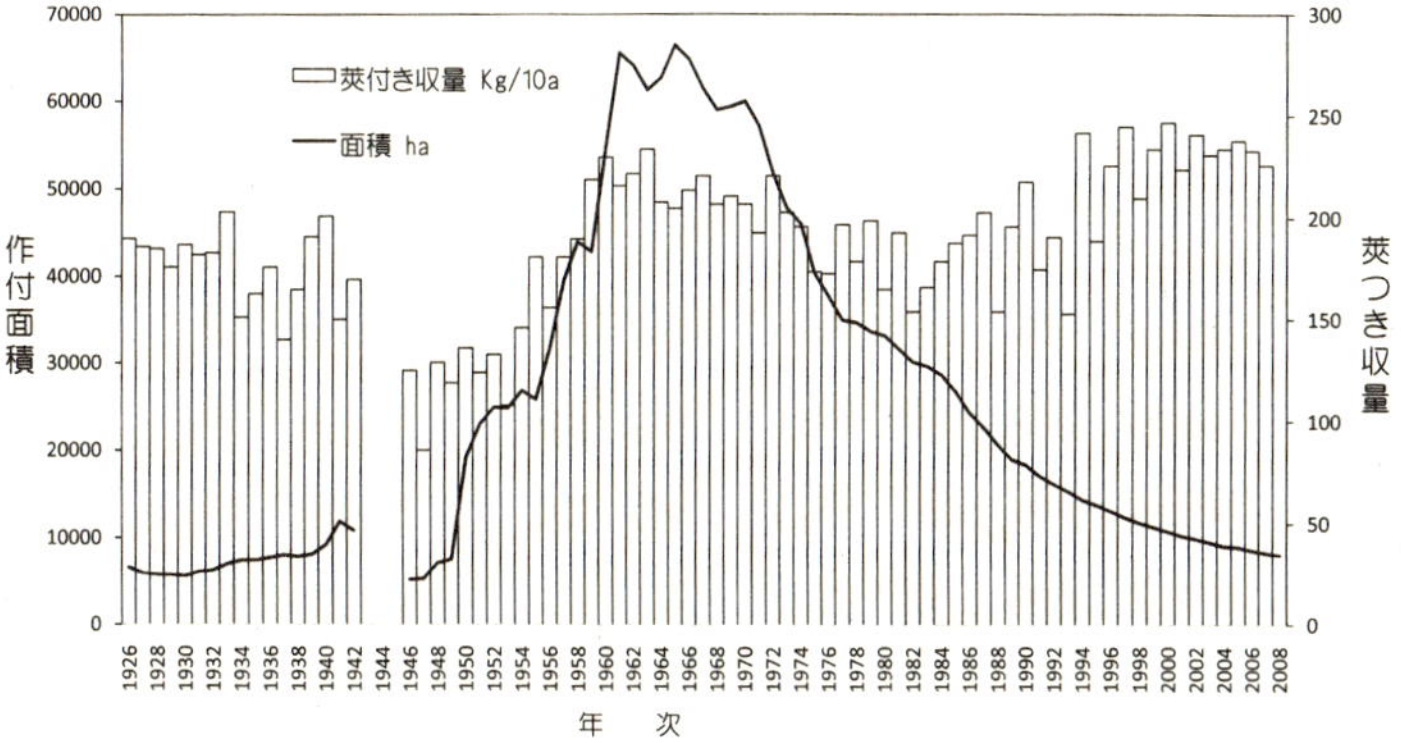

図Ⅷ－4　わが国のラッカセイ生産の推移（『落花生資料』2009年により作成）

セイが導入された。明治時代に篤農家が発見した、草型が中間型（半立）の「相州落花生」が、多収で管理も容易であることから栽培が多かったが、戦前までは播種から中耕、培土、掘上げ、野積み乾燥、そして脱莢まで、すべてが手作業であった。昭和三〇（一九五五）年ごろに輸入されて畑作地帯へ普及した米国製のテイラー型耕耘機を、農家と農機具商、地元の鍛冶屋や鉄工所などによって畑地向きの単輪式に改造し、また、小型の播種機、中耕・培土機、掘上げ機などを工夫、試作して実用化したことが栽培の拡大に大きく寄与したといわれている。また、昭和二八（一九五三）年に県の奨励品種になった在来品種由来の品種「千葉半立」が、茎葉成長の量が小さいので在来の品種に比べて肥沃・多肥条件で多収を挙げることとや、小型の作業管理機に適していたこと、さらに加工業界で食味が優れるとされて、その後、相次いで育成された多収性品種を抑えて今日でも作付面積が最も多い。県内主産地は、山武地域と印旛地域は大正初期から戦後の最盛期にも変わりはないが、千葉地域での増加と海匝《かいそう》地域での減少が認められる。(16)

昭和四〇（一九六五）年前後から急速に普及したビニール・フィルムによる被覆栽培（略称「マルチ栽培」）は、関東だけでなく、九州や東北地方にまでラッカセイの栽培を拡大させた。この技術は、昭和三七（一九六二）年ごろに、千葉県の農家が前作物の施肥の残効と、そのビニール・フィルムを再利用するという思いつきで、前作のジャガイモの収穫後にフィルムを除去しないで掘り穴にラッカセイを播くという発想に由来する。昭和四七（一九七二）年の共進会で、莢付きで一〇アールあたり六八四キログラムという驚異的な多収記録が挙げられて注目され、県や、国の研究機関によって試験が行われて技術体系が確立された。マルチ栽培は、その地温上昇効果によって、早播きが可能となり、出芽、初期生育、そして栄養成長を促進して太陽エネルギーの豊富な六〜八月に開花、結実を行わせ、完熟莢の割合を高める。また同時に、肥料の有効態化の促進と溶脱の抑制、降雨による土壌浸食の防止と土壌水分の保持、旱魃害の軽減、雑草抑制など多くの効果がある。しかし、千葉県では、機械化による労力の余剰が野菜作への転換、畜産の導入を促し、さらにラッカセイ作が安易な換金作となって粗放化が進んだことが連作障害の多発を助長し、単収の低下を招くことになった[14]。

(2) 茨城県

茨城県におけるラッカセイ作の沿革については資料が少ない。『茨城県の落花生』(同県農産園芸課、昭和四〇年)[18]によれば、明治の末期に、静岡から薬草採集に来た人が種子を伝えたという説と、千葉県からの入植者が栽培を始めたという二つの説があるとされるが、竹内(一九七六)[14]は、栽培があまり盛んにならなかったのは、千葉県のような栽培や産業化の先覚者がいなかったためであろうと指摘している。初期には、県南部の牛久町、下根原、阿見町中根、阿見原などであったが、大正五〜六年ごろには新治郡や東茨城郡、また、霞ケ浦の東部から太平洋沿岸一帯の鹿島郡や行方郡など、県の中東部を中心に南部の地域に栽培が広がり、輸出も行われたといわれている。

栽培品種は大粒種で、収穫作業の楽な立性の「ラクダ」系が比較的多かったが、一部の乾燥地域では、ほふく性の品種もあった。昭和初期以後は作付けの増加はなく、第二次大戦中の戦時体制で主食食料増産や作付統制で栽培が減少した。戦後、油料原料として小粒の品種が復活しているが、昭和二四(一九四九)年の作付面積は約八〇〇ヘクタールである。昭和二八(一九五三)年に千葉県農試で育成された多収の品種「千葉半立」が急速に普及して、石岡市を中心に、その以北では小粒種、以南では大粒種という産地を形成してきた。昭和五〇(一九七五)年ごろからは、産地は茨城町(東茨城郡)、小美玉市(旧小川町、美野里町)、鉾田市(旧鉾田町、旭村)などに集中化している。しかし、千葉県に次ぐ国内では第二の生産県であるが、その生産の減退傾向は止まらず、平成一九（二〇〇七）年には、作付面積は最も多かった昭和四〇年の約二万ヘクタールの五％以下、九三八ヘクタールにまで減少している。

（3） 九州と東北地方

マルチ栽培の普及で産地が九州、そして青森県にまで拡大し、先に述べたように、昭和四〇（一九六五）年には、全国の作付面積は戦前の最盛期の一〇倍近くまで増えた。しかし、すでにそのころから千葉、茨城の両県で見せ始めていた作付減退の兆しが昭和五五（一九八〇）年ごろから加速した。

九州地方では、戦前から鹿児島県や宮崎県などでラッカセイが栽培されていたが、関東地方で減退し始めた昭和四〇年ごろからの数年間が作付面積の増大期で、最高の約七五〇〇ヘクタールまで伸びた。しかし、平成一五（二〇〇三）年には約五〇〇ヘクタールに激減している。温度条件では作期が長く、ラッカセイには適しているが、火山灰土壌の物理化学的特性、結実期の旱魃、収穫〜乾燥期の高温障害、常襲する台風害などがあり、筆者が昭和五八（一九八三）年に訪ねた九州農試作物部（熊本県）など現地では、関東よりも早く出廻る暖地特産作物としてラッカセイを位置づけるのに、収量、品質のいずれを重視するかで採用すべき品種や栽培方法の答えがまだ出ていなかった。だが、九州地方の産地がまさに伸びようとしていた時期に、関東での作付減退の影響が直撃した。その影響の大きさは、最盛期の作付面積が半減するのに関東では約二〇年かかったが、九州では僅か五年だったことからもうかがえよう。

また、マルチ栽培技術は、ラッカセイ栽培の北限を北東北地方まで広げるのに大きな役割を果たした。筆者が昭和五八（一九八三）年に北東北地方を調査で訪ねた時、ラッカセイがまるで促成園芸作物のようにトンネル・マルチ栽培（一般のうね面被覆でなく、ワイヤー・フレームでトンネル状に被覆する）や、政治的と批判された砂糖大根（甜菜）栽培の失敗で眠っていたペーパー・ポットを再利用した移植栽培も検討されていた。それらが省力作物のラッカセイに採用すべき技術であったか否かの批判はさておき、ラッカセイは、冷害に強い「畑の稲」と言われて、暖地作物の導入と定着を悲願としてきた北東北地方で最も有望な作物として大きく期待されていた[19]。

図Ⅷ－5　東北地方の水田転換作ラッカセイ
（福島県塩川町、1983年９月）

福島県の会津盆地では、当時の水田利用再編事業、すなわち稲作転換で、マルチ栽培のラッカセイが試験的に対象作目となって、昭和四七（一九七二）年には三〇五ヘクタールの出荷目標の作付けが実施されたが、品種が小粒種で価格が不安定だったことや、土壌が重粘でラッカセイに適さなかったことなどもあって農家の関心が高まらなかった。稲作経営が主体の地域で転換割り当て面積の消化を余儀なくされたこともあって、昭和五三（一九七八）年ごろから作付けが増え始めたが、早くも同五七、五八年の約八〇ヘクタールを最高にそれからは減退を続けて、やがて一〇ヘクタールを割り、最近ではほぼ皆無になっている。

同地方では、西南暖地並みの気象条件で水稲が多収を挙げていたが、福島県農試会津支場では、ラッカセイでも、剝き実で一〇アールあたり四六〇〜六二〇キログラム（一九七七〜一九八二年）という関東の主産地の二倍以上の多収を品種「タチマサリ」で挙げている[20]。換金作物としてだけでなく、未利用耕地開発による新墾地の地力増強作物としてのラッカセイの導入が有望視されたが、水稲の育苗から移植、そして、収穫の時期が、それぞれラッカセイの播種と収穫期に重なって収穫が遅れ、ラッカセイの減収や品質が劣化すること、また、小規模栽培に見合う機械化技術の未確立という課題も残されていた。また、早生性に多収性と耐病性を兼ね備えた品種がほしいという要望も強かった。東北地方全体では三〇〇ヘクタールを超えた時期（一九八〇年）もあったが、今日ではラッカセイはほとんど姿を消した（図Ⅷ－5）。

今日、世界最大のラッカセイ生産国として、わが国の大粒種の加工原料のほとんどを供給している中国のラッカセイ作の成功の背景には、わが国からのマルチ栽培技術の導入があったが、主産地の山東省半島部は、緯度的には、ちょうどわが国の主産地である関東平野の中央部から東北地方の南部に相当する。

6　流通事情の変遷

わが国では、昔からラッカセイ加工業者はマメ類の加工と販売も同時に行なってきたが、近年、わが国のラッカセイ食品の業界は、大手スーパーやコンビニに出回る中国産加工品を国内でパックした低価格商品と、高価な内地産原料の商品との二極化の時代になっている。昭和四三（一九六八）年の統計では、その全国業者数（計一三五六社）の約六〇％が関東地方に集中し、とくに東京（一七％）、茨城（一二％）、千葉（九％）に多く、ついで大阪府と兵庫県がその九割を占める近畿圏（一一％）となっている。[21] ラッカセイ加工業の始まりのころから戦後までの流通事情や業界の変遷を、水上（一九七〇）[22]や大橋（一九七八、一九七九）[23]などによってたどってみよう。

（1）明治から昭和初期まで

江戸末期に、神田で芋屋（焼き芋、ふかし芋）が出現したが、この副業として赤エンドウをゆでて売ることが始まったとされ、元治元（一八六四）年、但馬から上京してきた大高亀吉がこれを習って現在の三田台町に煎豆業を創業、開店したのが最初とされる。その後、浅草観音境内や、神社、寺の祭礼、縁日などで煎りたてのマメを新聞紙の三角袋に入れて売られるようになった。当時は、川越あたりから赤エンドウ（種皮が褐色系の種類）が、そして、幸手《さって》（現・茨城県幸手市）からソラマメが東京神田の多町市場（神田青物市場として知られた）に入荷して、多町に煎豆屋が多くできた。そして、神奈川県の「相州落花生」や、千葉で試作が始まったラッカセイが少しずつ市場へ出回るようになった明治一〇（一八七七）年ごろには、東京ではすでに煎豆業ができていたとされる。これらの業者が「から付き煎りラッカセイ」や「味付きラッカセイ」を加工販売することを始めてから、次第に煎りラッカセイが主力商品になった。明治年間にラッカセイの生産と消費が急速に伸びたのは、このような既存の煎豆業者の加工、販売ルートなど受け入れの基礎ができていたことによるとされる。米国で「ピーナッツ食文化」が広がる初期を彷彿させるが、わが国でも文明開化の洋風化の時代で、ラッカセイの味や栄養などが嗜好として受け入れられたようである。

明治中期になると、煎豆業者が増えて販路が次第に拡大するにつれて、千葉では作付けが干潟地方から県内各地に広がった。出荷組合が結成され、優良品の極大粒種の「ラクダ種」を菰《こも》俵で出荷したが、東京市場では「干潟本場（物）」として認められるようになった。このころにできた数軒の業者は今日まで続いているという。また県外の業者による集荷や、輸出業者へ納品されて米国への輸出も行われている。

明治三九（一九〇六）年に、横浜の高沢商店が旭町（現・旭市）に加工場を設立、続いて、東京京橋の野口商店も開業している。明治四三（一九一〇）年から大正三（一九一四）年までの全国の年平均作付面積は八七三八ヘクタール、収穫高は四一一六石になったが、これは明治三八〜四二年に比べて一躍二倍で、うち千葉県が六〇〇〇ヘクタールになっている。産地の生産者、扱い業者が一体になって「千葉県落花生同業組合」を発足させて、品質の改良、検査の実施と励行、販路開拓などに乗り出して次第に重要な地方産業となった。さらに加工業の先進地遠州（静岡県）の商人も千葉へ進出して、工場が続々設置されている。

このように明治末期から大正期には、煎豆ラッカセイ加工は地方産業の花形となったが、やがて第一次世界大戦（一九二〇年六月）が勃発して大戦景気となり、米国向けに、「水洗い莢つき」ラッカセイを晒し粉で漂白して、「オンス一〇粒」として、また、剝き実は「オンス三〇粒」[注]の規格で盛んに輸出されたが、米国では野球場で飛ぶように売れたという。浜松の業者が輸出向けの買い付けで千葉に殺到して、時ならぬ景気を謳歌したとも伝えられている。

（注）ラッカセイの莢実または子実の粒の大きさを示す規格。一オンス、または、ポンドあたりの粒数で表す。（一オンス＝一六分の一ポンド＝二八・三五グラム＝七・五六匁）。

また当時のラッカセイの輸入については、戦前からラッカセイの輸入に携わった大橋（一九七九）[23]によると、その始まりはかなり古く、慶応末期に中国人が初めて輸入したという記録が税関の古文書に残っているとし、明治初年の政府内務省による米国産ラッカセイの輸入は横浜港だったが、もっと古い記録があるのではないかとしている。『神戸港税関統計書』や『神戸開港三〇年誌』などによると、明治元年にはラッカセイは輸入されていないが、輸出品の最高は茶で、次いで生糸であった。そして、明治四年に、おそらく殻つきのラッカセイが六二〇六貫（二三トン）、翌五年には一万二七八八貫（四八トン）が輸入されている。その価格は、一俵一六貫（六〇キログラム）あたり、それぞれ一円一〇銭、および八九銭位になるが、明治四年のコメの値段は一俵一円一〇銭、また、暴落した翌五年は八〇銭だったが、ラッカセイ一俵はコメ一俵とほぼ同じ値段だったことになる。なお、当時の関税は、「慶応条約」時代で、輸出も輸入も高級品以外のほとんどの物品は一率で五％であった。この関税五％は、日露戦争による膨大な戦費の支出で明治三八（一九〇五）年七月一日に法改正されて「非常時特別税」として一五％になるまで続いたが、明治四四（一九一一）年七月一七日に従量税一〇〇斤につき、殻付き八〇銭、むき実九〇銭となった。長崎には出島に外国人の特別区や中国人の居住地もあったが、明治二七、八年の日露戦争の後は日本人も直接、輸入を始めていたらしいという。

大正期になると、千葉県では、ラッカセイの産地が山武地域から海岸地帯に沿って東の海匝地方へ広がり、旭町、干潟の産地ができていたが、砂質土壌で旱魃による作柄の不安定もあってサツマイモ作へ転換が進んだ。そして、新墾の畑地が増えた北部の下総台地に栽培が移動するのに伴って、産地の中心が印旛地域の八街《やちまた》に移った。旱魃の問題もあったが、中国から入ったとされる草型がほふく性の大粒種「青島種」が栽培されていた。八街には今日でも多くの問屋、加工業者が集中している。

大正七（一九一八）年に第一次大戦が終わると、次第に輸出も減り、商社の思惑買いの手持ちも換金せざるを得なくなって、ラッカセイは、最高値で一〇〇斤（六〇キログラム）三五円だったのがわずか七円に暴落し、業者が軒並みに倒産、自殺者も出たといわれているが、同八年には一〇〇斤の最高値が二八円まで上昇、翌九年七月にはまた暴落して産地は大恐慌となり、業者は必死で東北の山村から北海道まで新販路開拓に走った。同一二年には関東大震災が起こっているが、その復興景気で業界が持ち直したといわれている。

（2） 戦時中から戦後まで

昭和期の前半は、戦時の食料物資の欠乏と統制の強化、そして、戦後の混乱と復興の時代であった。昭和一〇（一九三五）年ごろまでの全国のラッカセイ作付面積は、約六〇〇〇ヘクタールで、千葉県がその約半分を占めていたが、昭和六（一九三一）年に満州事変が勃発、同一二（一九三七）年七月には日中戦争が始まって戦時体制に入り、戦争景気で物価高騰が続いた。戦前の輸入ラッカセイはほとんどが中国産だったが、台湾、朝鮮産は輸入税を払う必要がなかった。翌一三年四月一日、政府は「戦時総動員令」を発令、ついで、翌一四年の九月一八日に突如、「物価統制令」が発令された。同日の取引価格以上に上げることが禁じられ、「マル停価格」と呼ばれた。政府や軍の一部高官しか知らず、マスコミにも通知は翌日だったが、結局、一か月間の調査期間を置いて一〇月二〇日実施になった。この「マル停価格」の実施から半年ほど後に、政府は、「公定価格」、通称「マル公価格」の実施を発表した。生ラッカセイの価格は、国内産も輸入物も、北は樺太から南は沖縄に至るまで全国一律であり、業者にとっては大変なことだった。原料の仕入れ値に輸入税と通関手数料、倉庫料を加算するとほとんど利益がなく、経営は苦しかったと大橋（一九七九）[23]は述懐している。

昭和一六（一九四一）年一二月八日、米・英両国に宣戦布告、太平洋戦争が始まったが、ラッカセイは戦時下の不急物資として作付けが減らされ、千葉県の産地はサツマイモに転作した。業者は転業、廃業を余儀なくされ、開店休業状態であった。同年に脂肪給源需給対策としてラッカセイ、ダイズを満州、中国から輸入することが決定されているが、ラッカセイも配給割り当て制になって、個人業者である問屋と加工業者は「東亜食用落花生配給同業会」を結成し、東京都の食糧課と警視庁の指令で、千葉県農産課に連絡して県内のラッカセイを集荷して都内の軍需工場に配送し、時々、隣組などにも配給したが、昭和一七

（一九四二）年ごろから次第に配分量が少なくなった。

食料、生活物資の困窮が一層進んだ昭和一七年の一二月に、神戸税関の倉庫に保管されていた殻付きの小粒品種の配給があった。実は、このラッカセイは、シンガポールからマニラ経由で積まれて米国へ運ぶ途中で前年の宣戦布告の日に日本近海で拿捕され、港に停泊していた米国や英国の船が積んでいた中国産で、書類には「敵産落花生」と明記されていた。虫害がひどくて配給できる品ではなく、兵庫県煎豆加工組合に公定価格で払い下げられたが、不意の配給で喜ばれ、煎って売られた。また、組合員は兵庫県からソラマメやエンドウの配給を受けて、町内会単位で、また、後には軍需工場へ煎豆加工をして配給を続けたが、昭和一九年の年末にはこの配給も皆無となり、戦局はさらに悪化してラッカセイの輸入量は減る一方で、全国の加工業者に配給がなくなった。子どもたちの体力低下が懸念されたので、六大都市の学童だけにでも配給したいと組合から「特配」を懇請したが、その返事を待つ間に、軍司令部から、「まず第一線で戦っている軍人の栄養源として軍納せよ」という厳しい命令がきて、それ以後は、すべて軍納となって一般国民への配給は無くなった。昭和一八〜二〇年の三年間は、全国のラッカセイの作付面積や収穫量は、農林統計で今日まで空欄のままになっているが、いずれも戦争という非常時ならではのラッカセイにまつわるエピソードである。

昭和二〇（一九四五）年八月一五日に終戦を迎えて、以後、徐々にラッカセイの作付けが回復したが、同二二年五月からグリーンピースの家庭配給が始まって、これの委託加工で業界が再開した。当時は輸出重視、輸入抑制の経済政策で、ラッカセイや煎豆の原料の各地方や県の販売団体による価格変動が大きかったが、ラッカセイの統制が解除になったのは昭和二六（一九五一）年三月一日で、ダイズ、アズキなどとともに一二品目が「食糧管理法」適用品目から除外された。

戦後、ラッカセイが栄養価の高いことから食品として再認識され、売れゆきが活発となったが、千葉県内では、終戦直後に八街付近に残っていたラッカセイの栽培面積が、わずか一〇〇〇ヘクタールあまりにすぎず、全国で急増した需要をみたすことができないために価格が暴騰して、昭和二三〜二四年ごろにはむき実の価格が六〇キログラムあたり最高で三万円を超えたという。その後、八街を中心とした台地で栽培が急増して、同二七年にはついに一万ヘクタールを超え、八街町が戦前の旭町に代わってラッカセイの集散地として台頭し、多くの業者が誕生するようになった。

嗜好品のラッカセイが姿を消した戦時中、筆者にも、生ダイズや、本来は馬の飼料だった脱脂ダイズ粕の配給があったこと、また、これを混ぜた崩れやすい玄米の握り飯を勤労動員先の工場の給食で食べた経験があるが、ダイズはすべて代用食として家庭へ配給されていて、これの煎り加工で営業を続けていたマメ加工業者もいたとされる。敗戦の直前に「兵庫県煎豆製造施設組合」から兵庫県食糧課長あてに提出された、次のようなダイズ委託加工の申請書の写しが残されている[23]が、戦争で仕事がなくなった業者の苦衷や、終戦直前の食料事情をうかがうことができ、また、わが国のマメ食文化史での貴重な記録と思われる。

〔資料〕

煎大豆委託加工賃金申請書

苛烈なる決戦下国民の主要食糧に大豆のいよいよ増量配給は止むを得ざる次第に御座候。然るに未だ各家庭に於て大豆の一般主食品としての其の適切なる使用方法に迷い、殊に燃料は不足且又手数多き事に一層苦慮中に御座候。

大豆混食の方法は相当多様有之候得共其の混食の一部として当組合申請の如く該大豆を一応煎豆製造加工

し、然る上飯米に混合炊き上げるなれば最適当なる混合食と相成り且又一般家庭児童の間食に適し直接に代用食と相成可申候。

昨今当組合員に対し家庭より原料大豆持参のうえ煎豆に加工方、依頼者日々に増加致し居る状態に付きこの際当組合員に於て専門的に民需に応ずることは一般家庭の手数並びに燃料の苦慮を一除し時局に即応したるものと確信仕り候条、左に加工賃金の御許可並びに燃料配給等何卒御配慮賜り度、この段及申請候也。

以上

煎大豆委託加工並に加工賃計画書

一、原料大豆　百匁につき加工仕上り煎大豆七十五匁とす
二、加工煎賃　百匁につき金五銭の割合とす
三、燃料　加工に要する燃料は組合員の負担とす
四、運賃　委託者に於て現品持迎するものとす
五、対照先　一般家庭及び各工場

右の通り御認承相成度此段及申候也

昭和二十年七月三十日

7 「バタピー」と「ピーナッツ・バター」

今日のラッカセイ菓子製品のうちで、国産および輸入原料を合わせた消費の割合が約四〇％（農水省畑

作振興課推定。平成二一年度『落花生資料』）を占めて、もっとも大きいのが「バタピー」、または「バターピーナッツ」と呼ばれる製品である。最初はバターで揚げていたのでこのように呼ばれるが、八〇～一〇〇℃の湯に数分間浸漬する（湿式）か、または加熱して（乾式）渋皮（種皮）を除いてから、油分の酸化による品質の劣化を避けるために、約一五〇～一六〇℃ぐらいで硬化油（一般にパーム油）で淡褐色になるまで揚げて、バター、食塩、その他の調味料で味付けする。

このバタピーの元祖が神戸の藤森竜造とされ、大正時代から「藤森のバタピー」として有名で、高級料理店、カフェ、バーで人気があり、関東にも売っていた。割れ実があったが独特の味があり、他の業者がまねをしても外観が悪く売れなかったという。当時は夏場には味が低下し、シミが出るのでつくらなかったが、需要が増えてきた昭和六（一九三一）年の夏に、（株）川西倉庫が神戸税関構内に最新式の冷蔵庫を新設したので、中国大連産のラッカセイを試験的に入れたところ、新豆と変わらぬバタピーができたので販路が一挙に拡大した。加工は、この原料の品種は渋皮が剝けやすかったので、熱湯をかけてからすぐフライするだけだったという[23]。

次に、「ピーナッツ・バター」だが、砂糖や水飴をブレンドした「ピーナッツ・ペースト」や、「ピーナッツ・クリーム」に比べて日本人の嗜好に合わないと聞いたことがあるが、三〇年ほど前に若い米国人の知人が訪ねて来た時にピーナッツ・バターを探したが見つからず、教えられて自然食品の専門店で買った記憶がある。農水省畑作振興課推計による原料ラッカセイの用途別消費の内訳にピーナッツ・バターは出ていないが、平成一二（二〇〇〇）年以降のピーナッツ・バターの平均年間輸入量は、加糖製品が米国産、約九〇〇トン、中国産、約一〇〇トン、その他をあわせて一〇〇〇トン前後、また、無糖製品は、中国産が三～四〇〇〇トン、米国産は、最近は減って一〇〇トン前後で、合計約四〇〇〇トンとなっている（平成二一年度『落花生資料』)。

ここで、ピーナッツ・バターのわが国での製造の始まりかと思われる事実について触れておきたい。かつて、キリスト教の一宗派であるセブンスデー・アドベンチスト教団(明治二九=一八九六年創設)が経営する千葉県の三育学院の教員として奉職された竹上嘉征氏から、同学院の教義として労働を尊ぶ、その一つとして農場実習があり、この農場で栽培したラッカセイでピーナッツ・バターを製造していたと聞いた記憶があったので、今回、照会したところ、次のような回答をいただいた。

学院では、農業部や園芸部のほか、木工部、鉄工部、ランドリー部、食品部(ヘルス・フード部。昭和三=一九二八年設立)、さらに印刷部などから成る「労作教育部門」があったが、戦前、農場産のラッカセイでピーナッツ・バター製造にかかわっていた方の話では、戦後も昭和二七(一九五二)年から同三四、五年(一九五九、六〇)までは、確かに学校内で消費する分と、輸出用のピーナッツ・バターを製造していたとのことであった。学院の「労作教育部門」の食品部は、昭和六二(一九八七)年に独立して食品会社になっているが、現在、製造しているピーナッツ・バターとピーナッツ・クリームの原料は米国産である(同社HPによる)。因みに、第六章「アメリカ」で述べた、ピーナッツ・バター、そして、コーン・シリアルの考案者、J・H・ケロッグ博士は、同教団が運営する療養所の医師であった(http://ja.wikipedia.org/wiki,2010/02/21)。

8　ラッカセイ作は生き残れるか?

先に述べたように、中国山東省の半島丘陵部の畑作地帯では、日本向けの輸出用ラッカセイの契約栽培

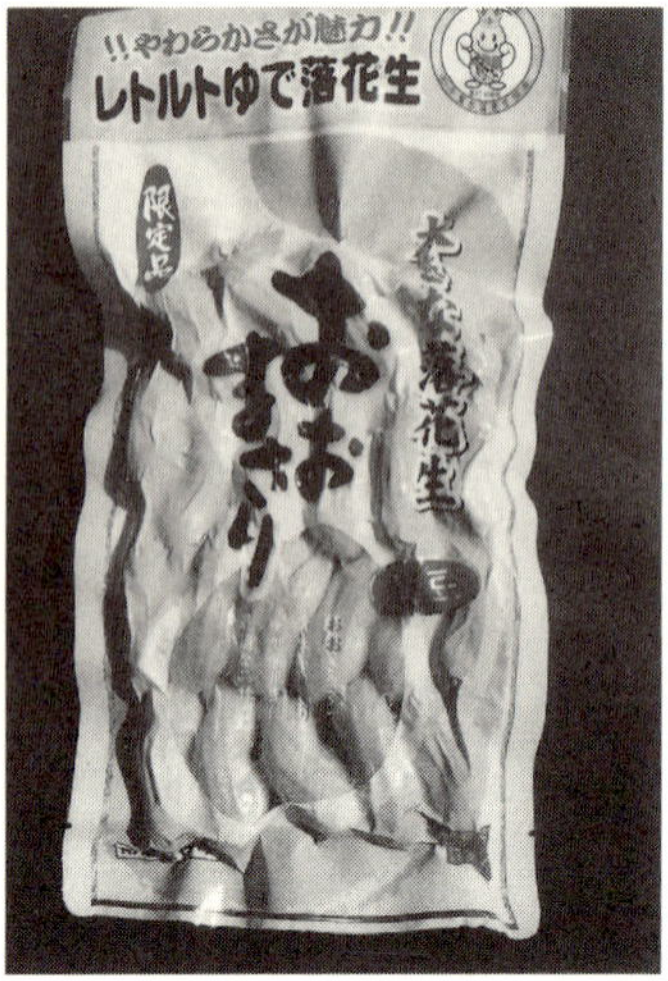

図Ⅷ－6　品種「おおまさり」の「レトルトゆで落花生」（右）
レトルト製品と八街産煎りざや製品（品種名の表示はない）（上）2009年産

で畑の集団化が進んでおり、今後、冬作コムギ作のようにラッカセイ作でも機械化が進めば、わが国ラッカセイ作への圧力はさらに高まるだろう。油料作物としてのゴマやナタネがわが国の畑から姿を消したのは、もうはるか昔になった。同様に歴史の長い伝統的な油料、そして、食料として四〇万ヘクタールを超えていたダイズも四〇年前に輸入自由化で半減し、間もなく一〇万ヘクタールを割って自給率がほとんどゼロになった。ダイズは水田転作作物として、食用としての活路を見出そうとしているが、ラッカセイ作は、ダイズの後を追うようにして減退が始まり、東北や九州の新興産地はすでに消え、関東主産県での減退も年ごとに加速している。しかし、外来作物であったラッカセイが明治初期から今日まで一世紀半近く、最盛期だった四〇年前の約一〇分の一の作付面積まで減っても辛うじて生き延びているのは、油料種子作物としてではなく、嗜好品作物であったことのおかげであった。それはまた同時に、政治的保護のもとでの「関東の地域特産品」[24・25]としてであった。

千葉県では、「レトルトゆでラッカセイ」（図Ⅷ－6）の生産を増大するなど、新しい食品形態の開発による需要拡大の努力も行なわれているが、「バタピー」は、ほとんどすべてを輸入品に依存しており、国産原料の主力製品は、付加価値を高めにくい「煎りざや（莢）ラッカセイ」や「渋皮付きラッカセイ」である。だが、育成された多収性品種への転換が行われず、千葉の地元ブランド品種「千葉半立」の絶対的な供給不足が、中国産や他品種の混合や品種名の偽称表示という不祥事も招いた。千葉産の「新豆」製品は、賞味期限が翌年三月くらいまでと短く、ほとんどが関東圏を中心にした歳暮用の高級贈答品として消費されて、主産県農家は、まさに戦前にそうであった「地産・地消」の作物に戻ることを甘受している。また、加工・流通業界は、国内産の差別化、すなわち、産地や品種ブランドに頼る「少生産量・高価格」路線の維持で、外観だけでなく、「有機JAS認定」をアピールする製品もあって品質が向上している中国産原料製品の店頭価格との開きを数倍にも大きくしている。すなわち、スーパーやコンビニなど大規模流通市場に出回る、輸入原料の国内加工品や、煎ったラッカセイを国内でパックした商品と[26・27・28]、「高級路線のギフト・ニーズ」を謳った、高価な「千葉産プレミアム・ピーナッツ」という業界の二極化戦略は、ラッカセイ消費の国内での拡大を阻んでいるだけでなく、国内のラッカセイ作の増加を期待していないようにもみえる。

　生産農家、加工、流通、輸入など関連業界、そして、国および地方の行政、研究関係者から成る専門委員会は、平成一五（二〇〇三）年から、消費の停滞、栽培面積の減退、外国製品の輸入の増加という国内のラッカセイ需給の情勢を分析して、「……国内での生産と加工を合わせた落花生関連産業は、業界個々の対応だけでは、総量としての市場規模の維持が精一杯であり、長期的には長期低落傾向にある」との共通認識に立って、国産ラッカセイの位置づけ、品質向上対策、食味向上対策、生産性の向上、および、流通の拡大と改善のための諸策について提言している[29]。

　だが、まず必要なことは、生産農家がラッカセイの消費者を増やすために単収を倍増して、一般消費者

表Ⅷ－1　千葉県におけるラッカセイの加工および調理の形態（小田井1976㉚による）

形状	一次加工的	二次加工的	三次加工的
粒状	煎りさや 味付け 素煎り バターピーナッツ ゆでまめ 塩むし・塩煎り 煮豆	砂糖転がし 落花生みそ 豆板 おつまみ 岩おこし バーツアン1) いもし2) みそ マコロン	赤飯 変わり松前漬 前菜 ピーナッツ野菜いため
荒刻み状	料理の天盛り	ピーナッツあめ ピーナッツ・タフィ 落花生せんべい かきもち あられ	
細刻み状	料理の天盛り みそ汁	サブレー、ビスケット ケーキ カステラ 落花生あえ お茶の友3)	コロッケ
乳状	ピーナッツ・バター	ピーナッツ・クリーム 落花生あえの衣 落花生豆腐	カチャンソース4)
搾油	落花生油		マーガリン5)

注　1) 台湾由来の食べ物。もち米を油で炒り、だし汁を加えてから渋皮つきのラッカセイを混ぜる。竹の皮にちまき状に包んで蒸し上げる。

2) 種モミの残りを蒸して乾燥し、もみ殻を除く。ラッカセイを煎って渋皮を除く。両者を混ぜて砂糖、醤油を加えて加熱。なかば固まったところでおこしのような形に切る（干潟町）。

3) 煎りラッカセイを細かく砕いたものに砂糖を加えたもの（市原市）。

4) インドネシアのラッカセイを用いたソースに由来するという。

5) ラードやヘットを加熱し、溶かしたものに約半量のラッカセイ油を加えると、品質のよいマーガリンができる。

が買いやすい価格にまで下げることである。言い換えれば、「国内産」というブランドで栽培を続けるために求められることは、すでに育成されている多収性品種への転換と、農家が持っている栽培技術でラッカセイの潜在的生産力をさらに引き出すことである。生産コストの削減の努力も必要だが、レトルト加工製品の発売でラッカセイ産業のルートに参加したＪＡ（農協）の協力や、高栄養食品であるラッカセイを嗜好品としてだけでなく調理用素材としての需要を高めるための情報[30]を、もっとひろく消費者に知らせることも必要である。（表Ⅷ－1）

国が、主産県など公立の農業試験研究機関を指定・委託して行なってきた「指定試験事業」が、平成二三（二〇一一）年度から見直されて廃止されるといわれている。品種改良で成果を挙げてきた千葉県のラッカセイ育種の研究もその一つであるが、ラッカセイの研究者がいなくなる心配がある。消費は増えたが、ラッカセイがわが国の畑から消えたということがないことを願って、本稿の結びとしたい。

文献註——引用及び参考文献

はじめに

（1）前田和美（一九九三a）『アジア畑作技術指導マニュアル』全国農業改良普及協会。
（2）前田和美（一九九三b）『中南米畑作技術指導マニュアル』全国農業改良普及協会。

第一章 「変わり者」のマメ——ラッカセイ

（1）前田和美（一九九〇a）「マメ科未利用種の導入と利用の可能性—わが国における野生植物の栽培化および新作物の導入に関わる諸問題」『農業および園芸』65。
（2）前田和美（一九七三）「ラッカセイ花器の形態的特性とその品種の系統分類への応用に関する作物形態的研究」『高知大学農学部紀要』23号。
（3）Shibuya, T.（1935）Morphological and Physiological Studies on the Fructification of Peanut（*Arachis hypogaea* L.）, Memoirs of Faculty of Science and Agriculture, Taihoku Imperial University, 17.
（4）Zamski, E. and M. Ziv（1976）Pod formation and its geotropic orientation in the peanut, *Arachis hypogaea* L., in relation to light and mechanical stimulus, Annals of Botany 40.
（5）前田和美（一九九〇b）「ラッカセイの莢付き種子による〈一本立ち出芽〉の発生とその機構」『日本作物学会記事』59（1）。
（6）前田和美（二〇〇四）「常温下におけるラッカセイの莢付き種子の長期発芽寿命」『日本作物学会記事』73（4）。
（7）Allen, O. N. and E. K. Allen（1981）THE LEGUMINOSAE A Source Book of Characteristics, Uses, and Nodulation,

The University of Wisconsin Press, Madison, USA.
（８）小柳津広志・増地矢惠子（一九九〇）「生物窒素固定研究における最近の成果」『農業および園芸』65（８）。
（９）前田和美（一九七七）『食用作物学概論』（渡部忠世らと共著。「Ⅳ　マメ類」）農文協。
（10）前田和美（一九八七）『マメと人間―その一万年の歴史』古今書院。
（11）前田和美（一九九三）「落花生の「Ideotype」の特性―多収化における亜種 *fastigiata* の寄与」『日本作物学会記事』62（２）。
（12）Smartt J.（1990）Grain Legumes Evolution and Genetic Resources, Cambridge University Press, Cambridge.
（13）Smith, B. W.（1950）*Arachis hypogaea* Aerial flower and subterranean fruit, American Journal of Botany 37.
（14）Krapovickas, A. y W. C. Gregory（1994）Taxonomia de genero Arachis（*Leguminosae*）, Bonpaldia（Argentina）, 8:1–186.
（15）Bunting, A. H.（1955）A classification of cultivated groundnut, The Empire J. Exp. Agric. 23: 158–170.

第二章　ラッカセイの生まれ故郷と野生の仲間たち

（１）Gregory, W. C., M. P. Gregory, A. Krapovickas, B. W. Smith, and J. A. Yarbrough（1973）Structure and genetic resources of peanut, In: PEANUT- Culture and Uses, American Peanut Research Education Assoc., Inc., U. S. A. 47–133.
（２）Gregory , W. C. and A. Krapovickas, and M. P. Gregory（1980）Structure, Variation, Evolution, and Classification in *Arachis*, In: ed. R. J. Summerfield and A. H. Bunting, Advances in Legume Science, London, 469–589.
（３）Krapovickas, A. y W. C. Gregory（1994）Taxonomia de genero Arachis（*Leguminosae*）, Bonpaldia（Argentina）, 8: 1–186.
（４）Simpson, C. E., J. F. M. Valls, A. Krapovickas, D. E. Williams, I. G. Vargas, and R. F. A. Veiga（2005）Description information on eleven new *Arachis* species, APREA Proc., 2005: 71（Abst）.
（５）Seijo, J. G., G. I. Lavia, A. Fernández, A. Krapovickas, D. Ducasse, and E. A. Moscone（2004）Physical mapping of the 5S and 18S–25S rRNA genes by FISH as evidence that *Arachis duranensis* and *A. ipäensis* are the wild diploid pro-

genitotors of *A. hypogaea* (*Leguminosae*), Am. J. Botany 91: 1294–1303.
（6）Kawakami, J. (1930) Chromosome numbers in Leguminosae. Bot. Mag. (Tokyo) 44: 319–328.
（7）Husted, L. (1933, 1936) Cytological studies on the peanut, *Arachis*. I. Chromosome number and morphology, II. Chromosome number and beheavior, and their application to the problem of the origin of the cultivated forms, Cytologia 5: 109–117, and 7: 396–423.
（8）Stalker, H. T. and C. E. Simpson (1995) Germplasm resources in *Arachis*, In: Patee, H. E. and H. T. Stalker eds. Advances in Peanut Science, 14–53.
（9）Kochert, G., H. T. Stalker, M. Gimenes, L. Galvaro, C. R. Lopes, and K. Moore (1996) RELP and cytogenetic evidence on the origin and evolution of allotetraploid domesticated peanut, *Arachis hypogaea* (*Leguminosae*). Am. J. Bot. 83: 1281–1291.
（10）前田和美（一九八九）「世界における子実用マメ類の生産動向と研究の重要性」『日本作物学会記事』58（3）。
（11）Simpson, C. E., K. A. Williams, P. J. Caballero A, and L. E. Robledo (2007) Plant Exploration Expedition to Paraguay to Collect New *Arachis* sp. *A. Pfulugeae* C. E. Simpson, Krapov. and Valls, APREA Proc, 2007: 119 (Abst.).
（12）コロンブス「クリストーバル・コロンの四回の航海」林屋永吉訳注（一九七二）『大航海時代叢書』「航海の記録」Ⅰ、岩波書店。
（13）橋本梧郎（一九六二）『ブラジル植物記―身近な有用植物の知識』帝国書院。
（14）アコスタ（一五九〇）増田義郎訳（一九六六）『アコスタ新大陸自然史』上。『大航海時代叢書』Ⅲ、岩波書店。
（15）ガルシラソ・デ・ヴェーガ、エル・インカ（一六〇九）『インカ皇統記』牛島信明訳『大航海時代叢書』エクストラ・シリーズⅠ。（一九八五）岩波書店。
（16）Hammons, R. O. (1973) Early history and origin of the peanut, In: PEANUT—Culture and Uses, A Symposium, APRES, Stillwater, USA, 17–45.
（17）矢内原勝（一九七八）「セネガルの落花生生産・輸出の成長要因」『三田学会雑誌』七一号。
（18）デーヴィス・シェルトン（一九七七）関西ラテン・アメリカ研究会訳『奇跡の犠牲者たち』現代企画室。

(19) プライス・D『ブルドーザが来る前に』斎藤正美訳（一九九一）三一書房。
(20) レヴィ＝ストロース（一九五五）室淳介訳（一九七一）『悲しき南回帰線』上・下、講談社。
(21) Wilcken, P. (2005) In the footsteps of Claude Lévi-Strauss: Churchill Fellowship Report (http://www.wcmt.org-UK/public/reports/55-1.pdf.)
(22) メガース・B・J『アマゾニア―偽りの楽園における人間と文化』大貫良夫訳（一九七一）社会思想社。
(23) 前田和美（一九八七）『マメと人間―その一万年の歴史』古今書院。

第三章　ラッカセイの考古学

(1) フェイガン・B・M、河合信和訳（一九九〇）『アメリカの起源―人類の遥かな旅路』どうぶつ社。
(2) Haynes, C. V. Jr. (1964) Fluted Projectile Points: Their Age and Dispersion, Science, 145: 1406–1413.
(3) 塚田松雄（一九七四）『花粉は語る』岩波書店。
(4) 吉崎昌一・乳井洋一（一九八〇）『消えた平原―ベーリンジア極北の人類史を探る』日本放送出版協会。
(5) 赤沢威（一九九二）「アメリカ大陸の人類と自然」。赤沢威他編『アメリカ大陸の自然誌2　最初のアメリカ人』。第四章、岩波書店。
(6) 小野有五（一九九二）「最初のアメリカ人」。赤沢威他編『アメリカ大陸の自然誌2』第一章、岩波書店。
(7) スカー・C編（日本語版・小川英雄ほか編集）（一九八八）『朝日―タイムズ世界考古学地図―人類の起源から産業革命まで』朝日新聞社。
(8) Wallace , D. C. and A. Torroni (1992) American Indian prehistory as written in the mitochondrial DNA: a review, Human Biology 64: 271–279. (Abstract)
(9) 斎藤成也（一九九二）「アメリカ大陸への人類の移動と拡散」。赤沢威他編『アメリカ大陸の自然誌2』第一章、岩波書店。
(10) Torroni, A., T. G. Schurr, M. F. Cabell, M. D. Brown, J. V. Neel, M. Larsen, D. G. Smith, C. M. Vullo, and D. C. Wallace (1993) Asian Affinities and Continental Radiation of the Four Founding Native American mtDNAs, American J. Hu-

man Genetics, 53: 563–590.
(11) Oppenheimer, S.（2003）Out of Eden: the Peopling of the World, Constable & Robinson Ltd., London.（仲村明子訳『人類の痕跡一〇万年史』草思社）
(12) 篠田謙一（二〇〇七ａ）『日本人になった祖先たち　ＤＮＡから解明するその多元的構造』日本放送出版協会。
(13) 篠田謙一（二〇〇七ｂ）「ＤＮＡからみたマヤ・アステカ・インカの人々」『図録インカ・マヤ・アステカ展』一五一一七頁。日本放送出版協会。
(14) Proulx, D. A.（1993）The Nasca Culture: An Introduction.（English version, pdf. 0912, 13）
(15) 大貫良夫（一九九三）「文明の成立と発展・衰退」。赤沢威他編『アメリカ大陸の自然誌３　新大陸文明の盛衰』。第三章、岩波書店。
(16) Cohen, M. N.（1978）Archaeological Plant Remains from the Central Coast of Peru, Nawpa Pacha 16: 23–51.
(17) Pozorski, S. G.（1979）Prehistoric Diet and Subsistence of the Moche Valley, Peru, World Archaeology 11: 163–184.
(18) Hammons, R. O.（1973）Early history and origin of the peanut, In: PEANUT–Culture and Uses, A Symposium, APRES, Stillwater, 17–45.
(19) Towle, M.（1961）The ethnobotany of pre-Columbian Peru, Viking Fund Publ. in Anthropology, No. 30, Aldine Publ. Co. Chicago, 42–43.
(20) Tung, T. A.（2007）The village of Beringia at the periphery of the Wari Empire: A site overview and new radio-carbon dates, ANDEAN PAST, 253–286.
(21) 島田泉（一九九九）「ペルー北海岸における先スペイン文化の興亡―モチェ文化とシカン文化の関係」（英文・南條郁子訳）。増田義郎・島田泉・ワルテル・アルヴァ監修『図録モチェ発掘展』一七九～一八三頁。ＴＢＳ。
(22) 関雄二（一九九七）『アンデスの考古学』同成社。
(23) 関雄二・青山和夫編（二〇〇五）『岩波アメリカ大陸古代文明事典』岩波書店。
(24) コー・Ｍ・Ｄ、スノー・Ｅ・ベンソン、寺田和夫監訳、加藤泰健ほか訳（一九八六）『古代のアメリカ』朝倉書店。

（25） Lanning, E. P.（1966）Early Man in Peru, Scientific American 213: 68–76.
（26） 山本紀夫（二〇〇七）「高地に花開いた農耕文化」。山本紀夫編『アンデス高地』第二章、京都大学学術出版会。
（27） Rossen, J., T. D. Dillehay, and D. Ugent（1996）Ancient Cultigens or Modern Intrusions ? : Evaluating Plant Remains in an Andean Case Study, J. Archaeological Science 23: 391–407.
（28） Dillehay, J. D. , J. Rossen, T. C. Andres, and D. E. Williams（2007）Preceramic Adoption of Peanut, Squash, and Cotton in Northern Peru, Science 316: 1890–1893.
（29） プロー・D・A（武井摩利訳）「ナスカの社会と文化」『図録世界遺産ナスカ展』二五～三五頁、ＴＢＳ。
（30） Murra, J. V.（1975）Formaciones Economicas y Politicas del Mundo Andino, Instituto de Estudios Peruanos, Lima.（山本紀夫、二〇〇七ほかによる）
（31） Alva, Walter（1988）Discovering the New World's richest unlooted tomb, National Geographic Magazine 174: 510–549.
（32） アルヴァ・W（一九九九）徳江佐和子訳「ペルー北海岸における先スペイン期遺跡シパンの発掘」。増田義郎・島田泉・ワルテル・アルヴァ監修『図録モチェ発掘展』一二～二五頁。
（33） 小野幹雄（一九九三）「森林の改変」。赤沢威他編『アメリカ大陸の自然誌３』第５章、一九三～二三四頁、岩波書店。
（34） 大貫良夫（一九八〇）「カハマルカ三〇〇〇年―ペルー地方文化の継続」『季刊民族学』第14号。
（35） Donnan, C. B.（2004）Moche Portraits from Ancient Peru, University of Texas Press.
（36） 島田泉（一九九九ａ）「モチェの美術と宇宙観―図像を読み解く」（英文・南條郁子訳）。増田義郎・島田泉・ワルテル・アルヴァ監修『古代アンデス　シパン王墓の奇跡―黄金王国モチェ発掘展』六五～七九頁、ＴＢＳ。
（37） Callen, E. O. and T. W. M. Cameron（1960）A prehistoric diet revealed in coprolite, The New Scientist, 7, July, 1960: 35–40.
（38） Geyer, P. S., T. S. Larson, and L. Stroik（2003）University of San Diego Palynological Investigation of the Cabesas Giants, International J. Osteoarchaeology, 13: 275–282.
（39） Reinhard, K. J., V. M. Bryant, and S. D. Vinton（2007）Comments on reinterpreting the pollen data from Dos Cabe-

sas, International J. of Osteoarchaeology 17: 531-541.
(40) 古上隆（一九九五）「古代金工のハイテク」『古代に挑戦する自然科学』クバプロ。
(41) 沢田正昭（一九九五）「藤の木古墳の〈金〉よみがえる」『古代に挑戦する自然科学』クバプロ。
(42) 吉澤悟編著（二〇〇四）『金飾の古墳時代—副葬品に見る日韓交流の足跡』奈良国立博物館（特別展資料）。
(43) Hörz, G. and M. Kallfase (2000) The treasure of gold and silver articrafts from the Royal Tombs of Sipân, Peru- a study on the Moche metalworking techniques, Materials Characterization 45: 391-420.
(44) 寺神戸曠（一九九〇）「農業生産の現状」「農業の技術的諸問題」『ペルーの農林業—現状と開発の課題』第二章・第三章、国際農林業協力協会。
(45) Krapovickas, A. (1969) The origin, variability, and spread of the groundnut (Arachis hypogaea), In: Ucko, P. J. et al. ed. The domestication and exploitation of plants and animals. Gerald Duckworth & Co. Ltd., London, 427-441.
(46) Krapovickas, A. (1998) El origen y dispersión de las variedades del maní, Anl. Acad. Nac. Agron. Y Veterinaria 49: 18-26.

第四章　アフリカにおける落花生の歴史と文化

(1) Harlan, J. R. (1975) Crops and Man, American Society of Agronomy, Crop Science Society of America, Madison.
(2) Harlan, J. R., J. M. J. De Wet, and A. Stemler (1976) Plant Domestication and Indigenous African Agriculture, In: Harlan, J. R. et al. ed. Origins of African Plant Domestication, Paris.
(3) Purseglove, J. W. (1976) The Origins and Migrations of Crops in Tropical Africa, In: Harlan, J. R. et al. ed. Origins of African Plant Domestication, Paris.
(4) De Candolle, A. (1967) Origin of Cultivated Plants (English Version), Hafner Publishing Co., New York.
(5) Harlan, J. R. (1971) Agricultural Origins: Centers and Non-centers, Science: 174.
(6) Murdock, G. P. (1959) Africa Its Peoples and Their Culture History, McGraw Hill Book Co.
(7) 中尾佐助（一九六七）『農業起原論』岩波書店。

（8） Sauer, C. O.（1952, 1969）Agricultural Origins and Dispersals, The Domestication of Animals and Foodstuffs. The MIT Press, Cambridge.
（9） Stanton. W. R.（1966）Grain Legumes in Africa, FAO, Rome.
（10） Kay, D. E.（1979）Food Legumes, Tropical Products Institute, London.
（11） 入江憲治（二〇〇七）『西アフリカにおけるマメ類の生産から流通まで』第II章。（財）国際農林業協力・交流協会。
（12） Mannix, D. P.（1962）A History of the Atlantic Slave Trade 1518〜1865, Viking Press, New York.（土田とも訳『黒い積荷』、一九七六年、平凡社）
（13） 井沢実（一九七二）「奴隷の捕獲とその貿易」補注二。『大航海時代叢書』II。『アズボラ・カダモスト西アフリカ航海の記録』岩波書店。
（14） 布留川正博（一九九五）『近代世界と奴隷制　大西洋システムの中で』池本幸三・布留川正博・下山晃編。第一、二、五章、人文書院。
（15） Thomas, H.（1997）The Slave Trade: The Story of the Atlantic Slave Trade, Simons & Schuster, New York.
（16） 和田光弘（二〇〇八）「イギリス領北米植民地社会の形成」歴史研究会編。『世界史史料』7。「南北アメリカ先住民の世界から一九世紀まで」、岩波書店。
（17） 中條献（二〇〇八）「奴隷制擁護論」、「人種隔離と差別の法制化」。歴史研究会編『世界史史料』7「南北アメリカ先住民の世界から一九世紀まで」、岩波書店。
（18） カーテイン・フィリップ（一九八四）『異文化間交易の世界史』田村愛理他訳（二〇〇二）NTT出版。
（19） 矢内原勝（一九七八）「セネガルの落花生生産・輸出の成長要因」『三田学会雑誌』71。
（20） Waldron, R. A.（1919）The Peanut（*Arachis hypogaea*）. Its history, histology, and utility. Contribution from the Botanical Laboratory of the University of Pennsylvania.
（21） ポーム・D（一九六一）『アフリカの民族と文化』川田順造訳。クセジュ、白水社。
（22） Gibbons, R. W., A. H. Bunting, and J. Smartt（1972）The classification of varieties of groundnut（*Arachis hypogaea* L.）, Euphytica 21: 78-85.

(23) Brooks, G. E. (1975) Peanuts and Colonialism: Consequences of Commercialization of Peanuts in West Africa, 1830–70., The Journal of African History, 16–1.

(24) Higgins, B. B. (1951) Origin and Early History of the Peanut, In: Arrant, F. S. et al. ed. THE PEANUT The Unpredictable Legume, A Symposium, The National Fertilizer Assoc., Washington, D. C.

(25) Hammons, R. O. (1973) Early History and Origin of the Peanut, In: Peanut - Culture, and Uses, APRES, Stillwater.

(26) Hammons, R.O. (1994) The origin and history of the groundnut, In: Smartt, J. et al. ed., The Groundnut Crop, Chapman & Hall, London.

(27) Krapovickas, A. (1969) The origin, variability, and spread of the groundnut (Arachis hypogaea), In: Ucko, P. et al. ed. The domestication and exploitation of plants and animals, Gerald Duckworth & Co. Ltd. London, 427–441.

(28) Smith, A. F. (2002) Peanuts: The Illustrious History of the Goober Pea. University of Illinois Press, Urbana and Chicago.

(29) Norman, D. W., M. P. Newman, and I. Ouedraogo (1981) Farm and Village Production Systems in the Semi-Arid Tropics of West Africa: An Interpretive Review of Research, Research Bulletin No. 4, Vol. 1, ICRISAT Center, Patancheru.

(30) Sivakumar, M. V. K. (1989) Agroclimatic Aspects of Rainfed Agriculture in the Sudano-Sahelian Zone. In: Soil, Crop, and Water Management in the Sudano-Sahelian Zone, ICRISAT Center, Patancheru.

(31) 土屋巌・青木宣治・落合盛夫・倉嶋厚（一九七二）『アフリカの気候』「世界気候誌」第2巻、倉嶋編、古今書院。

(32) ライス・B（一九六七）杉辺利英訳『愉快なガンビア建国記』（一九六八）朝日新聞社。

(33) イロエジェ・N・P（一九六五）能登志雄訳『ナイジェリア―その国土と人々』（一九八〇）帝国書院。

(34) 島田周平（一九八二）「農業生産」、「農業発展の制度的諸問題」『ナイジェリアの農業―現状と開発の課題』第Ⅱ章、第Ⅳ章。国際農林業協力協会。

(35) Harris, D. R. (1976) Traditional Systems of Plant Food Production and the Origins of Agriculture in West Africa, In: Harlan D. R. et al. ed. Origins of African Plant Domestication, Paris.

(36) 山口淳一（一九八二）「農業発展の諸条件」。『ナイジェリアの農業―現状と開発の課題』第Ⅲ章。国際農林業協力協会。
（37）中村弘光（一九八九）「ナイジェリア―歴史・経済」『アフリカを知る事典』平凡社。
（38）北川勝彦・高橋基樹（二〇〇四）『アフリカ経済論』ミネルヴァ書房。
（39）トインビー・A・J（一九六七）『ナイルとニジェールの間に』永川玲二訳、新潮社。
（40）Blench, R. M.（2004）The History of Agriculture in Northeastern Nigeria, In: L'Homme et lamilleu végétal dans le Basssin du Lac Tchad. D. Barretreau, R. Dognin and C. von Graffenried eds., ORSTROM, Paris.
（41）室井義雄（一九九一）「植民地期の経済構造」。林編『アフリカの歴史』第1巻「アフリカの21世紀」勁草書房。
（42）Misari, S. M., C. Harkness, and A.M. Fowler（1980）Groundnut Production, Utilization, Research Problems and Further Research Needs in Nigeria, Proc. International Workshop on Groundnut, ICRISAT Center, Patancheru.
（43）Poulton, C. and T. Geof（2007）All-Africa Review of Experience with Commercial Agriculture, Case Study on Oil Crops, Second Draft., Background Paper for the Competitive Commercial Agriculture in Sub-Sharan Africa Study/ (http://sistersources.worldbank.org/INTEAFRICA/Resouces/-oil cros, pdf)
（44）Smith, D. K.（2004）Nigeria Packaged Goods, LTD. Journal of International Academy for Case Studies, 10（83）: 65-81.
（45）松本義雄（一九六四）『アフリカ落花生紀行―落花生の対日輸出国を探訪―』（株）加豆屋（自家出版）。
（46）平野千香子（二〇〇二）『フランス植民地主義の歴史―奴隷制廃止から植民地帝国の崩壊まで』人文書院。
（47）藤井真理（二〇〇一）『フランス・インド会社と黒人奴隷貿易』九州大学出版会。
（48）岡倉登志（一九八二）「ダカール・サン・ルイ鉄道と植民地型経済の発展」『アジア経済』23。
（49）岡倉登志（一九九一）林晃史編『アフリカの歴史』第1巻『アフリカの21世紀』勁草書房。
（50）正木響（二〇〇四）「19世紀フランスのセネガル進出とボルドー商人―Maurel et Prom 社とセネガル銀行―研究ノート」『釧路公立大紀要』（人文・自然科学）13号。
（51）Moitt, B.（2008）Peanut production, Market Integration, and Peasant Strategies in Kajoor and Bawol before World War II,（http://tekrkur-vcad.refer.sn./IMG/pdf/11E3MOITT）（2008, Oct. 21）

(52) Badiane, C.（2001）Senegal's Trade in Groundnuts: Economics, Social and Environmental Implications, Senegal TED Case studies No. 646, pdf: http://www.american edu/TED/senegal-groundnut, htm.

(53) デビッドソン・B（一九六五）『アフリカ文明史―西アフリカの歴史＝一〇〇〇年〜一八〇〇年』。（一九七五）貫名美隆・宮本正興訳、理論社。

(54) Fink, E.（2007）The radical road not taken: Mamadou Dia, Leopold Sédar Senghor, and the Constitutional Crises of December 1962.（pdf, http://www.columbia edu/cu/history/resource-library/ugraa-fink-thesis）.

(55) Masters, W. A.（2007）Distortions to Agricultural Incentives in Senegal. Agricultural Distortions Working Paper 41, World Bank.

(56) Kelly, V., B. Diagana, T. Reardon, M. Gaye and E. Crawford（1996）Cash crop and foodgrain productivity in Senegal: Historical View, New survey evidence, and policy implications, Research Report of Productive Sector, Growth and Environment Division, Office of Sustainable Development, Bureau for Africa, U. S. Agency for International Development.

(57) 前田和美（一九九八）「アフリカ農業とマメ科植物」。高村泰雄・重田眞義編『アフリカ農業の問題点―現状と将来への展望』京都大学学術出版会。

(58) Gautreau, J. and O. De Pins（1980）Groundnut Production and Research in Senegal. Proceeding International Workshop on Groundnut , ICRISAT Center, Patancheru, India.

第五章　インドにおける落花生の歴史と文化

(1) 浜口恒夫（一九八六）「植民地インドの経済の構造的変動」、「農業の開発と再編成」。西口・浜口編『インド経済　発展と再編』世界思想社。

(2) Pursell, G., A. Gulati and K. Gupta（2007）Distortions to Agricultural Incentives in India, Agricultural Distortions Working Paper 34.

(3) Jha, P.（2007）Some Aspects of the Well-being of India's Agricultural Labor in the Concept of Contemporary Agrarian Crisis, *Indian Journal of Labor Economics*, pdf.

（4）ビッケル・レナード、仙名紀訳（一九七五）『飢餓への挑戦―ノーマン・ボーローグと緑の革命』ＴＢＳ出版会。
（5）ルヌー・Ｍ・Ｓ（一九七〇）、黒沢一晃訳『インド亜大陸の経済』（一九七五）白水社。
（6）吉岡昭彦（一九七五）『インドとイギリス』岩波書店。
（7）シヴァ・ヴァンダナ（一九九一）渋谷喜美子訳『緑の革命とその暴力』（一九九七）日本経済評論社。
（8）森本達雄（一九七二）『インド独立史』中央公論社。
（9）長崎暢子（一九八一）『インド大反乱　一八五七年』中央公論社。
（10）小谷汪之（二〇〇七）「イギリス東インド会社によるインド植民地化」。小谷編、世界歴史大系『南アジア史２　中世・近世』山川出版社。
（11）浜渦哲雄（一九九一）『英国紳士の植民地統治　インド高等文官への道』中央公論社。
（12）柳沢悠（一九九二）「東インド会社」『南アジアを知る事典』平凡社。
（13）Randhawa, M. S. (1980, 1982, 1983) A History of Agriculture in India, Vols. I—III, ICAR, New Delhi.
（14）多田博一（一九九二）『インドの大地と水』日本経済評論社。
（15）Naik, K. C. and A. Sankara (1972) A History of Agricultural Universities, Oxford & IBH Publishing Co. Ltd., New Delhi.
（16）スワミナタン、Ｍ・Ｓ（二〇〇〇、二〇〇三）［「緑の革命」から「エバーグリーン革命」へ］『国際農林業協力』26。
（17）Borlaug, N. (1970) The Green Revolution, Peace, and Humanity, (http://nobelprize.org/nobel-prizes/peace/laureates/1970/borlaug-lecture, html.)
（18）前田和美（一九七七）「インドにおける食用マメ類の栽培―その歴史と現況」。『高知大学学術研究報告』26巻、『農学』12号。
（19）前田和美（一九八一）「畑作農業とその特色」『インドの農業―現状と開発の課題』国際農林業協力協会。
（20）Sharma, D. (2005) Agricultural Trade and Development The Indian Experience of Liberalization of Agriculture, Presented at Round Table Conference on Agricultural Trade and Development, National Farmers Federation and Oxfam Australia, Canberra, Australia, Aug. 17, 2005 (pdf.).

（21）須田敏彦（二〇〇七）「インドにおける農業・農村の現状と課題」（インド経済の諸問題と対インド経済協力のあり方に係る研究会発表、ｐｄｆ）。
（22）徳永宗雄（一九九二）「タミル語」『南アジアを知る事典』平凡社。
（23）John, C. M., G. Venkatanarayana and C. R. Seshadri（1954）Varieties and forms of groundnut. Their classification and economic characteristics, Indian Jour. Agricultural Science 24（pt. 3）: 159–193.
（24）Council of Scientific & Industrial Research（1976）THE WEALTH OF INDIA, Vol. X, 477–480.
（25）Achaya, K. T.（1990）Oilseeds and Oilmilling in India, A Culture and Historical Survey, Oxford & IBH Publ., Ltd., New Delhi.
（26）前田和美（一九八三）「インド・アンドラ・プラデシュ州の農業—半乾燥熱帯インドの農業についての覚え書き」『農耕の技術』6。
（27）前田和美（一九八四）「インドにおける耕地利用と食糧生産の課題」栗原浩教授定年退官記念出版会編『耕地利用と作付体系』大明堂。
（28）前田和美（一九八六）「作付体系に関する術語とその概念」『農業技術』41。
（29）杉本大三・宇佐美好文（二〇〇四）「グローバル市場経済下のインドデカン高原半乾燥地農村」『経済学雑誌』（大阪市立大学経済学会）一〇五巻一号。
（30）Virmani, S. M. and N. J. Shurpali（1999）Climate prediction for sustainable production of rainfed groundnut in Semi-arid Tropics-Crop establishment risks in the Anantapur Region, ICRISAT Technical Manual No. 4., ICRISAT Center, Patancheru, India.
（31）Rao, I. V. Y. Rama and V. T. Gaju（2005）Growth and instability of groundnut, *Arachis hypogaea* L., production in Andhra Pradesh: district-wise analysis, Journal of Oilseeds Research 22: 141–49.
（32）Nigam, S. N., R. Aruna, D. Y. Giri, G. V. Ranga Rao and A. G. S. Reddy（2006）Obtaining Sustainable Higher Groundnut Yield: Principles and Practices of Cultivation, Information Bulletin No. 71, ICRISAT Center, Patancheru, India.
（33）Reddy, S. Y. and G. P. Reddy（2005）Economic Analysis of Sunflower vs Groundnut Production under Rainfed Condi-

tion in Kurnoor District, Andhra Pradesh, International Journal of Tropical Agriculture 23: 269–282.
(34) Bisaliah, S.（1986）Soybean Development in India, CGPRT No. 5, Bogor.
(35) Singh, B. B.（2006）Success of Soybean in India: The Early Challenges and Pioneer Promoters, Asian Agri-history（http: www.agri-history-org/pdf.）
(36) Srinivasan, P. V.（2005）Impact of Trade Liberalization on India's Oilseeds and Edible Oils Sector, Report for IGIDR-ERS-USDA Project: Indian Agricultural Market & Policy, Feb. 2, 2005. Munbai.
(37) 前田和美（一九九五）「大豆の生産―バングラデシュとインド」『大豆月報』202号。
(38) Singh, J.（1974/75）An Agricultural Atlas of India: A Geographical Analysis. Haryana.

(注) インド政府計画委員会編『インド五か年計画』および政府農業統計は下記によった。
・『インド五か年計画』「第四次」、「第五次」――黒澤一晃訳（一九七六）、「第七次（一九八五〜一九九〇年）」黒澤・鈴木・宇佐美訳（一九八五、一九八七）、インド経済研究会（神戸）。
・Government of India, Agricultural Statistics, Estimate of Area and Production of Principal Crops, 1906, 1963, 1964/65—1965/66, 1967, 1976, 1977—1978, 1979, Directorate of Economics & Statistics, Ministry of Food, Agriculture, Community Development & Cooperation, New Delhi.
・Government of India Bulletin on Groundnut Statistics in India（District-wise）1970/71—1974/75, Directorate Economics & Statistics, Ministry of Agriculture & Irrigation, New Delhi.
・Government of Andhra Pradesh（2006）Season & Crop Report 2005—2006, Directorate of Economics & Statistics, Hyderabad.

第六章　アメリカにおける落花生の歴史と文化

(1) Smith, A. F.（2002）Peanuts: The Illustrious History of the Goober Pea, Univ. Illinois Press. Urbana and Chicago.
(2) 本田創造（一九九一）『アメリカ黒人の歴史』岩波書店。

（3） Anonym（2009）Southern Foodways Alliance A Southern Food Primer, pdf. American Peanut Council（2009）About The Peanut Industry, http://southernfood.about.com/csa/foodhistory/a/peanuts.htm.

（4） Rattray, Diana（2006）Peanuts: Peanut History and Recipes using Peanuts and Peanut Butter, http://southernfood.about.com/cs/foodhistory/a/peanuts.htm.（090826）

（5） Marylyne, L. H. ed.（1984）Peanut A Southern Tradition, A Collection of Peanut Recipes Georgia Peanut Commission.

（6） ジミー・カーター（酒向克郎訳）（一九七五）『なぜベストをつくさないのか?——ピーナッツ農夫から大統領への道』英潮社。

（7） Carter, J.（2001）An Hour Before Daylight, Memories of a Rural Boyhood, A Touchstone Book, N. Y.

（8） McGill, J. F.（1998）From the Mule to the Moon, A Fifty-year Collections of Human Interest Experiences about Peanuts, Peoples, and Places across Five Continents.（自家出版）

（9） ジミー・カーター（日高義樹監修、持田直武・平野次郎・植田樹・寺内正義訳）（一九八二）『カーター回顧録』上・下。日本放送出版協会。

（10） Elliot, L.（1965）Beyond fame or fortune, Reader's Digest, No. 86.（日本語版『富と名声のかなたに―ある化学者の一生』、『リーダース・ダイジェスト』一九六六年一月号、一五七〜一九八頁）

（11） 西崎緑（二〇〇一）「差別社会における自立支援―Booker T. Washington の再評価」『福岡教育大学紀要』第五〇号・第2分冊。

（12） Driscoll, L.（2003）George Washington Carver: The Peanut Wizard（Illustrated by Jill Webber）, Grosset & Dunlop, N. Y., 32pp.（子供向き絵本）

（13） McLoone, M.（1997）George Washington Carver A Photo-Illustrated Biography, Bridgestone Books, Capstone Press. Mankato, Minnesota.（子供向き絵本）

（14） National Agricultural Library（2009）George Washington Carver, http://www.naL.usda.gov/outreach/carver2.pdf.（2009/09/27）

（15） Mackintosh, B.（1976）George Washington Carver: The Making of a Myth, The Journal of Southern History XLII, No.

4: 507–528, http://www.network54.com/Forum/256246/thread/1088896552.（2009/09/27）
(16) Kessler, J. H., J. S. Kidd, R. A. Kidd, and K. A. Morin（1996）Distinguished African American Scientists of the 20th Century, The Oryx Press, Phoenix, Arizona.
(17) Hersey, M.（2006）Hints and Suggestions to Farmers: George Washington Carver and Rural Conservation in the South, Environmental History, 11: 239–268. http://www.historycooperative.org/journals/eh/11.2/pdf/hersey.
(18) Micucci, C.（1977）The Life and Times of the PEANUT. Houghton Mifflin Co., Boston.（子供向き絵本）
(19) Llewellyn, C.（1998）Peanut–What's for Lunch? Children's Press, N. Y.（子供向き絵本）
(20) National Peanut Board（2009）Peanut History, http://www.nationalpeanutboardorg/classroom-history.
(21) Planters Official Web Site（2007）PLANTERS PEANUTS HISTORY–Invention Planters Peanuts, http://www.ideafinder.com/history/inventions/plantnuts.htm
(22) シュルツ・C・M、三川基好訳『スヌーピーの50年　世界が愛したコミック「ピーナッツ」』（二〇〇一）朝日新聞社。
(23) 小林弘司（二〇〇八）「キャラクター・ライセンス・ビジネスの世界」法政大学イノベーション・マネジメント研究センター講義録、小川孔輔編『ブランディング・ケースブック２００７』五五号。(pdf.)。
(24) Sturkie, D. G. and J. T. Williamson（1951）Cultural Practices, In: THE PEANUT The Unpredictable Legume A Symposium, The National Fertilizer Assoc., Washington, D. C., 173–209.
(25) Sturkie, D. G. and G. A. Buchanan（1973）Cultural Practices, In: Peanuts–Culture and Uses, A Symposium. American Peanut Res. And Educ. Assoc. Inc., Stillwater, Ok.
(26) Revoredo, C. and S. M. Fletcher（2002）World Peanut Market: An overview of the past 30 years, Research Bull. No. 437, The Georgia Agric. Exp. Sta., College of Agric. And Environmental Science, Univ. of Georgia, pdf.
(27) 日本貿易振興機構（ジェトロ）輸出促進・農水産部（二〇〇八）『米国の農業と農業政策の現状』（平成一九年度コンサルタント調査報告書）。
(28) Lee, D-S, P. L. Kennedy, and S. M. Fletcher（2003）Examining the Latin American Peanut Industry: A Multi-Country Economic Trade Model, Paper presented at the International Conference: Agricultural Policy Reform and the WTO:

Where are we heading? Capri, Italy, June 23–26, 2003.

(29) Guerena, M.and K. Adam (2008) Peanuts: Organic Production, ATTRA, National Sustainable Agriculture Information Service, http: //www.attra.org/attra-pub/pdf.

(30) Chen, Changpin, S. M. Fletcher, P. Zhang, and D. H. Carley (1997) Competitiveness of Peanuts: United States versus China, http://www.pubs.caes.uga.edu/caespubs/pdf.

(31) Freeman H. A., S. N. Nigam, T. G. Kelly, B. R. Nitare, P. Subrahmanyam, and D. Boughum (1999) The World Groundnut Economy, Fcts, Trends, and Outlook, ICRISAT Center, Patancheru, India.

(32) Dohlman, E., E. Young, L. Hoffman, and W. McBride (2004) U. S. Peanut Sector Adapts to Major Policy Changes, The Economics of Food, Farming, Natural Resources, and Rural America, USDA, ERS, http://www.ers.usda.gov/Amber-Waves/November 04/Features? peanut Sect or.htm (07/11/11).

(33) Higgins, B. B. (1951) Economic Importance of Peanuts. In: A Symposium The Peanut- The Unpredictable Legume, The National Fertilizer Assoc., Washington, D.C., USA.

第七章　中国における落花生の歴史と文化

(1) Anderson, E. (1952) Plants, Man and Life, Chap. X. A roster of our most important crop plants and their probable origins, p. 167.

(2) 山東省花生研究所・主編（一九八二）『中国花生栽培学』。上海科学技術出版社（上海）。

(3) 山東省農業科学院・王在序・蓋樹人主編（一九九九）『山東花生』上海科学技術出版社（上海）。

(4) Gang, Yao (2004) Peanut Production and Utilization in the People's Republic of China, Peanut in Local and Global Food Systems, Ser. Report. No. 4, Dept. Anthropology, Univ. Georgia, http://lanra.Anthro.uga.edu/peanut/download/china. pdf.

(5) Xue, Huiquin, (2004) Evaluation of peanut (*Arachis hypogaea* L.) germplasm for resistance to aflatoxin production by *Aspergillus flavus* Link ex Fries (PhD. Thesis, North Carolina State University, pdf.)

（6）前田和美（二〇〇〇）「江戸農書のリョクトウに関する記述—中国農書との比較とその農学的考察」『農耕の技術と文化』23号。
（7）陳文華編（一九九一）『中国古代農業科技史図譜』農業出版社。
（8）孫中端・干善新・毛興文（一九七九）「我国花生栽培歴史初探—兼論花生栽培種的地理的起源」『中国農業科学』第三期、八九〜九四頁。
（9）任式楠、杉本良訳（一九八八）「長江流域の新石器時代文化」中国社会科学院考古学研究所編著『新中国の考古学』第二章2。平凡社。
（10）胡道静（一九六三）「我国古代農学発展概況和若干古農学資料概述」『学術月刊』（一九六三）第4期。渡部武訳『中国古代農業博物考』（一九九〇）農文協。
（11）Harlan, J. R. and J. M. De Wet (1973) On the quality of evidence for origin and dispersal of cultivated plants, Current Anthropology 14: 51–62.
（12）張光直、量博満訳（一九六八）『考古学よりみた中国古代』（一九七七）雄山閣出版。
（13）甲元眞之（二〇〇一）『中国新石器時代の生業と文化』中国書店（福岡）。
（14）趙学敏（一七六五・一八三二）『本草綱目拾遺』第七巻「果実部」、第八巻「諸蔬部」。一、牧野文庫蔵。清、同治一〇年。二、木村康一他訳注。『新註増補國譯本草綱目』（一九六三）春陽堂書店。
（15）篠田統（一九七四）『中国食物史』柴田書店。
（16）Ho, P. T. (1955) The Introduction of American Food Plants into China. American Anthropologist, 57: 191–201.
（17）尹詰鼎（一九三六）「山東之落花生」江少懐編『植物油類研究彙編』中国農書局（上海）。
（18）Anderson, E. N. (1988) The Food of China, Yale Univ. Press, New Heaven and London.
（19）嵇含（三〇四）『南方草木状』1.『《南方草木状》国際学術討論会論文集』（一九九〇）。2. 牧野文庫蔵（写本）3、『食物本草綱目』。
（20）厳文明（一九八九）『中国稲作農業の起源』陳文華・渡部武編『中国の稲作起源』六興出版。
（21）李時珍（一五七八、一五九〇、一五九六）「本草綱目」穀部目録、第二十四巻、穀之三菽豆類。『同』第二十七巻、菜部。1. 牧野文庫蔵。明代、萬暦三二年。序刊。2.『新註増補國譯本草綱目』木村康一他訳註（一九七三）春陽堂書店。
(22) 李恵林（一九九〇）「検討《南方草木状》成書問題」『《南方草木状》国際学術討論会論文集』一〜三四頁。
(23) 北村四郎（一九八五）「『酉陽雑俎』の植物記事」「本草綱目の植物」。『北村四郎選集』II、保育社。
(24) 楊競生（一九九〇）「対《南方草木状》一些植物名実鑒定的意見」『《南方草木状》国際学術討論会論文集』二二九〜二四一頁。
(25) 李長年（一九九〇）「千歳子与落花生」『《南方草木状》国際学術討論会論文集』二〇二〜二〇八頁。
(26) 呉万春（一九九〇）「《南方草木状》植物名録」『《南方草木状》国際学術討論会論文集』二四八〜二五七頁。
(27) 戚経文（一九九〇）「《南方草木状》在植物学上的重大意義—兼対其中一些植物学的検討」『《南方草木状》国際学術討論会論文集』。
(28) 諸橋轍次（一九八五—一九八八）『大漢和辞典』巻三、巻九、巻十一、巻十二、大修館書店。
(29) 李杲（東垣）（元代・年代不詳）李時珍校『食物本草綱目』南城翁少麓刊、牧野文庫蔵本。
(30) 中村璋八・佐藤達全（一九八七）『食物本草』明徳出版社。
(31) 周定王（一四〇六）『救荒本草』（小野蘭山『本草綱目啓蒙』、北村（一九八五）による）。
(32) 華南農業大学農業歴史遺産研究室編（一九九〇）『《南方草木状》国際学術討論会論文集』一〜二九七頁。農業出版社（北京）。
(33) 天野元之助（一九七五）『日本農書考』龍溪書舎。
(34) 徐光啓（一六三九）『農政全書』1. 牧野文庫蔵。明代、崇禎一二年、上海。2. 崔祝他訳。『白話精訳農政全書』（一九五五）新陽出版社。
(35) 薛巳（立齊）（明代）『食物本草約言』牧野文庫蔵。萬治三年刊、京都、和刻本。
(36) 貝原益軒（一七〇五）『大倭本草』巻之四穀類。1. 牧野文庫蔵。正徳五年—宝永六年、京都、永田調兵衛刊。2. 『故事類苑』植物部二十。草九。吉川弘文館。
(37) 周之璵撰（明代）『農圃六書』巻之一樹芸。牧野文庫蔵。小原八三郎寫。
(38) 周文華（一六二〇）『汝南圃史』（『致富全書』）1。島田勇雄他訳注『和漢三才圖会』17。『東洋文庫』527。平凡社。

(39) 寺島良安編（一七一三）『和漢三才圖会』（1．『倭漢三才圖会畧』巻第百四。菽豆類。牧野文庫蔵。正徳三年。大阪杏林堂。2．竹島敦夫（一九九一）『和漢三才圖会』17・18。島田勇雄他訳注『東洋文庫』527、532（一九九一）平凡社。
(40) 小野蘭山（一八〇三）『本草綱目啓蒙』（巻之二十三）『東洋文庫』536（一九九一）平凡社。
(41) 張璐（路玉）（一六九五）『本経逢原』金昌書堂。牧野文庫蔵本。
(42) 屈大均（翁山）撰（清代、康熙三九年・一七〇〇）『広東新語』巻二七「艸語」。1．牧野文庫蔵本（康熙三九年）。2．孫ら（一九七九）。
(43) 唐啓宇・編著（一九八六）『中国作物栽培史稿』農業出版社（北京）。
(44) 檀萃輯（一七九九）『滇海虞衡志』清、嘉慶九年序刊。雲南図書館。牧野文庫蔵。
(45) 曾槃・白尾国柱編（一八〇四）『成形図説』巻之十八「五穀部豆類」（一九七四）国書刊行会。
(46) 木村陽二郎監修（一九八八）『図説草木辞苑』柏書房。
(47) 牧野富太郎（一九九八）『植物一日一題』博品社。
(48) 土居（清良）水也（一六二九～一六五四）『清良記（親民鑑月集）』日本農書全集一〇。松浦郁郎・徳永光俊訳・解題（一九八〇）農文協。
(49) 立石庸一（一九九五）「ホドイモ」週刊朝日百科『植物の世界』45、朝日新聞社。
(50) 前田和美（一九八五）「マメ科のイモ形成種クズイモ（フィリピン系）の試作」『日作四国支部紀事』22。
(51) 星川清親（一九九五）「忘れられていたイモ―アピオス」週刊朝日百科『植物の世界』45、朝日新聞社。
(52) Allen, O. N. and E. K. Allen (1981) The Leguminosae A Source Book of the Characteristics, Uses and Nodulation, McMillan Madison, USA.
(53) 貝原益軒（考古）編『和爾雅』牧野文庫蔵。明代、元禄七年（一六九四）大井七郎兵衛刊、京都。
(54) 浅井敬太郎（一九六四）「蔬菜園芸」日本学士院編『明治前日本農業技術史』日本学術振興会。
(55) 胡道静（一九八五）「山東的農学伝統」（初出一九六二）『農書・農史論集』農業出版社（北京）。
(56) 前田和美（二〇〇三）「中国山東省半島部におけるラッカセイ栽培」『日本作物学会記事』72（3）。
(57) 中華人民共和国農業部主管・中国農業年鑑編輯委員会編（二〇〇一）『中国農業年鑑』農業出版社（北京）。

(58) 王在序（一九九一）「花生」。『中国農業百科全書。農作物巻上』農業出版社（北京）。
(59) 李風超（一九九一）「套作」。『中国農業百科全書。農作物巻下』農業出版社（北京）。
(60) 郭文韜・曹隆恭・宋湛慶・馬孝劬（一九八九）第二章「中国農業における精耕細作のすぐれた伝統」。渡部武訳『中国農業の伝統と現代』農文協。
(61) 石声漢訳編（一九八六）『氾勝之書』。岡島秀夫・志田容子訳、農文協。
(62) 賈思勰撰（五三〇—五五〇）西山武一校訂訳註『斉民要術』上。（一九六九）アジア経済出版会。
(63) 天野元之助（一九八四）渡部忠世編『中国江南の稲作文化　その学際的研究』日本放送出版協会。
(64) 熊代幸雄（一九六九）『比較農法論』。第三章「東アジア畑輪作の形成」、御茶の水書房。
(65) 前田和美（一九八七）『マメと人間—その一万年の歴史』古今書院。
(66) 前田和美（一九八七）「アジア農耕とマメ」『農耕の技術』10号。
(67) Hu Wenguang, Duan Shufen, and Sui Quingwei (1995) High Yield Technology for Groundnut, International *Arachis* Newsletter (Supplement), ICRISAT Center, Patancheru, India. No. 15: 1–22.

①『本草綱目拾遺』(14)（第七巻。牧野文庫蔵本および人民衛生出版社刊本、北京）より引用——方以智（清）干藻・校『物理小識』（一六四三）[年代は篠田（一九七四）による]『本経逢原』（一六九五）王風九（年代不詳・清代初期）『彙書』陳扶揺『花鏡』（清代）『嶺南随筆』（年代不詳）『福清県志』（一七四七）李調元（一六四三）『南越筆記』段成式（柯古）（八五〇?）『酉陽雑俎』。

②孫ら（一九七九）(8) より引用——嵇含（三〇四）『南方草木状』范成大（石湖）（南宋）『桂海虞衡志』周去非（一一七八）『嶺外代答』『上海県志』（一五〇四）『姑蘇県志』（一五〇六）黄省曽（一五三〇）『種芋法』『常熟県志』（一五〇三・一五三八）。王世懋（一五八七）『学圃雑疏』王象晋（一六二一）『羣芳譜』巻十穀四。馮応宗（一六〇四）『月令広義』『大埔県志』（一七四四）賈銘（年代不詳・元～明代初期）『飲食須知』蘭茂（年代不詳・明代）『滇南本草』。

③山東省花生研究所（一九八二）(2) より引用——『常熟県志』（一五〇三）。

④陳文華（一九九一）（7）より引用『常熟県志』（一五〇三・一五三八）『衢州府志』（一七一二）。
⑤Ho, P. T.（一九五五）（16）より引用『常熟県志』（一五〇三・一五三八）『種芋法』（年代不詳）『学圃雑俎』（一五八七）。

第八章　日本における落花生の歴史と文化（農書関係は本文に記載）

（1）前田和美（二〇〇〇）「江戸農書のリョクトウに関する記述」『農耕の技術と文化』23号。
（2）千葉県（一九六二）『千葉県史』（明治編）、千葉県。
（3）千葉県（一九七六）『千葉県らっかせい百年誌』千葉県。
（4）千葉県山武郡教育会（一九一六）『山武郡郷土誌』。（影印版、一九七六）崙書房（千葉県流山市）。
（5）落合正雄（一九七六）「千葉県における落花生導入、発展の経緯」『千葉県らっかせい百年誌』千葉県。
（6）盛永俊太郎・安田健（編）（一九八六）『江戸時代中期における諸藩の農作物―享保・元文諸国産物帳から』日本農業研究所。
（7）床井弘・斎藤時泰（編）（一八八〇）『日本産物誌』（原題『日本地誌略物産弁』）第四巻。再刻本。一九七九年、八坂書房。
（8）坂井健吉（一九九九）『さつまいも』（ものと人間の文化史90）法政大学出版局。
（9）土居清良（水也）（一六二九〜一六五四）『清良記（親民鑑月集）』『日本農書全集』一〇、農文協。
（10）岡本高良（一七八七）『物紛』（末永儀運編注）一九九一年、土佐史談会（高知市）。
（11）宮地太仲（一八四〇）『農家須知』門脇昭・復刻版。（株）協伸（南国市）。
（12）三柴雅由（一九八四）「神奈川県の落花生事始め」『全国煎豆落花生新聞』第928号。
（13）西東秋男（二〇〇七）「100年前の豆類生産・価格と現在」『豆類時報』第48号。
（14）竹内重之（一九七〇）「らっかせい作」『戦後農業技術発達史』第三巻、畑作編。農林省農林水産技術会議・日本農業研究所編、農林統計協会。
（15）牧野万右衛門（一九一五）『半生の経歴』［千葉県山武郡成東町刊『県下に、落花生栽培を普及　牧野万右衛門』（二〇〇三）に所収」。
(16) 林知ほか（一九七六）「県内落花生産地の状況―落花生栽培発祥発展地域の状況について―山武地域、海匝地域、千葉地域、東葛飾地域、香取地域、長生地域、君津地域（マルチ栽培発祥地域）、安房地域、夷隅地域。『千葉県らっかせい百年誌』千葉県。
(17) 千葉県旭市文書館（一九九三）『旭の風土と文化』。市制40周年記念誌、七二〜七五頁、「新しい農産物の普及にそそぐ情熱」。
(18) 茨城県農産園芸課（一九六五）『茨城県の落花生』茨城県。
(19) 古沢典夫ほか（一九七〇）「マルチ栽培による北東北の落花生導入に関する研究」『日本作物学会東北支部会報』第12号。
(20) 道喜俊弘（一九八四）「会津地域における落花生栽培について」『全国煎豆落花生新聞』第九四五号。
(21) 農林省（一九七三）『農林関連企業の現状と問題点　落花生加工業実態調査報告書』。
(22) 水上成友（一九七〇）「煎豆の起源と煎豆業の勃興」、「千葉県落花生の変遷」。『われらのあゆみ』東京都煎豆落花生商工業協同組合。
(23) 大橋政一（一九七九）「戦前・戦中の輸入落花生」上・下。『全国煎豆落花生新聞』第七九九、八〇〇号。
(24) 宮崎丈史（一九九九）「千葉県におけるラッカセイ利用の新しい展開」日本作物学会関東支部第88回講演会「特別講演」資料。
(25) 清島浩之（二〇〇八）「極大粒・良食味ゆで豆用落花生品種〈おおまさり〉の育成について」『豆類時報』第51号。
(26) 田畑繁（二〇〇二）「落花生の消費拡大の取り組み」『豆類時報』第28号。
(27) 田畑繁（二〇〇三）「流通業界からみた落花生と業界」『豆類時報』第30号。
(28) 斎藤修（二〇〇五）「東アジアの落花生産業クラスターと国産ブランド化の問題」。『食料産業クラスターと地域ブランド』第9章に改題所収（二〇〇七）、農文協。
(29) （財）全国落花生協会（二〇〇五）『専門委員会報告書』。
(30) 小田井淑江（一九七六）「消費の形態」『千葉県らっかせい百年誌』千葉県。

＊生産統計などは、農林省園芸局特産課（一九六四、一九六五）『落花生に関する資料』、および（財）全国落花生協会『落花生に関する資料』。（二〇〇三〜二〇一〇各年度版）によった。

＊低学年児童向きに、鈴木一男編、平野恵理子絵『そだててあそぼう15　ラッカセイの絵本』（解説付き、一九九九年。農文協刊）がある。

あとがき

本書の執筆のことは、約四年前、塩谷格博士（三重大学名誉教授）のご紹介で、法政大学出版局の松永辰郎氏から「ものと人間の文化史」シリーズの一冊として、マメについて書かないかと、お話があり、旧著『マメと人間――その一万年の歴史』（一九八七年）の上梓から二〇年経つが、それでは、まず、内外に文化史的に書かれた類書がないラッカセイについて書きたいと、構想案をお送りしたのが始まりである。

筆者が作物としてのラッカセイに初めて出会ったのは、今から約六〇年前になるが、学生時代の夏休みに、三重県鈴鹿市にあった農林省の農事改良実験所落花生育種試験地でアルバイトをした時である。当時、ラッカセイは、わが国では、世界的にも有名な川上次郎博士（一九三〇年）による染色体数の決定や、渋谷常紀博士の地下結実生理に関する研究（一九三一年）が知られていたが、園芸作物として扱われて研究者が少ない作物であった。そして、一九五一年に高知大学に勤務することになったが、高知が亜熱帯的な気候条件にあることから、千葉県農試・落花生育種研究室長の竹内重之氏や、米国ノース・カロライナ州立農科大学のW・C・グレゴリー博士などから、多数の品種や系統の種子を提供して頂いてラッカセイの研究を始めた。

一九七〇年代に、わが国が国際半乾燥熱帯作物研究所（インド）に財政援助をすることになって、ラッカセイ部門が新設され、わが国からもシニア・クラスの研究員を送り出すべきだという声があったが、農林省の研究者からは一人も手が挙がらなかった。そのために、インドを訪ね、同研究所にも滞在したことがあった筆者にその話が飛びこんできた。それは、一九七七年四月一日、日本作物学会の創立五〇周年記念式典で、筆者がラッカセイの研究により日本作物学会賞を受賞した会場でのことだった。翌年から二年間滞在したインドでは、多様な作物や、何百年も変わらないような農民の栽培技術に接し、半乾燥熱帯の天水農業の厳しさも体験した。

ブラジル（一九七一年）、アルゼンチン（一九七八年）、中国（二〇〇〇〜〇三年）などのラッカセイの栽培・利用事情の調査に参加し、また、短・長期在外研究や研究発表などで、インド（一九七六年、一九七八〜八〇年）、中国（一九八六年）、東南アジア、アフリカ、米国の産地を訪ねたが、定年退職後も国際協力事業団（JICA）の長期専門家として、バングラデシュとタイで延べ三年余の研究・技術協力に参加して、さまざまな国のラッカセイを見ることができた。そして何よりも、作物を、圃場での研究対象としてだけでなく、それぞれの国々での人間との関わりの歴史や文化を通して見ることの大切さを学ぶことができた。これらは、筆者にとって貴重な経験、そして、大きな財産になった。

わが国で、歴史の古いダイズは米国の圧力でいち早く輸入が完全自由化されたのに、明治の初期に栽培が始まったラッカセイは、嗜好品作物として扱われ、農業的な位置づけが高くないにもかかわらず保護されて、「政治作物」だといわれながら、ついに基幹作物として取り上げられることもなく今日まで生き延びてきた。しかし、近年、栽培面積の減少が止まらず、作物学会でもラッカセイの栽培に関する研究や論文がほとんどみられなくなった。ラッカセイを相手に約半世紀を過ごしてきた一作物研究者として、あえて菲才を顧みず、一人でも多くの人たちにラッカセイについて関心を持ってもらうことを願って専門外の領域にもはみだして本書を書いた。先賢の業績に負うところが大きいが、読者の御教示と御批判をお願いしたい。

おわりに、上梓の機会を与えて頂いた法政大学出版局、そして、懇切な御教示と励ましを頂いた松永辰郎氏に厚く感謝します。

二〇一一年—傘寿一月

前田和美

著者略歴

前田和美（まえだ　かずみ）

1931年京都市生。三重農林専門学校農学科（現・三重大学生物資源学部）卒業．京都大学農学博士．高知大学名誉教授．国際半乾燥熱帯作物研究所客員主任研究員（1978〜1980），JICA「バングラデシュ農業大学院計画」（1994〜1995）「東部タイ農地保全計画」（1993，1996〜1998），の短・長期専門家．1971年〜2003年，インド，東南アジア，アフリカ，ブラジル，アルゼンチン，中国などのラッカセイ・マメ類の栽培利用と伝統農業について研究・調査．著書：『食用作物学概論』（1977）（共著），『落花生—その栽培から利用まで』（1982），『インドにおける耕地利用と食糧生産の課題』（1984）（共著），『聞き書き　高知の食事』（共著）（1986），『マメと人間—その 一 万年の歴史』（1987），『新編食用作物学』（1988）（共著），『熱帯の主要マメ類』（1991），『日本人が作り出した動植物』（1996）（共著）．論文多数．落花生栽培品種の系統分類と理想生育型，熱帯地域におけるマメ類の栽培利用に関する研究などにより，「日本作物学会賞」（1977），「日本熱帯農業学会賞」（1992），「日本農学賞」および「読売農学賞」（2002）を受賞．

ものと人間の文化史　154・落花生（らっかせい）

2011年 7 月22日　初版第 1 刷発行

著　者 ©前　田　和　美

発行所　財団法人　法政大学出版局

〒102-0073 東京都千代田区九段北3-2-7
電話03（5214）5540／振替00160-6-95814
印刷・三和印刷　製本・誠製本

Printed in Japan

ISBN978-4-588-21541-4

ものと人間の文化史

★第9回梓会出版文化賞受賞

人間が〈もの〉とのかかわりを通じて営々と築いてきた暮らしの足跡を具体的に辿りつつ文化・文明の基礎を問いなおす。手づくりの〈もの〉の記憶が失われ、〈もの〉離れが進行する危機の時代におくる豊穣な百科叢書。

1 船　須藤利一編

海国日本では古来、漁業・水運・交易はもとより、大陸文化も船によって運ばれた。本書は造船技術、航海の模様の推移を中心に、漂流、船霊信仰、伝説の数々を語る。四六判368頁　'68

2 狩猟　直良信夫

人類の歴史は狩猟から始まった。本書は、わが国の遺跡に出土する獣骨、猟具の実証的考察をおこないながら、狩猟をつうじて発展した人間の知恵と生活の軌跡を辿る。四六判272頁　'68

3 からくり　立川昭二

〈からくり〉は自動機械であり、驚嘆すべき庶民の技術的創意がこめられている。本書は、日本と西洋のからくりを発掘・復元・遍歴し、埋もれた技術の水脈をさぐる。四六判410頁　'69

4 化粧　久下司

美を求める人間の心が生みだした化粧―その手法と道具に語らせた人間の欲望と本性、そして社会関係。歴史を遡り、全国を踏査して書かれた比類ない美と醜の文化史。四六判368頁　'70

5 番匠　大河直躬

番匠はわが国中世の建築工匠。地方・在地を舞台に開花した彼らの造型・装飾・工法等の諸技術、さらに信仰と生活等、職人以前の独自で多彩な工匠的世界を描き出す。四六判288頁　'71

6 結び　額田巌

〈結び〉の発達は人間の叡知の結晶である。本書はその諸形態および技法を作業・装飾・象徴の三つの系譜に辿り、〈結び〉のすべてを民俗学的・人類学的に考察する。四六判264頁　'72

7 塩　平島裕正

人類史に貴重な役割を果たしてきた塩をめぐって、発見から伝承・製造技術の発展過程にいたる総体を歴史的に描き出すとともに、その多彩な効用と味覚の秘密を解く。四六判272頁　'73

8 はきもの　潮田鉄雄

田下駄・かんじき・わらじなど、日本人の生活の礎となってきた伝統的はきものの成り立ちと変遷を、二〇年余の実地調査と細密な観察・描写によって辿る庶民生活史　四六判280頁　'73

9 城　井上宗和

古代城塞・城柵から近世代名の居城として集大成されるまでの日本の城の変遷を辿り、文化の各領野で果たしてきたその役割を再検討。あわせて世界城郭史に位置づける。四六判310頁　'73

10 竹　室井綽

食生活、建築、民芸、造園、信仰等々にわたって、竹と人間との交流史は驚くほど深く永い。その多岐にわたる発展の過程を個々に辿り、竹の特異な性格を浮彫にする。四六判324頁　'73

11 海藻　宮下章

古来日本人にとって生活必需品とされてきた海藻をめぐって、その採取・加工法の変遷、商品としての流通史および神事・祭事での役割に至るまでを歴史的に考証する。四六判330頁　'74

12 絵馬 岩井宏實

古くは祭礼における神への献馬にはじまり、民間信仰と絵画のみごとな結晶として民衆の手で描かれ祀り伝えられてきた各地の絵馬を豊富な写真と史料によってたどる。四六判３０２頁 '74

13 機械 吉田光邦

畜力・水力・風力などの自然のエネルギーを利用し、幾多の改良を経て形成された初期の機械の歩みを検証し、日本文化の形成における科学・技術の役割を再検討する。四六判２４２頁 '74

14 狩猟伝承 千葉徳爾

狩猟には古来、感謝と慰霊の祭祀がともない、人獣交渉の豊かで意味深い歴史があった。狩猟用具、巻物、儀式具、またけものたちの生態を通して語る狩猟文化の世界。四六判３４６頁 '75

15 石垣 田淵実夫

採石から運搬、加工、石積みに至るまで、石垣の造成をめぐって積み重ねられてきた石工たちの苦闘の足跡を掘り起こし、その独自な技術の形成過程と伝承を集成する。四六判２２４頁 '75

16 松 高嶋雄三郎

日本人の精神史に深く根をおろした松の伝承に光を当て、食用、薬用等の実用の松、祭祀・観賞用の松、さらに文学・芸能・美術に表現された松のシンボリズムを説く。四六判３４２頁 '75

17 釣針 直良信夫

人と魚との出会いから現在に至るまで、釣針がたどった一万有余年の変遷を、世界各地の遺跡出土物を通して実証しつつ、漁撈によって生きた人々の生活と文化を探る。四六判２７８頁 '76

18 鋸 吉川金次

鋸鍛冶の家に生まれ、鋸の研究を生涯の課題とする著者が、出土遺品や文献・絵画により各時代の鋸を復元・実験し、庶民の手仕事にみられる驚くべき合理性を実証する。四六判３６０頁 '76

19 農具 飯沼二郎／堀尾尚志

鍬と犂の交代・進化の歩みとして発達したわが国農耕文化の発展経過を世界史的視野において再検討しつつ、無名の農民たちによる驚くべき創意のかずかずを記録する。四六判２２０頁 '76

20 包み 額田巌

結びとともに文化の起源にかかわる〈包み〉の系譜を人類史的視野において捉え、衣・食・住をはじめ社会・経済史、信仰、祭事などにおけるその実際と役割とを描く。四六判３５４頁 '77

21 蓮 阪本祐二

仏教における蓮の象徴的位置の成立と深化、美術・文芸等に見る人間とのかかわりを歴史的に考察。また大賀蓮はじめ多様な品種とその来歴を紹介しつつその美を語る。四六判３０６頁 '77

22 ものさし 小泉袈裟勝

ものをつくる人間にとって最も基本的な道具であり、数千年にわたって社会生活を律してきたその変遷を実証的に追求し、歴史の中で果たしてきた役割を浮彫りにする。四六判３１４頁 '77

23-Ⅰ 将棋Ⅰ 増川宏一

その起源を古代インドに、我国への伝播の道すじを海のシルクロードに探り、また伝来後一千年におよぶ日本将棋の変化と発展を盤、駒、ルール等にわたって跡づける。四六判２８０頁 '77

23-Ⅱ 将棋Ⅱ 増川宏一

わが国伝来後の普及と変遷を貴族や武家・豪商の日記等に博捜し、遊戯者の歴史をあとづけると共に、中国伝来説の誤りを正し、将棋宗家の位置と役割を明らかにする。四六判３４６頁 '85

24 湿原祭祀 第2版 金井典美

古代日本の自然環境に着目し、各地の湿原聖地を稲作社会との関連において捉え直して古代国家成立の背景を浮彫にしつつ、水と植物にまつわる日本人の宇宙観を探る。四六判４１０頁 '77

25 臼 三輪茂雄

臼が人類の生活文化の中で果たしてきた役割を、各地に遺る貴重な民俗資料・伝承と実地調査にもとづいて解明。失われゆく道具のなかに、未来の生活文化の姿を探る。四六判４１２頁 '78

26 河原巻物 盛田嘉徳

中世末期以来の被差別部落民が生きる権利を守るために偽作し護り伝えてきた河原巻物を全国にわたって踏査し、そこに秘められた最底辺の人びとの叫びに耳を傾ける。四六判２２６頁 '78

27 香料 日本のにおい 山田憲太郎

焼香供養の香から趣味としての薫物へ、さらに沈香木を焚く香道へと変遷した日本の「匂い」の歴史を豊富な史料に基づいて辿り、我国風俗史の知られざる側面を描く。四六判３７０頁 '78

28 神像 神々の心と形 景山春樹

神仏習合によって変貌しつつも、常にその原型＝自然を保持してきた日本の神々の造型を図像学的方法によって捉え直し、その多彩な形象に日本人の精神構造をさぐる。四六判３４２頁 '78

29 盤上遊戯 増川宏一

祭具・占具としての発生を『死者の書』をはじめとする古代の文献にさぐり、形状・遊戯法を分類しつつその〈進化〉の過程を考察。〈遊戯者たちの歴史〉をも跡づける。四六判３２６頁 '78

30 筆 田淵実夫

筆の里・熊野に筆づくりの現場を訪ねて、筆匠たちの境涯と製筆の由来を克明に記録しつつ、筆の発生と変遷、種類、製筆法、さらには筆塚、筆供養にまで説きおよぶ。四六判２０４頁 '78

31 ろくろ 橋本鉄男

日本の山野を漂移しつづけ、高度の技術文化と幾多の伝説とをもたらした特異な旅職集団＝木地屋の生態を、その呼称、地名、伝承、文書等をもとに生き生きと描く。四六判４６０頁 '79

32 蛇 吉野裕子

日本古代信仰の根幹をなす蛇巫をめぐって、祭事におけるさまざまな蛇の「もどき」や各種の蛇の造型・伝承に鋭い考証を加え、忘れられたその呪性を大胆に暴き出す。四六判２５０頁 '79

33 鋏（はさみ） 岡本誠之

梃子の原理の発見から鋏の誕生に至る過程を推理し、日本鋏の特異な歴史的位置を明らかにするとともに、刀鍛冶等から転進した鋏職人たちの創意と苦闘の跡をたどる。四六判３９６頁 '79

34 猿 廣瀬鎮

嫌悪と愛玩、軽蔑と畏敬の交錯する日本人とサルとの関わりあいの歴史を、狩猟伝承や祭祀・風習、美術・工芸や芸能のなかに探り、日本人の動物観を浮彫りにする。四六判２９２頁 '79

35 鮫 矢野憲一

神話の時代から今日まで、津々浦々につたわるサメの伝承とサメをめぐる海の民俗を集成し、神饌、食用、薬用等に活用されてきたサメと人間のかかわりの変遷を描く。四六判292頁 '79

36 枡 小泉袈裟勝

米の経済の枢要をなす器として千年余にわたり日本人の生活の中に生きてきた枡の変遷をたどり、記録・伝承をもとにこの独特な計量器が果たした役割を再検討する。 四六判322頁 '80

37 経木 田中信清

食品の包装材料として近年まで身近に存在した経木の起源を、こけら経や塔婆、木簡、屋根板等に遡って明らかにし、その製造・流通に携った人々の労苦の足跡を辿る。 四六判288頁 '80

38 色 染と色彩 前田雨城

わが国古代の染色技術の復元と文献解読をもとに日本色彩史を体系づけ、赤・白・青・黒等におけるわが国独自の色彩感覚を探りつつ日本文化における色の構造を解明。 四六判320頁 '80

39 狐 陰陽五行と稲荷信仰 吉野裕子

その伝承と文献を渉猟しつつ、中国古代哲学＝陰陽五行の原理の応用という独自の視点から、謎とされてきた稲荷信仰と狐との密接な結びつきを明快に解き明かす。 四六判232頁 '80

40-Ⅰ 賭博Ⅰ 増川宏一

時代、地域、階層を超えて連綿と行なわれてきた賭博。——その起源を古代の神判、スポーツ、遊戯等の中に探り、抑圧と許容の歴史を物語る。全Ⅲ分冊の〈総説篇〉。 四六判298頁 '80

40-Ⅱ 賭博Ⅱ 増川宏一

古代インド文学の世界からラスベガスまで、賭博の形態・用具・方法の時代的特質を明らかにし、夥しい禁令に賭博の不滅のエネルギーを見る。全Ⅲ分冊の〈外国篇〉。 四六判456頁 '82

40-Ⅲ 賭博Ⅲ 増川宏一

聞香、闘茶、笠附等、わが国独特の賭博を中心にその具体例を網羅し、方法の変遷に賭博の時代性を探りつつ禁令の改廃に時代の賭博観を追う。全Ⅲ分冊の〈日本篇〉。 四六判388頁 '83

41-Ⅰ 地方仏Ⅰ むしゃこうじ・みのる

古代から中世にかけて全国各地で作られた無銘の仏像を訪ね、素朴で多様なノミの跡に民衆の祈りと地域の願望を探る。宗教の伝播、文化の創造を考える異色の紀行。 四六判256頁 '80

41-Ⅱ 地方仏Ⅱ むしゃこうじ・みのる

紀州や飛騨を中心に草の根の仏たちを訪ねて、その相好と像容の魅力を探り、技法を比較考証して仏像彫刻史に位置づけつつ、中世地域社会の形成と信仰の実態に迫る。 四六判260頁 '97

42 南部絵暦 岡田芳朗

田山・盛岡地方で「盲暦」として古くから親しまれてきた独得の絵解き暦を詳しく紹介しつつその全体像を復元する。その無類の生活暦は、南部農民の哀歓をつたえる。 四六判288頁 '80

43 野菜 在来品種の系譜 青葉高

蕪、大根、茄子等の日本在来野菜をめぐって、その渡来・伝播経路、品種分布と栽培のいきさつを各地の伝承や古記録をもとに辿り、畑作文化の源流とその風土を描く。 四六判368頁 '81

44 つぶて　中沢厚

弥生投弾、古代・中世の石戦と印地の様相、投石具の発達を展望しつつ、願かけの小石、正月つぶて、石こづみ等の習俗を辿り、石塊に託した民衆の願いや怒りを探る。四六判３３８頁　'81

45 壁　山田幸一

弥生時代から明治期に至るわが国の壁の変遷を壁塗＝左官工事の側面から辿り直し、その技術的復元・考証を通じて建築史・文化史における壁の役割を浮き彫りにする。四六判２９６頁　'81

46 簞笥（たんす）　小泉和子

近世における簞笥の出現＝箱から抽斗への転換に着目し、以降近現代に至るその変遷を社会・経済・技術の側面からあとづける。著者自身による簞笥製作の記録を付す。四六判３７８頁　'82

47 木の実　松山利夫

山村の重要な食糧資源であった木の実をめぐる各地の記録・伝承を集成し、その採集・加工における幾多の試みを実地に検証しつつ、稲作農耕以前の食生活文化を復元。四六判３８４頁　'82

48 秤（はかり）　小泉袈裟勝

秤の起源を東西に探るとともに、わが国律令制下における中国制度の導入、近世商品経済の発展に伴う秤座の出現、明治期近代化政策による洋式秤受容等の経緯を描く。四六判３２６頁　'82

49 鶏（にわとり）　山口健児

神話・伝説をはじめ遠い歴史の中の鶏を古今東西の伝承・文献に探り、特に我国の信仰・絵画・文学等に遺された鶏の足跡を追って、鶏をめぐる民俗の記憶を蘇らせる。四六判３４６頁　'83

50 燈用植物　深津正

人類が燈火を得るために用いてきた多種多様な植物との出会いと個々の植物の来歴、特性及びはたらきを詳しく検証しつつ「あかり」の原点を問いなおす異色の植物誌。四六判４４２頁　'83

51 斧・鑿・鉋（おの・のみ・かんな）　吉川金次

古墳出土品や文献・絵画をもとに、古代から現代までの斧・鑿・鉋を復元・実験し、労働体験によって生まれた民衆の知恵と道具の変遷を蘇らせる異色の日本木工具史。四六判３０４頁　'84

52 垣根　額田巌

大和・山辺の道に神々と垣との関わりを探り、各地に垣の伝承を訪ねて、寺院の垣、民家の垣、露地の垣など、風土と生活に培われた生垣の独特のはたらきと美を描く。四六判２３４頁　'84

53-Ⅰ 森林Ⅰ　四手井綱英

森林生態学の立場から、森林のなりたちとその生活史を辿りつつ、産業の発展と消費社会の拡大により刻々と変貌する森林の現状を語り、未来への再生のみちをさぐる。四六判３０６頁　'85

53-Ⅱ 森林Ⅱ　四手井綱英

森林と人間との多様なかかわりを包括的に語り、人と自然が共生するための森や里山をいかにして創出するか、森林再生への具体的な方策を提示する21世紀への提言。四六判３０８頁　'98

53-Ⅲ 森林Ⅲ　四手井綱英

地球規模で進行しつつある森林破壊の現状を実地に踏査し、森と人が共存する日本人の伝統的自然観を未来へ伝えるために、いま何が必要なのかを具体的に提言する。四六判３０４頁　'00

54 **海老**（えび）　酒向昇

人類との出会いからエビの科学、漁法、さらには調理法を語り、めでたい姿態と色彩にまつわる多彩なエビの民俗を、地名や人名、詩歌・文学、絵画や芸能の中に探る。四六判４２８頁　'85

55-I **藁**（わら）I　宮崎清

稲作農耕とともに二千年余の歴史をもち、日本人の全生活領域に生きてきた藁の文化を日本文化の原型として捉え、風土に根ざしたそのゆたかな遺産を詳細に検討する。四六判４００頁　'85

55-II **藁**（わら）II　宮崎清

床・畳から壁・屋根にいたる住居における藁の製作・使用のメカニズムを明らかにし、日本人の生活空間における藁の役割を見なおすとともに、藁の文化の復権を説く。四六判４００頁　'85

56 **鮎**　松井魁

清楚な姿態と独特な味覚によって、日本人の目と舌を魅了しつづけてきたアユ――その形態と分布、生態、漁法等を詳述し、古今のアユ料理や文芸にみるアユにおよぶ。四六判２９６頁　'86

57 **ひも**　額田巌

物と物、人と物とを結びつける不思議な力を秘めた「ひも」の謎を追って、民俗学的視点から多角的なアプローチを試みる。『結び』、『包み』につづく三部作の完結篇。四六判２５０頁　'86

58 **石垣普請**　北垣聰一郎

近世石垣の技術者集団「穴太」の足跡を辿り、各地城郭の石垣遺構の実地調査と資料・文献をもとに石垣普請の歴史的系譜を復元しつつ石工たちの技術伝承を集成する。四六判４３８頁　'87

59 **碁**　増川宏一

その起源を古代の盤上遊戯に探ると共に、定着以来二千年の歴史を時代の状況や遊び手の社会環境との関わりにおいて跡づける。逸話や伝説を排して綴る初の囲碁全史。四六判３６６頁　'87

60 **日和山**（ひよりやま）　南波松太郎

千石船の時代、航海の安全のために観天望気した日和山――多くは忘れられ、あるいは失われた船舶・航海史の貴重な遺跡を追って、全国津々浦々におよんだ調査紀行。四六判３８２頁　'88

61 **篩**（ふるい）　三輪茂雄

臼とともに人類の生産活動に不可欠な道具であった篩、箕（み）、笊（ざる）の多彩な変遷を豊富な図解入りでたどり、現代技術の先端に再生するまでの歩みをえがく。四六判３３４頁　'89

62 **鮑**（あわび）　矢野憲一

縄文時代以来、貝肉の美味と貝殻の美しさによって日本人を魅了し続けてきたアワビ――その生態と養殖、神饌としての歴史、漁法、螺鈿の技法からアワビ料理に及ぶ。四六判３４４頁　'89

63 **絵師**　むしゃこうじ・みのる

日本古代の渡来画工から江戸前期の菱川師宣まで、時代の代表的絵師の列伝で辿る絵画制作の文化史。前近代社会における絵画の意味や芸術創造の社会的条件を考える。四六判２３０頁　'90

64 **蛙**（かえる）　碓井益雄

動物学の立場からその特異な生態を描き出すとともに、和漢洋の文献資料を駆使して故事・習俗・神事・民話・文芸・美術工芸にわたる蛙の多彩な活躍ぶりを活写する。四六判３８２頁　'89

65—Ⅰ 藍（あい）Ⅰ 風土が生んだ色 竹内淳子

全国各地の〈藍の里〉を訪ねて、藍栽培から染色・加工のすべてにわたり、藍とともに生きた人々の伝承を克明に描き、風土と人間が生んだ〈日本の色〉の秘密を探る。四六判４１６頁 '91

65—Ⅱ 藍（あい）Ⅱ 暮らしが育てた色 竹内淳子

日本の風土に生まれ、伝統に育てられた藍が、今なお暮らしの中で生き生きと活躍しているさまを、手わざに生きる人々との出会いを通じて描く。藍の里紀行の続篇。四六判４０６頁 '99

66 橋 小山田了三

丸木橋・舟橋・吊橋から板橋・アーチ型石橋まで、人々に親しまれてきた各地の橋を訪ねて、その来歴と築橋の技術伝承を辿り、土木文化の伝播・交流の足跡をえがく。四六判３１２頁 '91

67 箱 宮内悊

日本の伝統的な箱（櫃）と西欧のチェストを比較文化史の視点から考察し、居住・収納・運搬・装飾の各分野における箱の重要な役割とその多彩な文化を浮彫りにする。四六判３９０頁 '91

68—Ⅰ 絹Ⅰ 伊藤智夫

養蚕の起源を神話や説話に探り、伝来の時期とルートを跡づけ、記紀・万葉の時代から近世に至るまで、それぞれの時代・社会・階層が生み出した絹の文化を描き出す。四六判３０４頁 '92

68—Ⅱ 絹Ⅱ 伊藤智夫

生糸と絹織物の生産と輸出が、わが国の近代化にはたした役割を描くと共に、養蚕の道具、信仰や庶民生活にわたる養蚕と絹の民俗、さらには蚕の種類と生態におよぶ。四六判２９４頁 '92

69 鯛（たい） 鈴木克美

古来「魚の王」とされてきた鯛をめぐって、その生態・味覚から漁法、祭り、工芸、文芸にわたる多彩な伝承文化を語りつつ、鯛と日本人とのかかわりの原点をさぐる。四六判４１８頁 '92

70 さいころ 増川宏一

古代神話の世界から近現代の博徒の動向まで、さいころの役割を各時代・社会に位置づけ、木の実や貝殻のさいころから投げ棒型や立方体のさいころへの変遷をたどる。四六判３７４頁 '92

71 木炭 樋口清之

炭の起源から炭焼、流通、経済、文化にわたる木炭の歩みを歴史・考古・民俗の知見を総合して描き出し、独自で多彩な文化を育んできた木炭の尽きせぬ魅力を語る。四六判２９６頁 '93

72 鍋・釜（なべ・かま） 朝岡康二

日本をはじめ韓国、中国、インドネシアなど東アジアの各地を歩きながら鍋・釜の製作と使用の現場に立ち会い、調理をめぐる庶民生活の変遷とその交流の足跡を探る。四六判３２６頁 '93

73 海女（あま） 田辺悟

その漁の実際と社会組織、風習、信仰、民具などを克明に描くとともに海女の起源・分布・交流を探り、わが国漁撈文化の古層としての海女の生活と文化をあとづける。四六判２９４頁 '93

74 蛸（たこ） 刀禰勇太郎

蛸をめぐる信仰や多彩な民間伝承を紹介するとともに、その生態・分布・捕獲法・繁殖と保護・調理法などを集成し、日本人と蛸との知られざるかかわりの歴史を探る。四六判３７０頁 '94

75 **曲物**（まげもの） 岩井宏實

桶・樽出現以前から伝承され、古来最も簡便・重宝な木製容器として愛用された曲物の加工技術と機能・利用形態の変遷をさぐり、手づくりの「木の文化」を見なおす。四六判３１８頁 '94

76-Ⅰ **和船Ⅰ** 石井謙治

江戸時代の海運を担った千石船（弁才船）について、その構造と技術、帆走性能を綿密に調査し、通説の誤りを正すとともに、海難と信仰、船絵馬等の考察にもおよぶ。四六判４３６頁 '95

76-Ⅱ **和船Ⅱ** 石井謙治

造船史から見た著名な船を紹介し、遣唐使船や遣欧使節船、幕末の洋式船における外国技術の導入について論じつつ、船の名称と船型を海船・川船にわたって解説する。四六判３１６頁 '95

77-Ⅰ **反射炉Ⅰ** 金子功

日本初の佐賀鍋島藩の反射炉と精練方＝理化学研究所、島津藩の反射炉と集成館＝近代工場群を軸に、日本の産業革命の時代における人と技術を現地に訪ねて発掘する。四六判２４４頁 '95

77-Ⅱ **反射炉Ⅱ** 金子功

伊豆韮山の反射炉をはじめ、全国各地の反射炉建設にかかわった有名無名の人々の足跡をたどり、開国か攘夷かに揺れる幕末の政治と社会の悲喜劇をも生き生きと描く。四六判２２６頁 '95

78-Ⅰ **草木布**（そうもくふ）**Ⅰ** 竹内淳子

風土に育まれた布を求めて全国各地を歩き、木綿普及以前に山野の草木を利用して豊かな衣生活文化を築き上げてきた庶民の知られざる知恵のかずかずを実地にさぐる。四六判２８２頁 '95

78-Ⅱ **草木布**（そうもくふ）**Ⅱ** 竹内淳子

アサ、クズ、シナ、コウゾ、カラムシ、フジなどの草木の繊維から、どのようにして糸を採り、布を織っていたのか――聞書きをもとに忘れられた技術と文化を発掘する。四六判２８２頁 '95

79-Ⅰ **すごろくⅠ** 増川宏一

古代エジプトのセネト、ヨーロッパのバクギャモン、中近東のナルド、中国の双陸などの系譜に日本の盤雙六を位置づけ、遊戯・賭博としてのその数奇なる運命を辿る。四六判３１２頁 '95

79-Ⅱ **すごろくⅡ** 増川宏一

ヨーロッパの鵞鳥のゲームから日本中世の浄土双六、近世の華麗な絵双六、さらには近現代の少年誌の附録まで、絵双六の変遷を追って時代の社会・文化を読みとる。四六判３９０頁 '95

80 **パン** 安達巖

古代オリエントに起ったパン食文化が中国・朝鮮を経て弥生時代の日本に伝えられたことを史料と伝承をもとに解明し、わが国パン食文化二〇〇〇年の足跡を描き出す。四六判２６０頁 '96

81 **枕**（まくら） 矢野憲一

神さまの枕・大嘗祭の枕から枕絵の世界まで、人生の三分の一を共に過す枕をめぐって、その材質の変遷を辿り、伝説と怪談、俗信と民俗、エピソードを興味深く語る。四六判２５２頁 '96

82-Ⅰ **桶・樽**（おけ・たる）**Ⅰ** 石村真一

日本、中国、朝鮮、ヨーロッパにわたる厖大な資料を集成してその豊かな文化の系譜を探り、東西の木工技術史を比較しつつ世界史的視野から桶・樽の文化を描き出す。四六判３８８頁 '97

82-Ⅱ **桶・樽**（おけ・たる）**Ⅱ**　石村真一

多数の調査資料と絵画・民俗資料をもとにその製作技術を復元し、東西の木工技術を比較考証しつつ、技術文化史の視点から桶・樽製作の実態とその変遷を跡づける。　四六判３７２頁　'97

82-Ⅲ **桶・樽**（おけ・たる）**Ⅲ**　石村真一

樹木と人間とのかかわり、製作者と消費者とのかかわりを通じて桶樽と生活文化の変遷を考察し、木材資源の有効利用という視点から桶樽の文化史的役割を浮彫にする。　四六判３５２頁　'97

83-Ⅰ **貝Ⅰ**　白井祥平

世界各地の現地調査と文献資料を駆使して、古来至高の財宝とされてきた宝貝のルーツとその変遷を探り、貝と人間とのかかわりの歴史を「貝貨」の文化史として描く。　四六判３８６頁　'97

83-Ⅱ **貝Ⅱ**　白井祥平

サザエ、アワビ、イモガイなど古来人類とかかわりの深い貝をめぐって、その生態・分布・地方名、装身具や貝貨としての利用法などを豊富なエピソードを交えて語る。　四六判３２８頁　'97

83-Ⅲ **貝Ⅲ**　白井祥平

シンジュガイ、ハマグリ、アカガイ、シャコガイなどをめぐって世界各地の民族誌を渉猟し、それらが人類文化に残した足跡を辿る。参考文献一覧／総索引を付す。　四六判３９２頁　'97

84 **松茸**（まつたけ）　有岡利幸

秋の味覚として古来珍重されてきた松茸の由来を求めて、稲作文化と里山（松林）の生態系から説きおこし、日本人の伝統的生活文化の中に松茸流行の秘密をさぐる。　四六判２９６頁　'97

85 **野鍛冶**（のかじ）　朝岡康二

鉄製農具の製作・修理・再生を担ってきた農鍛冶の歴史的役割を探り、近代化の大波の中で変貌する職人技術の実態をアジア各地のフィールドワークを通して描き出す。　四六判２８０頁　'98

86 **稲**　品種改良の系譜　菅　洋

作物としての稲の誕生、稲の渡来と伝播の経緯から説きおこし、明治以降主として庄内地方の民間育種家の手によって飛躍的発展をとげたわが国品種改良の歩みを描く。　四六判３３２頁　'98

87 **橘**（たちばな）　吉武利文

永遠のかぐわしい果実として日本の神話・伝説に特別の位置を占めて語り継がれてきた橘をめぐって、その育まれた風土とかずかずの伝承の中に日本文化の特質を探る。　四六判２８６頁　'98

88 **杖**（つえ）　矢野憲一

神の依代としての杖や仏教の錫杖に杖と信仰とのかかわりを探り、人類が突きつつ歩んだその歴史と民俗を興味ぶかく語る。多彩な材質と用途を網羅した杖の博物誌。　四六判３１４頁　'98

89 **もち**（糯・餅）　渡部忠世／深澤小百合

モチイネの栽培・育種から食品加工、民俗、儀礼にわたってそのルーツと伝承の足跡をたどり、アジア稲作文化という広範な視野からこの特異な食文化の謎を解明する。　四六判３３０頁　'98

90 **さつまいも**　坂井健吉

その栽培の起源と伝播経路を跡づけるとともに、わが国伝来後四百年の経緯を詳細にたどり、世界に冠たる育種と栽培・利用法を築いた人々の知られざる足跡をえがく。　四六判３２８頁　'99

91 **珊瑚**（さんご） 鈴木克美

海岸の自然保護に重要な役割を果たす岩石サンゴから宝飾品として知られる宝石サンゴまで，人間生活と深くかかわってきたサンゴの多彩な姿を人類文化史として描く。 四六判370頁 '99

92-Ⅰ **梅Ⅰ** 有岡利幸

万葉集，源氏物語，五山文学などの古典や天神信仰に表れた梅の足跡を克明に辿りつつ日本人の精神史に刻印された梅を浮彫にし，梅と日本人の二〇〇〇年史を描く。 四六判274頁 '99

92-Ⅱ **梅Ⅱ** 有岡利幸

その植生と栽培，伝承，梅の名所や鑑賞法の変遷から戦前の国定教科書に表れた梅まで，梅と日本人との多彩なかかわりを探り，桜との対比において梅の文化史を描く。 四六判338頁 '99

93 **木綿口伝**（もめんくでん） 第2版 福井貞子

老女たちからの聞書を経糸とし，厖大な遺品・資料を緯糸として，母から娘へと幾代にも伝えられた手づくりの木綿文化を掘り起し，近代の木綿の盛衰を描く。増補版 四六判336頁 '00

94 **合せもの** 増川宏一

「合せる」には古来，一致させるの他に，競う，闘う，比べる等の意味があった。貝合せや絵合せ等の遊戯・賭博を中心に，広範な人間の営みを「合せる」行為に辿る。 四六判300頁 '00

95 **野良着**（のらぎ） 福井貞子

明治初期から昭和四〇年までの野良着を収集・分類・整理し，それらの用途と年代，形態，材質，重量，呼称などを精査して，働く庶民の創意にみちた生活史を描く。 四六判292頁 '00

96 **食具**（しょくぐ） 山内昶

東西の食文化に関する資料を渉猟し，食法の違いを人間の自然に対するかかわり方の違いとして捉えつつ，食具を人間と自然をつなぐ基本的な媒介物として位置づける。 四六判292頁 '00

97 **鰹節**（かつおぶし） 宮下章

黒潮からの贈り物・カツオの漁法から鰹節の製法や食法，商品としての流通までを歴史的に展望するとともに，沖縄やモルジブ諸島の調査をもとにそのルーツを探る。 四六判382頁 '00

98 **丸木舟**（まるきぶね） 出口晶子

先史時代から現代の高度文明社会まで，もっとも長期にわたり使われてきた刳り舟に焦点を当て，その技術伝承を辿りつつ，森や水辺の文化の広がりと動態をえがく。 四六判324頁 '01

99 **梅干**（うめぼし） 有岡利幸

日本人の食生活に不可欠の自然食品・梅干をつくりだした先人たちの知恵に学ぶとともに，健康増進に驚くべき薬効を発揮する，その知られざるパワーの秘密を探る。 四六判300頁 '01

100 **瓦**（かわら） 森郁夫

仏教文化と共に中国・朝鮮から伝来し，一四〇〇年にわたり日本の建築を飾ってきた瓦をめぐって，発掘資料をもとにその製造技術，形態，文様などの変遷をたどる。 四六判320頁 '01

101 **植物民俗** 長澤武

衣食住から子供の遊びまで，幾世代にも伝承された植物をめぐる暮らしの知恵を克明に記録し，高度経済成長期以前の農山村の豊かな生活文化を愛惜をこめて描き出す。 四六判348頁 '01

102 **箸**（はし）　向井由紀子／橋本慶子

そのルーツを中国、朝鮮半島に探るとともに、日本人の食生活に不可欠の食具となり、日本文化のシンボルとされるまでに洗練された箸の文化の変遷を総合的に描く。　四六判３３４頁　'01

103 **採集**　ブナ林の恵み　赤羽正春

縄文時代から今日に至る採集・狩猟民の暮らしを復元し、動物の生態系と採集生活の関連を明らかにしつつ、民俗学と考古学の両面から山に生かされた人々の姿を描く。　四六判２９８頁　'01

104 **下駄**　神のはきもの　秋田裕毅

古墳や井戸等から出土する下駄に着目し、下駄が地上と地下の他界を結ぶ聖なるはきものであったという大胆な仮説を提出、日本の神々の忘れられた側面を浮彫にする。　四六判３０４頁　'02

105 **絣**（かすり）　福井貞子

膨大な絣遺品を収集・分類し、絣産地を実地に調査して絣の技法と文様の変遷を地域別・時代別に跡づけ、明治・大正・昭和の手づくりの染織文化の盛衰を描き出す。　四六判３１０頁　'02

106 **網**（あみ）　田辺悟

漁網を中心に、網に関する基本資料を網羅して網の変遷と網をめぐる民俗を体系的に描き出し、網の文化を集成する。「網に関する小事典」「網のある博物館」を付す。　四六判３１６頁　'02

107 **蜘蛛**（くも）　斎藤慎一郎

「土蜘蛛」の呼称で畏怖される一方「クモ合戦」など子供の遊びとしても親しまれてきたクモと人間との長い交渉の歴史をその深層に遡って追究した異色のクモ文化論。　四六判３２０頁　'02

108 **襖**（ふすま）　むしゃこうじ・みのる

襖の起源と変遷を建築史・絵画史の中に探りつつその用と美を浮彫にし、衝立・障子・屏風等と共に日本建築の空間構成に不可欠の建具となるまでの経緯を描き出す。　四六判２７０頁　'02

109 **漁撈伝承**（ぎょろうでんしょう）　川島秀一

漁師たちからの聞き書きをもとに、寄り物、船霊、大漁旗など、漁撈にまつわる〈もの〉の伝承を集成し、海の道によって運ばれた習俗や信仰の民俗地図を描き出す。　四六判３３４頁　'03

110 **チェス**　増川宏一

世界中に数億人の愛好者を持つチェスの起源と文化を、欧米における膨大な研究の蓄積を渉猟しつつ探り、日本への伝来の経緯から美術工芸品としてのチェスにおよぶ。　四六判２９８頁　'03

111 **海苔**（のり）　宮下章

海苔の歴史は厳しい自然とのたたかいの歴史だった——採取から養殖、加工、流通、消費に至る先人たちの苦難の歩みを史料と実地調査によって浮彫にする食物文化史。　四六判１７２頁　'03

112 **屋根**　檜皮葺と柿葺　原田多加司

屋根葺師一〇代の著者が、自らの体験と職人の本懐を語り、連綿として受け継がれてきた伝統の手わざを体系的にたどりつつ伝統技術の保存と継承の必要性を訴える。　四六判３４０頁　'03

113 **水族館**　鈴木克美

初期水族館の歩みを創始者たちの足跡を通して辿りなおし、水族館をめぐる社会の発展と風俗の変遷を描き出すとともにその未来像をさぐる初の〈日本水族館史〉の試み。　四六判２９０頁　'03

114　古着（ふるぎ）　朝岡康二

仕立てと着方、管理と保存、再生と再利用等にわたり衣生活の変容を近代の日常生活の変化として捉え直し、衣服をめぐるリサイクル文化が形成される経緯を描き出す。四六判２９２頁　'03

115　柿渋（かきしぶ）　今井敬潤

染料・塗料をはじめ生活百般の必需品であった柿渋の伝承を記録し、文献資料をもとにその製造技術と利用の実態を明らかにして、忘れられた豊かな生活技術を見直す。四六判２９４頁　'03

116-Ⅰ　道Ⅰ　武部健一

道の歴史を先史時代から説き起こし、古代律令制国家の要請によって駅路が設けられ、しだいに幹線道路として整えられてゆく経緯を技術史・社会史の両面からえがく。四六判２４８頁　'03

116-Ⅱ　道Ⅱ　武部健一

中世の鎌倉街道、近世の五街道、近代の開拓道路から現代の高速道路網までを通観し、道路を拓いた人々の手によって今日の交通ネットワークが形成された歴史を語る。四六判２８０頁　'03

117　かまど　狩野敏次

日常の煮炊きの道具であるとともに祭りと信仰に重要な位置を占めてきたカマドをめぐる忘れられた伝承を掘り起こし、民俗空間の壮大なコスモロジーを浮彫りにする。四六判２９２頁　'04

118-Ⅰ　里山Ⅰ　有岡利幸

縄文時代から近世までの里山の変遷を人々の暮らしと植生の変化の両面から跡づけ、その源流を記紀万葉に描かれた里山の景観や大和・三輪山の古記録・伝承等に探る。四六判２７６頁　'04

118-Ⅱ　里山Ⅱ　有岡利幸

明治の地租改正による山林の混乱、相次ぐ戦争による山野の荒廃、エネルギー革命、高度成長による大規模開発など、近代化の荒波に翻弄される里山の見直しを説く。四六判２７４頁　'04

119　有用植物　菅　洋

人間生活に不可欠のものとして利用されてきた身近な植物たちの来歴と栽培・育種・品種改良・伝播の経緯を平易に語り、植物と共に歩んだ文明の足跡を浮彫にする。四六判３２４頁　'04

120-Ⅰ　捕鯨Ⅰ　山下渉登

世界の海で展開された鯨と人間との格闘の歴史を振り返り、「大航海時代」の副産物として開始された捕鯨業の誕生以来四〇〇年にわたる盛衰の社会的背景をさぐる。四六判３１４頁　'04

120-Ⅱ　捕鯨Ⅱ　山下渉登

近代捕鯨の登場により鯨資源の激減を招き、捕鯨の規制・管理のための国際条約締結に至る経緯をたどり、グローバルな課題としての自然環境問題を浮き彫りにする。四六判３１２頁　'04

121　紅花（べにばな）　竹内淳子

栽培、加工、流通、利用の実際を現地に探訪して紅花とかかわってきた人々からの聞き書きを集成し、忘れられた〈紅花文化〉を復元しつつその豊かな味わいを見直す。四六判３４６頁　'04

122-Ⅰ　もののけⅠ　山内昶

日本の妖怪変化、未開社会の〈マナ〉、西欧の悪魔やデーモンを比較考察し、名づけ得ぬ未知の対象を指す万能のゼロ記号〈もの〉をめぐる人類文化史を跡づける博物誌。四六判３２０頁　'04

122-Ⅱ **もののけⅡ** 山内昶

日本の鬼、古代ギリシアのダイモン、中世の異端狩り・魔女狩り等々をめぐり、自然＝カオスと文化＝コスモスの対立の中で〈野生の思考〉が果たしてきた役割をさぐる。四六判２８０頁 '04

123 **染織**（そめおり） 福井貞子

自らの体験と厖大な残存資料をもとに、糸づくりから織り、染めにわたる手づくりの豊かな生活文化を見直す。創意にみちた手わざのかずかずを復元する庶民生活誌。四六判２９４頁 '05

124-Ⅰ **動物民俗Ⅰ** 長澤武

神として崇められたクマやシカをはじめ、人間にとって不可欠の鳥獣や魚、さらには人間を脅かす動物など、多種多様な動物たちと交流してきた人々の暮らしの民俗誌。四六判２６４頁 '05

124-Ⅱ **動物民俗Ⅱ** 長澤武

動物の捕獲法をめぐる各地の伝承を紹介するとともに、全国で語り継がれてきた多彩な動物民話・昔話を渉猟し、暮らしの中で培われた動物フォークロアの世界を描く。四六判２６６頁 '05

125 **粉**（こな） 三輪茂雄

粉体の研究をライフワークとする著者が、粉食の発見からナノテクノロジーまで、人類文明の歩みを〈粉〉の視点から捉え直した壮大なスケールの〈文明の粉体史観〉 四六判３０２頁 '05

126 **亀**（かめ） 矢野憲一

浦島伝説や「兎と亀」の昔話によって親しまれてきた亀のイメージの起源を探り、古代の亀卜の方法から、亀にまつわる信仰と迷信、鼈甲細工やスッポン料理におよぶ。四六判３３０頁 '05

127 **カツオ漁** 川島秀一

一本釣り、カツオ漁場、船上の生活、船霊信仰、祭りと禁忌など、カツオ漁にまつわる漁師たちの伝承を集成し、黒潮に沿って伝えられた漁民たちの文化を掘り起こす。四六判３７０頁 '05

128 **裂織**（さきおり） 佐藤利夫

木綿の風合いと強靭さを生かした裂織の技と美をすぐれたリサイクル文化として見なおす。東西文化の中継地・佐渡の古老たちからの聞書をもとに歴史と民俗をえがく。四六判３０８頁 '05

129 **イチョウ** 今野敏雄

「生きた化石」として珍重されてきたイチョウの生い立ちと人々の生活文化とのかかわりの歴史をたどり、この最古の樹木に秘められたパワーを最新の中国文献にさぐる。四六判３１２頁〔品切〕 '05

130 **広告** 八巻俊雄

のれん、看板、引札からインターネット広告までを通観し、いつの時代にも広告が人々の暮らしと密接にかかわって独自の文化を形成してきた経緯を描く広告の文化史。四六判２７６頁 '06

131-Ⅰ **漆**（うるし）**Ⅰ** 四柳嘉章

全国各地で発掘された考古資料を対象に科学的解析を行ない、縄文時代から現代に至る漆の技術と文化を跡づける試み。漆が日本人の生活と精神に与えた影響を探る。四六判２７４頁 '06

131-Ⅱ **漆**（うるし）**Ⅱ** 四柳嘉章

遺跡や寺院等に遺る漆器を分析し体系づけるとともに、絵巻物や文学作品の考証を通じて、職人や産地の形成、漆工芸の地場産業としての発展の経緯などを考察する。四六判２１６頁 '06

132 **まな板** 石村眞一

日本、アジア、ヨーロッパ各地のフィールド調査と考古・文献・絵画・写真資料をもとにまな板の素材・構造・使用法を分類し、多様な食文化とのかかわりをさぐる。 四六判３７２頁 '06

133-I **鮭・鱒（さけ・ます）I** 赤羽正春

鮭・鱒をめぐる民俗研究の前史から現在までを概観するとともに、原初的な漁法から商業的漁法にわたる多彩な漁法と用具、漁場と社会組織の関係などを明らかにする。 四六判２９２頁 '06

133-II **鮭・鱒（さけ・ます）II** 赤羽正春

鮭漁をめぐる行事、鮭捕り衆の生活等を聞き取りによって再現し、人工孵化事業の発展とそれを担った先人たちの業績を明らかにするとともに、鮭・鱒の料理におよぶ。 四六判３５２頁 '06

134 **遊戯** その歴史と研究の歩み 増川宏一

古代から現代まで、日本と世界の遊戯の歴史を概説し、内外の研究者との交流の中で得られた最新の知見をもとに、研究の出発点と目的を論じ、現状と未来を展望する。 四六判２９６頁 '06

135 **石干見（いしひみ）** 田和正孝編

沿岸部に石垣を築き、潮汐作用を利用して漁獲する原初的漁法を日・韓・台に残る遺構と伝承の調査・分析をもとに復元し、東アジアの伝統的漁撈文化を浮彫りにする。 四六判３３２頁 '07

136 **看板** 岩井宏實

江戸時代から明治・大正・昭和初期までの看板の歴史を生活文化史の視点から考察し、多種多様な生業の起源と変遷を多数の図版をもとに紹介する〈図説商売往来〉。 四六判２６６頁 '07

137-I **桜I** 有岡利幸

そのルーツと生態から説きおこし、和歌や物語に描かれた古代社会の桜観から「花は桜木、人は武士」の江戸の花見の流行まで、日本人と桜のかかわりの歴史をさぐる。 四六判３８２頁 '07

137-II **桜II** 有岡利幸

明治以後、軍国主義と愛国心のシンボルとして政治的に利用されてきた桜の近代史を辿るとともに、日本人の生活と共に歩んだ「咲く花、散る花」の栄枯盛衰を描く。 四六判４００頁 '07

138 **麴（こうじ）** 一島英治

日本の気候風土の中で稲作と共に育まれた麴菌のすぐれたはたらきの秘密を探り、醸造化学に携わった人々の足跡をたどりつつ醱酵食品と日本人の食生活文化を考える。 四六判２４４頁 '07

139 **河岸（かし）** 川名登

近世初頭、河川水運の隆盛と共に物流のターミナルとして賑わい、船旅や遊廓などをもたらした河岸（川の港）の盛衰を河岸に生きる人々の暮らしの変遷としてえがく。 四六判３００頁 '07

140 **神饌（しんせん）** 岩井宏實／日和祐樹

土地に古くから伝わる食物を神に捧げる神饌儀礼に祭りの本義を探り、近畿地方主要神社の伝統的儀礼をつぶさに調査して、豊富な写真と共にその実際を明らかにする。 四六判３７４頁 '07

141 **駕籠（かご）** 櫻井芳昭

その様式、利用の実態、地域ごとの特色、車の利用を抑制する交通政策との関連から駕籠かきたちの風俗までを明らかにし、日本交通史の知られざる側面に光を当てる。 四六判２９４頁 '07

142 **追込漁**（おいこみりょう） 川島秀一

沖縄の島々をはじめ、日本各地で今なお行なわれている沿岸漁撈を実地に精査し、魚の生態と自然条件を知り尽した漁師たちの知恵と技を見直しつつ漁業の原点を探る。 四六判３６８頁 '08

143 **人魚**（にんぎょ） 田辺悟

ロマンとファンタジーに彩られて世界各地に伝承される人魚の実像をもとめて東西の人魚誌を渉猟し、フィールド調査と膨大な資料をもとに集成したマーメイド百科。 四六判３５２頁 '08

144 **熊**（くま） 赤羽正春

狩人たちからの聞き書きをもとに、かつては神として崇められた熊と人間との精神史的な関係をさぐり、熊を通して人間の生存可能性にもおよぶユニークな動物文化史。 四六判３８４頁 '08

145 **秋の七草** 有岡利幸

『万葉集』で山上憶良がうたいあげて以来、千数百年にわたり秋を代表する植物として日本人にめでられてきた七種の草花の知られざる伝承を掘り起こす植物文化誌。 四六判３０６頁 '08

146 **春の七草** 有岡利幸

厳しい冬の季節に芽吹く若菜に大地の生命力を感じ、春の到来を祝い新年の息災を願う「七草粥」などとして食生活の中に巧みに取り入れてきた古人たちの知恵を探る。 四六判２７２頁 '08

147 **木綿再生** 福井貞子

自らの人生遍歴と木綿を愛する人々との出会いを織り重ねて綴り、優れた文化遺産としての木綿衣料を紹介しつつ、リサイクル文化としての木綿再生のみちを模索する。 四六判２６６頁 '09

148 **紫**（むらさき） 竹内淳子

今や絶滅危惧種となった紫草（ムラサキ）を育てる人びと、伝統の紫根染を今に伝える人びとを全国にたずね、貝紫染の始原を求めて吉野ヶ里におよぶ「むらさき紀行」。 四六判３２４頁 '09

149-Ⅰ **杉Ⅰ** 有岡利幸

その生態、天然分布の状況から各地における栽培・育種、利用にいたる歩みを弥生時代から今日までの人間の営みの中で捉えなおし、わが国林業史を展望しつつ描き出す。 四六判２８２頁 '10

149-Ⅱ **杉Ⅱ** 有岡利幸

古来神の降臨する木として崇められるとともに生活のさまざまな場面で活用され、絵画や詩歌に描かれてきた杉の文化をたどり、さらに「スギ花粉症」の原因を追究する。 四六判２７８頁 '10

150 **井戸** 秋田裕毅（大橋信弥編）

弥生中期になぜ井戸は突然出現するのか。飲料水など生活用水ではなく、祭祀用の聖なる水を得るためだったのではないか。目的や構造の変遷、宗教との関わりをたどる。 四六判２６０頁 '10

151 **楠**（くすのき） 矢野憲一／矢野高陽

語源と字源、分布と繁殖、文学や美術における楠から医薬品としての利用、キューピー人形や樟脳の船まで、楠と人間の関わりの歴史を辿りつつ自然保護の問題に及ぶ。 四六判３３４頁 '10

152 **温室** 平野恵

温室は明治時代に欧米から輸入された印象があるが、じつは江戸時代半ばから「むろ」という名の保温設備があった。絵巻や小説、遺跡などより浮かび上がる歴史。 四六判３１０頁 '10